어휘가 문해력이다

초등 5학년 1학기

교과서 어휘

KB217846

교재
내용
문의

교재 내용 문의는 EBS 초등사이트
(primary.ebs.co.kr)의 교재 Q&A 서비스를
활용하시기 바랍니다.

교 재
정오표
공 지

발행 이후 발견된 정오 사항을 EBS 초등사이트
정오표 코너에서 알려 드립니다.
교재 검색 → 교재 선택 → 정오표

교 재
정 정
신 청

공지된 정오 내용 외에 발견된 정오 사항이
있다면 EBS 초등사이트를 통해 알려 주세요.
교재 검색 → 교재 선택 → 교재 Q&A

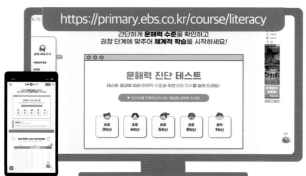

어휘가 문해력 이다

초등 5학년 1학기

교과서 어휘

교과서 내용을 이해하지 못하는 우리 아이?
평생을 살아가는 힘, '문해력'을 키워 주세요!

'어휘가 문해력이다'
어휘 학습으로 문해력 키우기

교과서 학습 진도에 따라
과목별(국어/사회/수학/과학)·학기별(1학기/2학기)로 어휘 학습이 가능합니다.

교과 학습을 위한 필수 개념어를 단원별로 선별하여 단원의 핵심 내용을 이해하도록 구성하였습니다.
교과 학습 전 예습 교재로, 교과 학습 후 복습 교재로 활용할 수 있도록 필수 개념어를 엄선하여 수록
하였습니다.

교과 어휘를 학년별 2권, 한 학기별 4주 학습으로
단기간에 어휘 학습이 가능합니다.

한 학기에 310여 개의 중요 단어를 공부할 수 있습니다.
쉬운 뜻풀이와 교과서 내용을 담은 다양한 예문을 수록하여 학교 공부에 직접적으로 도움을 주고자
하였습니다.
해당 학기에 학습해야 할 중요 단어를 모두 모아 한 번에 살펴볼 수 있고, 국어사전에서 단어를 찾는
시간과 노력을 줄일 수 있습니다.

관용어, 속담, 한자 성어, 한자 어휘 학습까지 가능합니다.

글의 맥락을 이해하고 응용하는 데 도움이 되는 관용어, 속담, 한자 성어뿐만 아니라 초등에서 중학
교육용 필수 한자 어휘 학습까지 놓치지 않도록 구성하였습니다.

확인 문제와 주간 어휘력 테스트를 통해 학습한 어휘를 점검할 수 있습니다.

뜻풀이와 예문을 통해 학습한 어휘를 교과 어휘별로 바로바로 점검할 수 있도록 다양한 유형의 확인
문제를 수록하였습니다.
한 주 동안 학습한 어휘를 종합적으로 점검할 수 있는 주간 어휘력 테스트를 수록하였습니다.

효율적인 교재 구성으로 자학자습 및 가정 학습이 가능합니다.

학습한 어휘를 해당 교재에서 쉽게 찾아볼 수 있도록 과목별로 '찾아보기' 코너를 구성하였습니다.
'정답과 해설'은 축소한 본교재에 정답과 자세한 해설을 실어 스스로 공부할 수 있도록 하였습니다.

EBS 〈당신의 문해력〉 교재 시리즈는 약속합니다.

교과서를 잘 읽고 더 나아가 많은 책과 온갖 글을 읽는 능력을 갖출 수 있도록
문해력을 이루는 핵심 분야별, 학습 단계별 교재를 준비하였습니다.
한 권 5회×4주 학습으로 아이의 공부하는 힘,
평생을 살아가는 힘을 EBS와 함께 키울 수 있습니다.

어휘가 문해력이다

어휘 실력이 교과서를 읽고 이해할 수 있는지를 결정하는 척도입니다.
〈어휘가 문해력이다〉는 교과서 진도를 나가기 전에 꼭 예습해야 하는 교재입니다.
20일이면 한 학기 교과서 필수 어휘를 완성할 수 있습니다.
교과서 수록 필수 어휘들을 교과서 진도에 맞춰
날짜별, 과목별로 공부하세요.

쓰기가 문해력이다

쓰기는 자기 생각을 표현하는 미래 역량입니다.
서술형, 논술형 평가의 비중은 점점 커지고 있습니다.
객관식과 단답형만으로는 아이들의 생각과 미래를 살펴볼 수 없기 때문입니다.
막막한 쓰기 공부. 이제 단어와 문장부터 하나씩 써 보며 차근차근 학습하는
〈쓰기가 문해력이다〉와 함께 쓰기 지구력을 키워 보세요.

ERI 독해가 문해력이다

독해를 잘하려면 체계적이고 객관적인 단계별 공부가 필수입니다.
기계적으로 읽고 문제만 푸는 독해 학습은 체격만 키우고 체력은 미달인 아이를 만듭니다.
〈ERI 독해가 문해력이다〉는 특허받은 독해 지수 산출 프로그램을 적용하여 글의 난이도를
체계화하였습니다.
단어 · 문장 · 배경지식 수준에 따라 설계된 단계별 독해 학습을 시작하세요.

배경지식이 문해력이다

배경지식은 문해력의 중요한 뿌리입니다.
하루 두 장, 교과서의 핵심 개념을 글과 재미있는 삽화로 익히고 한눈에 정리할 수 있습니다.
시간이 부족하여 다양한 책을 읽지 못하더라도 교과서의 중요 지식만큼은 놓치지 않도록
〈배경지식이 문해력이다〉로 학습하세요.

디지털독해가 문해력이다

디지털독해력은 다양한 디지털 매체 속 정보를 읽어 내는 힘입니다.
아이들이 접하는 디지털 매체는 매일 수많은 정보를 만들어 내기 때문에
디지털 매체의 정보를 판단하는 문해력은 현대 사회의 필수 능력입니다.
〈디지털독해가 문해력이다〉로 교과서 내용을 중심으로 디지털 매체 속 정보를 확인하고
다양한 과제를 해결해 보세요.

이 책의 구성과 특징

1

교과서 어휘 국어/사회/수학/과학

한자 어휘

교과목·단원별로 교과서 속 중요 개념 어휘와 관련 어휘로 교과 어휘 강화!

초등·중학 교육용 필수 한자, 연관 한자어로 한자 어휘 강화!

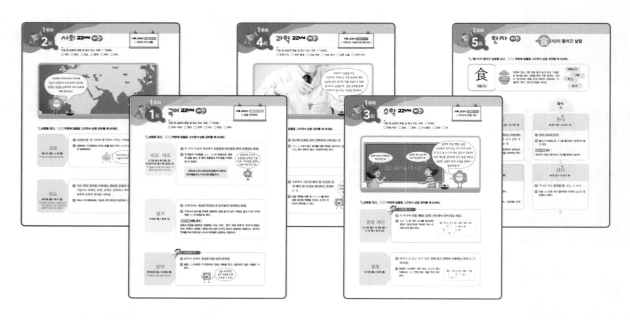

● 교과서 속 핵심 어휘를 엄선하여 교과목 특성에 맞게 뜻과 예문을 이해하기 쉽게 제시했어요.
● 어휘를 이해하는 데 도움이 되는 그림 및 사진 자료를 제시했어요.
● 대표 한자 어휘와 연관된 한자 성어, 초등 수준에서 꼭 알아야 할 속담, 관용어를 제시했어요.

2

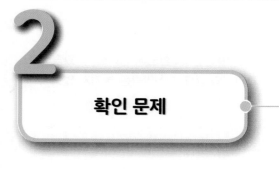

확인 문제

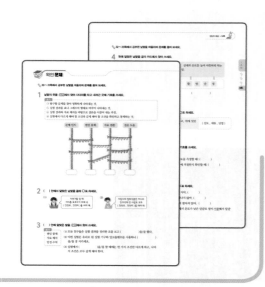

교과서(국어/사회/수학/과학) 어휘, 한자 어휘 학습을 점검할 수 있는 다양한 유형의 확인 문제 수록!

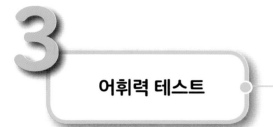

3 어휘력 테스트

한 주 동안 학습한 교과서 어휘, 한자 어휘를 종합적으로
점검할 수 있는 어휘력 테스트 수록!

다양한 유형의
어휘 문제로
한 주 마무리!

찾아보기

학습한 어휘를 찾아보기 쉽게 교과목별
ㄱ, ㄴ, ㄷ … 순서로 정리했어요.

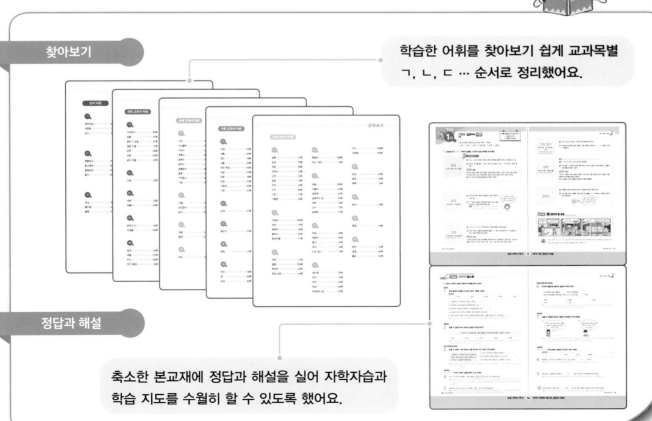

정답과 해설

축소한 본교재에 정답과 해설을 실어 자학자습과
학습 지도를 수월히 할 수 있도록 했어요.

교과서 연계 목록

✎ 『어휘가 문해력이다』 초등 5학년 1학기에 수록된 모든 어휘는 초등학교 5학년 1학기 국어, 사회, 수학, 과학 교과서에 실려 있습니다.

✎ 교과서 연계 목록을 살펴보면 과목별 교과서의 단원명에 따라 학습할 교재의 쪽을 한눈에 파악할 수 있습니다.

✎ 교과서 진도 순서에 맞춰 교재에서 해당하는 학습 회를 찾아 효율적으로 공부해 보세요!

국어 5-1

교과서 1. 대화와 공감
본교재 1주차 1회 12~13쪽

교과서 2. 작품을 감상해요
본교재 1주차 1회 12~13쪽

교과서 3. 글을 요약해요
본교재 1주차 1회 14~15쪽

교과서 4. 글쓰기의 과정
본교재 2주차 1회 44~45쪽

교과서 5. 글쓴이의 주장
본교재 2주차 1회 46~47쪽

교과서 6. 토의하여 해결해요
본교재 3주차 1회 76~77쪽

교과서 7. 기행문을 써요
본교재 3주차 1회 78~79쪽

교과서 8. 아는 것과 새롭게 안 것
본교재 4주차 1회 108~109쪽

교과서 9. 여러 가지 방법으로 읽어요
본교재 4주차 1회 110~111쪽

교과서 10. 주인공이 되어
본교재 4주차 1회 110~111쪽

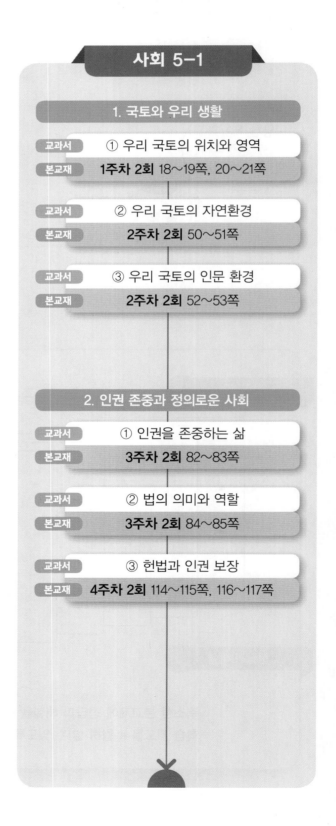

사회 5-1

1. 국토와 우리 생활

교과서 ① 우리 국토의 위치와 영역
본교재 1주차 2회 18~19쪽, 20~21쪽

교과서 ② 우리 국토의 자연환경
본교재 2주차 2회 50~51쪽

교과서 ③ 우리 국토의 인문 환경
본교재 2주차 2회 52~53쪽

2. 인권 존중과 정의로운 사회

교과서 ① 인권을 존중하는 삶
본교재 3주차 2회 82~83쪽

교과서 ② 법의 의미와 역할
본교재 3주차 2회 84~85쪽

교과서 ③ 헌법과 인권 보장
본교재 4주차 2회 114~115쪽, 116~117쪽

이 책의 차례

1주차 어휘 미리 보기

한 주 동안 공부할 어휘들이야. 쏙 한번 훑어볼까?

1회
학습 계획일 ◯월 ◯일

국어 교과서 어휘

공감	비교·대조
조언	열거
고민	요약
인상 깊다	구조
추론	대상
견주다	세부

2회
학습 계획일 ◯월 ◯일

사회 교과서 어휘

국토	중부 지방
위도	산맥
경도	행정 구역
영역	명칭
위치	터전
반도	비무장 지대

3회
학습 계획일 ◯월 ◯일

수학 교과서 어휘

혼합 계산	약수
괄호	배수
풀이	공약수
거스름돈	최대공약수
입력	수 배열표
타	남김없이

4회 학습 계획일 ◯월 ◯일

과학 교과서 어휘

문제 인식	체온
변인 통제	이동
자료 변환	전도
자료 해석	대류
결론 도출	접촉
안전 수칙	난방

5회 학습 계획일 ◯월 ◯일

한자 어휘

약육강식	중형
식후	중태
한식	애지중지
급식	귀중품

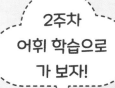

어휘력
테스트

2주차
어휘 학습으로
가 보자!

국어 교과서 어휘

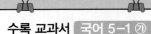
수록 교과서 국어 5-1 ㉮
1. 대화와 공감~
2. 작품을 감상해요

다음 중 낱말의 뜻을 잘 알고 있는 것에 ✅ 하세요.

☐ 공감 ☐ 조언 ☐ 고민 ☐ 인상 깊다 ☐ 추론 ☐ 견주다

✏️ 낱말을 읽고, ⬜ 부분에 밑줄을 그으면서 낱말 공부를 해 보세요.

공감

共 한가지 **공** + 感 느낄 **감**

이것만은 꼭!

🔵 뜻 다른 사람의 감정, 의견, 주장 따위에 대해 자신도 그렇다고 느낌.

🔵 예 친구가 내 말을 듣고 "그래, 그럴 수도 있겠다."라고 공감해 주어서 기분이 좋았다.

비슷한말 동감

'동감'은 어떤 의견에 같은 생각을 가짐을 뜻하는 말이야. '공감'이 주로 다른 사람의 처지에서 함께 느끼는 기분이라면, '동감'은 다른 사람과 생각이 같은 걸 말해.

🔵 예 나는 친구의 의견에 동감하며 고개를 끄덕였다.

조언

助 도울 **조** + 言 말씀 **언**

🔵 뜻 도움이 되는 말이나 몰랐던 것을 깨우쳐 주는 말.

🔵 예 조언을 할 때에는 상대에게 도움이 되는 내용을 진심이 전해지도록 말해야 한다.

상대에게 조언을 할 때에는 상대의 마음을 헤아리며 말해야 해.

고민

苦 괴로울 **고** + 悶 답답할 **민**

🐭 '고(苦)'의 대표 뜻은 '쓰다'야.

🔵 뜻 걱정거리가 있어 마음속으로 괴로워하고 속을 태움.

🔵 예 짝과 다툰 뒤 어떻게 화해하면 좋을지 고민하는 친구에게 친구가 받아들일 수 있는 해결 방법을 말해 주었다.

비슷한말 근심

'근심'은 해결되지 않은 일 때문에 속을 태우거나 우울해하는 것을 뜻해. "근심으로 밤을 지새우다."와 같이 쓰여. '걱정', '고민', '근심' 모두 뜻이 비슷한 말이지.

인상 깊다

印 인상 **인** + 象 모양 **상** +
깊다

🖱'인(印)'의 대표 뜻은 '도장', '상
(象)'의 대표 뜻은 '코끼리'야.

뜻 어떤 대상에 대한 느낌이 마음속에 새겨지다.

예 이어질 이야기를 상상한 내용이 다른 까닭은 사람마다 인상 깊은 장면이 다르
기 때문이다.

추론

推 헤아릴 **추** + 論 논할 **론**
🖱'추(推)'의 대표 뜻은 '밀다'야.

뜻 드러나지 않은 것을 미루어 생각함.

예 이야기를 추론하며 읽으면 글에 직접 드러나지 않은 사건의 원인이나 인물의
마음 등을 짐작할 수 있다.

비슷한말 **추리**

'추리'는 '추론'과 뜻이 비슷한 낱말로, 알고 있는 것을 바탕으로 알지 못하는 것을
미루어서 생각함을 뜻하는 말이야.

예 수사팀은 사건의 내용을 추리하며 조사를 진행했다.

견주다

뜻 어떠한 차이가 있는지 알기 위하여 서로 대어 보다.

예 이야기에 나오는 인물이 겪은 일과 내 경험을 견주어 보았더니 인물의 마음이
잘 이해되었다.

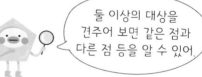

둘 이상의 대상을
견주어 보면 같은 점과
다른 점 등을 알 수 있어.

👆 꼭! 알아야 할 속담

**빈칸
채우기** '가는 날이 [   ]'은 일을 보러 가니 마침 장이 서는 날이라는 뜻으로, 어떤 일을 하려고 하
는데 뜻하지 않은 일을 공교롭게 당함을 이르는 말입니다.

국어 교과서 어휘

다음 중 낱말의 뜻을 잘 알고 있는 것에 ✓ 하세요.

☐ 비교·대조 ☐ 열거 ☐ 요약 ☐ 구조 ☐ 대상 ☐ 세부

✎ 낱말을 읽고, ▨ 부분에 밑줄을 그으면서 낱말 공부를 해 보세요.

비교·대조

比 견줄 비 + 較 견줄 교 · 對 맞추어 볼 대 + 照 대조할 조

🐭 '대(對)'의 대표 뜻은 '대하다', '조(照)'의 대표 뜻은 '비치다'야.

뜻 두 가지 이상의 대상에서 공통점과 차이점을 찾아 설명하는 방법.

예 석가탑과 다보탑을 비교·대조의 방법으로 설명한 글을 읽고, 두 탑의 공통점과 차이점을 자세히 알 수 있었다.

> 호랑이와 사자는 고양잇과 육식 동물이야. 호랑이는 단독 생활을 하고, 사자는 집단 생활을 하지.

호랑이와 사자의 공통점을 설명한 것을 '비교', 차이점을 설명한 것을 '대조'라고 해.

열거

列 벌일 열 + 擧 들 거

뜻 설명하려는 대상의 특징을 죽 늘어놓아 설명하는 방법.

예 '우리나라 음식'을 주제로 설명하는 글을 쓸 때 김치, 비빔밥, 불고기 세 가지에 대해 열거의 방법으로 썼다.

관련 어휘 분류, 분석

글에서 대상을 설명하는 방법에는 '비교·대조', '열거' 외에 '분류'와 '분석'의 방법도 있어. '분류'는 일정한 기준에 따라 같은 것끼리 묶어서 설명하는 방법이고, '분석'은 전체를 여러 부분으로 나누어 부분별로 설명하는 방법이야.

요약

要 중요할 요 + 約 줄일 약

🐭 '약(約)'의 대표 뜻은 '맺다'야.

 이것만은 꼭!

뜻 말이나 글에서 중요한 것을 골라 간추림.

예 글을 요약하려면 각 문단마다 중심 내용을 찾고, 중요하지 않은 내용은 지운다.

> 글을 요약하면 글의 내용을 오래 기억할 수 있어.

구조

構 얽을 구 + 造 지을 조

뜻 부분이나 요소들이 어떤 전체를 짜 이룬 것.

예 글의 **구조**에 알맞게 틀을 그리고 내용을 정리하면 글에서 중요한 내용을 쉽게 알 수 있다.

■ 비교 · 대조의 방법으로 쓴 글의 구조 예

문어	공통점	오징어
• 다리가 여덟 개임. • 바위 틈새에 삶.	• 먹물을 뿌림. • 빨판이 있음.	• 다리가 열 개임. • 모래톱이나 자갈 밑에 삶.

대상

對 대할 대 + 象 모양 상
🐭 '상(象)'의 대표 뜻은 '코끼리'야.

뜻 어떤 일의 상대, 목표나 목적이 되는 것.

예 설명하려는 **대상**과 목적에 따라 적절한 설명 방법을 선택하여 글을 써야 한다.

설명하는 글을 읽을 때에는 가장 먼저 설명하는 대상을 찾아보자.

세부

細 자세할 세 + 部 나눌 부
🐭 '세(細)'의 대표 뜻은 '가늘다', '부(部)'의 대표 뜻은 '떼'야.

뜻 자세한 부분.

예 글에서 자세하게 나타낸 **세부** 내용은 대표적인 말로 바꾸어 중심 내용을 정리한다.

꼭! 알아야 할 관용어

난 지혜로운 원숭이한테 투표할 거야.

동물의 왕 선거
기호 1번   기호 2번

동물의 왕은 힘이 세야 해.

그래? 그럼 사자한테 투표해야지.

쯧쯧, 넌 참 귀가 얇구나.

○표 하기

'(코 , 귀)가 얇다'는 남의 말을 쉽게 받아들인다는 뜻입니다.

✏️ 12〜13쪽에서 공부한 낱말을 떠올리며 문제를 풀어 보세요.

1 뜻에 알맞은 낱말을 글자판에서 찾아 묶으세요. (낱말은 가로(―), 세로(│), 대각선(\/) 방향에 숨어 있어요.)

인	사	의	간
회	상	양	견
고	민	깊	주
공	조	언	다

❶ 어떤 대상에 대한 느낌이 마음속에 새겨지다.
❷ 도움이 되는 말이나 몰랐던 것을 깨우쳐 주는 말.
❸ 걱정거리가 있어 마음속으로 괴로워하고 속을 태움.
❹ 어떠한 차이가 있는지 알기 위하여 서로 대어 보다.

2 낱말의 관계가 다른 하나를 골라 ○표 하세요.

(1) 공감 – 동감
( )

(2) 조언 – 유언
( )

(3) 추론 – 추리
( )

3 ( ) 안에 알맞은 낱말을 보기에서 찾아 쓰세요.

보기
공감
추론
견주어

(1) 모둠 친구들은 퀴즈를 풀면서 낱말 실력을 ( ) 보았다.
(2) 유물을 통해 옛날 사람들의 생활 방식을 ( )할 수 있다.
(3) 나에게 충고하기 전에 내 슬픈 마음을 ( )해 주면 좋겠어.

4 친구가 한 말과 관련 있는 말에 ○표 하세요.

(1)
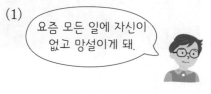
요즘 모든 일에 자신이 없고 망설이게 돼.

(조언 , 고민)

(2)

이 시가 무척이나 감동적이어서 마음속에 오랫동안 남아 있었어.

(견주다 , 인상 깊다)

✎ 14~15쪽에서 공부한 낱말을 떠올리며 문제를 풀어 보세요.

5 뜻에 알맞은 낱말이 되도록 보기 에서 글자를 찾아 쓰세요.

보기
열	대

비	약	거

요	교

조

(1) 말이나 글에서 중요한 것을 골라 간추림. → ☐☐

(2) 설명하려는 대상의 특징을 죽 늘어놓아 설명하는 방법.

→ ☐☐

(3) 두 가지 이상의 대상에서 공통점과 차이점을 찾아 설명하는 방법.

→ ☐☐ . ☐☐

6 친구들은 어떤 설명 방법을 사용했는지 알맞은 낱말에 ○표 하세요.

(1)

소나무를 잎과 줄기, 뿌리로 나누어 부분별로 설명했어.

(분류 , 분석)

(2)

동물들의 겨울나기를 설명할 때 겨울잠을 자는 동물끼리 묶고, 겨울잠을 자지 않는 동물끼리 묶어서 설명했어.

(분류 , 분석)

7 ( ) 안에서 알맞은 낱말을 골라 ○표 하세요.

(1) 큰 목표가 정해졌으니 이제 (세부 , 요약) 계획을 세워 보자.

(2) 남극과 북극에 대해 설명한 글의 (구조 , 제목)을/를 파악해 내용을 요약했다.

(3) 김 박사는 꿀벌을 연구 (종류 , 대상)(으)로 삼아 동물의 사회생활을 연구했다.

사회 교과서 어휘

다음 중 낱말의 뜻을 잘 알고 있는 것에 ☑ 하세요.

☐ 국토 ☐ 위도 ☐ 경도 ☐ 영역 ☐ 위치 ☐ 반도

지도에서 우리나라가 어디에 있는지 찾았니? 우리나라의 위치와 관련된 낱말을 공부하며 우리 국토에 대해 알아보자.

러시아
몽골
일본
중국

✏ 낱말을 읽고, ▨ 부분에 밑줄을 그으면서 낱말 공부를 해 보세요.

국토

國 나라 국 + 土 땅 토

👆'토(土)'의 대표 뜻은 '흙'이야.

뜻 나라의 땅. 한 나라의 통치권이 미치는 지역을 이름.

예 상현이는 지구본에서 우리나라를 찾아 우리 국토가 어디에 있고, 어떤 모양인지 살펴보았다.

우리나라의 국토를 소중히 지켜야 해.

위도

緯 씨줄 위 + 度 도 도

👆'씨줄'은 옷감이나 그물을 짤 때, 가로 방향으로 놓인 실을 말해.
'도(度)'의 대표 뜻은 '법도'야.

뜻 지구 위의 위치를 나타내는 좌표축 중에서 가로로 된 것. 적도를 기준으로 북쪽은 북위, 남쪽은 남위라고 하며, 각각 90°로 나누어 북쪽과 남쪽의 위치를 나타냄.

예 지도나 지구본에서는 가상의 선인 위선과 경선으로 위도와 경도를 나타낸다.

경도

經 날실 **경** + 度 도 **도**
🖱 '경(經)'의 대표 뜻은 '지나다'야.

뜻 지구 위의 위치를 나타내는 좌표축 중에서 세로로 된 것. 지구의 한 지점을 기준으로 동쪽은 동경, 서쪽은 서경이라고 하며, 각각 180°로 나누어 동쪽과 서쪽의 위치를 나타냄.

예 우리 국토의 위치를 위도와 **경도**로 나타내면 북위 33°~43°, 동경 124°~132° 사이에 있다.

영역

領 거느릴 **영** + 域 지경 **역**

이것만은 꼭!

뜻 한 나라의 주권이 미치는 범위를 말하며 영토, 영해, 영공으로 이루어짐.

예 다른 나라의 배나 비행기가 우리나라 **영역**에 들어오려면 허가를 받아야 한다.

관련 어휘 **영토, 영해, 영공**

'영토'는 한 나라의 주권이 미치는 땅의 범위, '영해'는 바다의 범위, '영공'은 하늘의 범위를 말해. 우리나라의 영토는 한반도와 한반도에 속한 여러 섬이고, 우리나라의 영해는 우리나라 영토 주변의 바다야. 우리나라의 영공은 우리나라 영토와 영해 위에 있는 하늘이지.

위치

位 자리 **위** + 置 둘 **치**

뜻 일정한 곳에 자리를 차지함. 또는 그 자리.

예 우리나라 주변에는 중국, 러시아, 몽골, 일본 등의 나라가 **위치**하고 있다.

우리나라 국토의 위치는 대륙과 해양으로 모두 뻗어 나갈 수 있다는 장점이 있어.

반도

半 반 **반** + 島 섬 **도**

뜻 대륙에서 바다 쪽으로 길게 내민 땅으로, 삼면이 바다로 둘러싸이고 한 면은 육지에 이어진 땅.

예 우리나라는 아시아 대륙의 동쪽에 위치한 **반도**이다.

사회 교과서 어휘

다음 중 낱말의 뜻을 잘 알고 있는 것에 ☑ 하세요.

□ 중부 지방 □ 산맥 □ 행정 구역 □ 명칭 □ 터전 □ 비무장 지대

북부 지방
관북 지방
관서 지방
해서 지방
휴전선
경기 지방
관동 지방
울릉도
독도
중부 지방
호서 지방
영남 지방
호남 지방
남부 지방
제주특별자치도

중부 지방, 남부 지방이라는 말을 들어 봤니? 이 지도는 우리나라에서 북부, 중부, 남부 지방을 구분해 표시한 거야. 이 지도를 보니 호남 지방과 영남 지방이 어디에 있는지 알 수 있네. 자, 이제 국토의 지역 구분과 관련된 낱말을 공부해 보자.

✏️ 낱말을 읽고, ▨ 부분에 밑줄을 그으면서 낱말 공부를 해 보세요.

중부 지방

中 가운데 **중** + 部 지역 **부** + 地 땅 **지** + 方 방향 **방**

↳ '부(部)'의 대표 뜻은 '떼', '방(方)'의 대표 뜻은 '모'야.

🔖 어떤 지역의 중앙에 자리한 지방. 우리나라에서는 휴전선 남쪽에서 소백산맥과 금강 하류까지의 지역.

📄 서울특별시, 경기도, 인천광역시, 대전광역시, 세종특별자치시, 충청북도, 충청남도, 강원도 등이 중부 지방에 속한다.

관련 어휘 **북부 지방, 남부 지방**

'북부 지방'은 지금의 북한 지역을 말해. '남부 지방'에는 광주광역시, 부산광역시, 대구광역시, 울산광역시, 전라북도, 전라남도, 경상북도, 경상남도, 제주특별자치도 등이 속해 있지.

산맥

山 메 **산** + 脈 줄기 **맥**

🔖 산지의 여러 산들이 이어진 지형.

📄 우리나라는 대체로 큰 산맥이나 강 등 자연환경을 기준으로 지역을 구분한다.

태백산맥과 소백산맥은 우리나라의 대표적인 산맥이야.

행정 구역

行 행할 **행** + 政 정사 **정** +
區 구분할 **구** + 域 지경 **역**

🖰 '행(行)'의 대표 뜻은 '다니다'야.

이것만은 꼭!

뜻 나라를 효율적으로 관리하려고 나눈 지역.

예 우리나라의 행정 구역은 특별시 1곳과 특별자치시 1곳, 광역시 6곳, 도 8곳, 특별자치도 1곳으로 이루어져 있다.

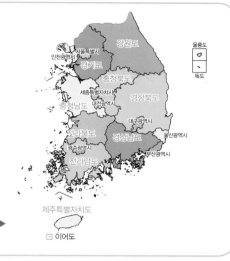

우리나라 행정 구역의 명칭 ▶

명칭

名 이름 **명** + 稱 일컬을 **칭**

뜻 사람이나 사물 등을 일컫는 이름.

예 우리나라의 주요 산과 하천의 명칭을 기억해 두었다.

우리나라의 지역을 구분하는 주요 하천에는 한강, 금강, 영산강, 낙동강 등이 있어.

터전

뜻 생활의 근거지가 되는 곳.

예 우리의 국토는 조상들이 지켜 왔고 우리가 후손들에게 물려주어야 하는 소중한 터전이다.

여러 가지 뜻을 가진 낱말 터전

'터전'에는 집터가 되는 땅이라는 뜻도 있어. "전쟁으로 집을 지을 터전이 없었다."와 같이 쓰이지. 또 일의 토대라는 뜻도 있어서 "민주주의의 터전을 다지다."처럼 쓰이기도 해.

비무장 지대

非 아닐 **비** + 武 호반 **무** +
裝 꾸밀 **장** + 地 땅 **지** +
帶 띠 **대**

🖰 '호반'은 '무관(군인)'을 뜻해.

뜻 휴전선을 중심으로 남과 북에 각각 2킬로미터 내에 위치한 영역으로, 군인이나 무기를 원칙적으로 배치하지 않기로 한 곳.

예 비무장 지대 주변은 오랫동안 사람들의 발길이 닿지 않아 생태계가 보존되어 있다.

1
주
차

2회

 **확인 문제**

18~19쪽에서 공부한 낱말을 떠올리며 문제를 풀어 보세요.

1 뜻에 알맞은 낱말을 빈칸에 쓰세요.

(1)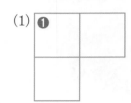

> 가로 열쇠 ❶ 일정한 곳에 자리를 차지함. 또는 그 자리.
>
> 세로 열쇠 ❶ 지구 위의 위치를 나타내는 좌표축 중에서 가로로 된 것. 적도를 기준으로 북쪽은 북위, 남쪽은 남위라고 함.

(2)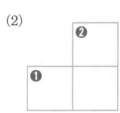

> 가로 열쇠 ❶ 지구 위의 위치를 나타내는 좌표축 중에서 세로로 된 것. 지구의 한 지점을 기준으로 동쪽은 동경, 서쪽은 서경이라고 함.
>
> 세로 열쇠 ❷ 대륙에서 바다 쪽으로 길게 내민 땅으로, 삼면이 바다로 둘러싸이고 한 면은 육지에 이어진 땅.

2 빈칸에 들어갈 알맞은 낱말을 골라 ○표 하세요.

(1) 우리나라의 [   ]은/는 한반도와 한반도에 속한 여러 섬이다.

(영토 , 영해 , 영공)

(2) 해경은 우리나라 [   ]에서 물고기를 잡던 다른 나라 어선 한 척을 붙잡았다.

(영토 , 영해 , 영공)

3 빈칸에 알맞은 낱말을 완성하세요.

(1) 독도는 우리나라의 [ㅇ | ㅇ]에서 가장 동쪽에 있는 섬이다.

(2) [ㅂ | ㄷ]은/는 대륙과 해양으로 나아가기 유리하다는 장점이 있다.

(3) 우리나라는 [ㅇ | ㅊ]의 특성 때문에 역사적으로 주변 국가의 침략을 자주 받았다.

(4) 수아는 우리 [ㄱ | ㅌ]을/를 아름답게 가꾸기 위해 환경 보호를 실천하기로 마음먹었다.

✎ 20～21쪽에서 공부한 낱말을 떠올리며 문제를 풀어 보세요.

1
주
차

2회

4 뜻에 알맞은 낱말을 글자판에서 찾아 묶으세요. (낱말은 가로(─), 세로(│), 대각선(＼／) 방향에 숨어 있어요.)

방	산	무	역
별	행	맥	터
명	칭	정	전

❶ 생활의 근거지가 되는 곳.
❷ 산지의 여러 산들이 이어진 지형.
❸ 사람이나 사물 등을 일컫는 이름.

5 친구가 말한 뜻을 가진 낱말은 무엇인지 빈칸에 알맞게 쓰세요.

휴전선을 중심으로 남과 북에 각각 2킬로미터 내에 위치한 영역으로, 군인이나 무기를 원칙적으로 배치하지 않기로 한 곳이야.

6 밑줄 친 지방 이름을 잘못 말한 친구를 골라 ×표 하세요.

(1) 진솔: 우리 집은 경상남도니까 북부 지방에 속해. (   )

(2) 예린: 외할머니 댁은 중부 지방인 충청북도에 있어. (   )

(3) 의현: 내가 다니는 학교는 광주광역시에 있으니까 남부 지방에 속해. (   )

7 (   ) 안에 알맞은 낱말을 보기에서 찾아 쓰세요.

보기
명칭
중부 지방
행정 구역

(1) (   )인 특별시, 특별자치시, 광역시에는 행정 업무를 담당하는 시청이 있다.

(2) 조선 시대에 전국을 8개의 도로 나누고 충청도, 전라도, 경상도 등 각 도의 (   )을 정했다.

(3) 오전에 남부 지방부터 비가 내리고, 비구름이 북쪽으로 올라오면서 오후에는 (   )에도 많은 비가 쏟아질 예정이다.

수학 교과서 어휘

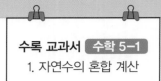
다음 중 낱말의 뜻을 잘 알고 있는 것에 ✅ 하세요.

☐ 혼합 계산 ☐ 괄호 ☐ 풀이 ☐ 거스름돈 ☐ 입력 ☐ 타

앞에서부터 차례대로 계산하면 돼.

정해진 계산 순서에 따라 계산해야 해.

칠판에 덧셈, 뺄셈, 곱셈, 나눗셈이 섞여 있는 식이 쓰여 있네. 두 친구 중 누구의 계산 결과가 맞을까? 이런 계산을 잘하려면 먼저 혼합 계산과 관련된 낱말의 뜻과 쓰임을 정확히 알아야겠지?

$$32 - 20 \div 4 + 3 \times 2$$

✏️ 낱말을 읽고, ▨ 부분에 밑줄을 그으면서 낱말 공부를 해 보세요.

이것만은 꼭!

혼합 계산

混 섞을 **혼** + 合 합할 **합** + 計 셀 **계** + 算 셈 **산**

뜻 식 하나에 덧셈, 뺄셈, 곱셈, 나눗셈이 섞여 있는 계산.

예 혼합 계산은 계산 순서를 달리하면 결과가 달라지므로 약속된 계산 순서에 맞게 해야 한다.

$$40 - 8 \times 3 + 15 = 40 - 24 + 15$$
$$= 16 + 15$$
$$= 31$$

괄호

括 묶을 **괄** + 弧 활 **호**

뜻 말이나 글 또는 숫자 등을 한데 묶기 위하여 사용하는 부호 '( )'의 이름.

예 곱셈과 나눗셈이 섞여 있고 괄호가 있는 식에서는 괄호 안에 있는 식을 먼저 계산한다.

$$50 \div (5 \times 2) = 50 \div 10$$
$$= 5$$

풀이

뜻 수학에서 어떤 문제가 요구하는 결과를 얻어 내는 일. 또는 그 결과.

예 혼합 계산식의 **풀이** 과정을 살펴보고 잘못된 부분이 있는지 찾아보았다.

덧셈, 뺄셈, 곱셈, 나눗셈, 괄호가 섞여 있는 식에서는 괄호 안을 가장 먼저 계산하고 곱셈과 나눗셈을 그다음에 계산해.

거스름돈

뜻 셈할 것을 빼고 도로 내어 주거나 받는 나머지 돈.

예 창수는 슈퍼에서 1000원을 내고 600원짜리 사탕 한 개를 산 뒤 **거스름돈**으로 400원을 받았다.

비슷한말 잔돈, 우수리

'잔돈'은 거슬러 주거나 받는 돈을 뜻해. 또 '우수리'는 물건값을 빼고 거슬러 받는 잔돈을 뜻하지. '거스르다'는 셈할 돈을 빼고 나머지 돈을 도로 주거나 받는다는 말이니까 '잔돈'과 '우수리', '거스름돈'은 뜻이 비슷한 낱말이야.

입력

入 들 **입** ＋ 力 힘 **력**

뜻 문자나 숫자를 컴퓨터가 기억하게 하는 일.

예 계산기에는 계산 결과를 저장하는 기능이 있는데, 저장 기능 중 'M+'는 저장 결과에 새로 **입력**된 값을 더하는 것이다.

← 입력된 값 표시

← 저장 기능 버튼

타

打 타 **타**

👆 '타(打)'의 대표 뜻은 '치다'야.

뜻 물건 열두 개를 한 단위로 세는 말.

예 문구점에서 연필 1**타**, 지우개 2개, 공책 5권을 샀다.

연필 12자루를 '연필 1타'라고 해.

수학 교과서 어휘

다음 중 낱말의 뜻을 잘 알고 있는 것에 ✅ 하세요.

☐ 약수 ☐ 배수 ☐ 공약수 ☐ 최대공약수 ☐ 수 배열표 ☐ 남김없이

친구가 낱말의 의미를 몰라서 수학 문제를 못 풀고 있어. 수학에서는 정확하게 의미를 이해해야 하는 낱말들이 있단다. '약수와 배수' 단원을 배우기 위해 꼭 알아야 하는 낱말들을 공부해 보자.

✏️ 낱말을 읽고, 부분에 밑줄을 그으면서 낱말 공부를 해 보세요.

약수

約 나눗셈할 **약** + 數 셈 **수**

👉 '약(約)'의 대표 뜻은 '맺다'야.

뜻 어떤 수를 나머지가 0이 되도록 나누어떨어지게 하는 수.

예 1, 2, 3, 4, 6, 12는 12의 약수이다.

글자는 같지만 뜻이 다른 낱말 약수

'약수'는 먹거나 몸을 담그거나 하면 약효가 있는 샘물을 뜻해. "이 산은 약수가 나오기로 유명하다."처럼 쓰여.

배수

倍 곱 **배** + 數 셈 **수**

뜻 어떤 수를 1배, 2배, 3배…… 한 수.

예 4, 8, 12……는 4의 배수이다.

4를 1배 한 수는 4,
4를 2배 한 수는 8,
4를 3배 한 수는 12야.

공약수

公 공평할 **공** +
約 나눗셈할 **약** + 數 셈 **수**

뜻 어떤 두 수의 공통된 약수.

예 8과 12의 공통된 약수 1, 2, 4를 8과 12의 공약수라고 한다.

> 8의 약수는 ①, ②, ④, 8이고, 12의 약수는 ①, ②, 3, ④, 6, 12이므로 8과 12의 공약수는 1, 2, 4야.

1
주
차

3회

최대공약수

最 가장 **최** + 大 클 **대** +
公 공평할 **공** + 約 나눗셈할 **약** +
數 셈 **수**

뜻 공약수 중에서 가장 큰 수.

예 8과 12의 공약수 1, 2, 4 중에서 4를 8과 12의 최대공약수라고 한다.

$$8 = 2 \times 2 \times 2 \qquad 12 = 2 \times 2 \times 3$$

공통인 부분

> 두 수를 가장 작은 수들의 곱으로 나타냈을 때 공통인 부분을 찾아봐.

수 배열표

數 셈 **수** + 配 나눌 **배** +
列 벌일 **열** + 表 표 **표**
'표(表)'의 대표 뜻은 '겉'이야.

뜻 숫자를 일정한 차례나 간격에 따라 벌여 놓은 표.

예 수 배열표에서 3의 배수를 모두 찾아 표시했다.

> 1부터 21까지의 수가 나열된 표에서 3의 배수에 표시했어.

1	2	③	4	5	⑥	7
8	⑨	10	11	⑫	13	14
⑮	16	17	⑱	19	20	㉑

▲ 수 배열표

남김없이

뜻 하나도 빼지 않고 모두 다.

예 빵 12개를 학생 4명에게 남김없이 똑같이 나누어 주려면 3개씩 주면 된다.

비슷한말 모조리, 몽땅

'모조리'는 하나도 빠짐없이 모두를 뜻하고, '몽땅'은 있는 것을 빠짐없이 모두를 뜻해. 모조리, 몽땅 나누어 준다는 말은 남기는 것 없이 다 준다는 뜻이야.

확인 문제

24~25쪽에서 공부한 낱말을 떠올리며 문제를 풀어 보세요.

1 뜻에 알맞은 낱말이 되도록 보기 에서 글자를 찾아 쓰세요.

보기
름 계 거
입 돈
스 합 산
혼 력

(1) 문자나 숫자를 컴퓨터가 기억하게 하는 일. → ☐☐

(2) 셈할 것을 빼고 도로 내어 주거나 받는 나머지 돈.

→ ☐☐☐☐

(3) 식 하나에 덧셈, 뺄셈, 곱셈, 나눗셈이 섞여 있는 계산.

→ ☐☐☐☐

2 ☐ 안의 낱말과 뜻이 비슷한 낱말을 두 개 골라 ○표 하세요.

거스름돈

(1) 잔돈   (2) 용돈   (3) 우수리   (4) 세뱃돈

(   )   (   )   (   )   (   )

3 (   ) 안에서 알맞은 낱말을 골라 ○표 하세요.

(1) 현금 지급기에서 돈을 찾으려고 비밀번호를 (입금 , 입력)했다.

(2) 이 문제는 답은 하나이지만 두 가지 방법으로 (풀이 , 완성)할 수 있다.

(3) 혼합 계산에서는 앞에서부터 차례대로 계산했을 때와 (괄호 , 따옴표) 안을 먼저 계산했을 때 계산 결과가 다르다.

4 빈칸에 들어갈 알맞은 낱말은 무엇인가요? (   )

우리 반 여학생 12명에게 연필을 선물하려고 연필 한 ☐을/를 샀다.

① 벌   ② 타   ③ 채   ④ 척   ⑤ 권

✎ 26~27쪽에서 공부한 낱말을 떠올리며 문제를 풀어 보세요.

5 낱말의 뜻을 [보기]에서 찾아 사다리를 타고 내려간 곳에 기호를 쓰세요.

> **보기**
> ㉠ 어떤 두 수의 공통된 약수.
> ㉡ 어떤 수를 1배, 2배, 3배…… 한 수.
> ㉢ 어떤 수를 나머지가 0이 되도록 나누어떨어지게 하는 수.

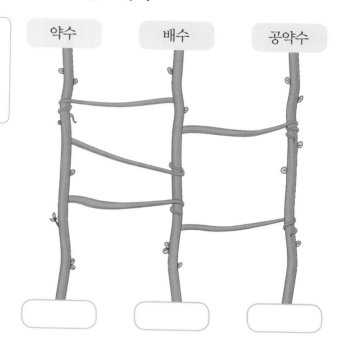

6 낱말의 뜻은 무엇인지 ( ) 안에서 알맞은 낱말을 골라 ◯표 하세요.

(1)
최대공약수

공약수 중에서 가장 (큰 , 작은) 수.

(2)
수 배열표

(글자 , 숫자)를 일정한 차례나 간격에 따라 벌여 놓은 표.

7 빈칸에 들어갈 낱말로 알맞지 <u>않은</u> 것을 두 가지 고르세요. (,)

도둑이 귀중품을 [　　　] 훔쳐 가서 금고가 텅 비었다.

① 몽땅　　　② 모조리　　　③ 아무리　　　④ 차라리　　　⑤ 남김없이

8 ( ) 안에서 알맞은 낱말을 골라 ◯표 하세요.

(1) 나눗셈식을 이용하여 15의 (분수 , 약수) 1, 3, 5, 15를 찾아보았다.

(2) 두 수의 (자연수 , 공약수)를 구하려면 먼저 각 수의 약수를 구해야 한다.

(3) 모둠 친구들과 3의 (배수 , 나머지)인 3, 6, 9번째엔 숫자를 말하는 대신 박수를 치는 놀이를 했다.

1주차 4회 과학 교과서 어휘

수록 교과서 과학 5-1
1. 과학자는 어떻게 탐구할까요?

다음 중 낱말의 뜻을 잘 알고 있는 것에 ✓ 하세요.

☐ 문제 인식　☐ 변인 통제　☐ 자료 변환　☐ 자료 해석　☐ 결론 도출　☐ 안전 수칙

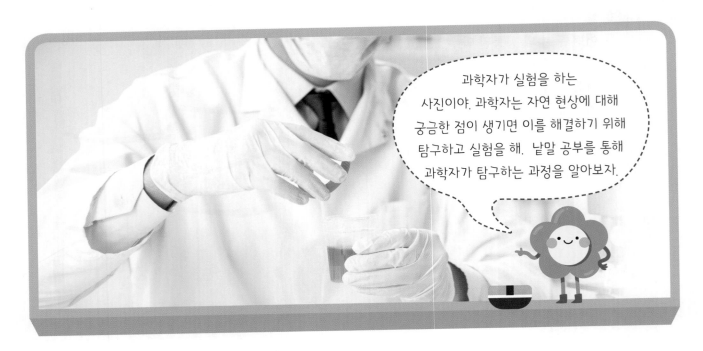

과학자가 실험을 하는 사진이야. 과학자는 자연 현상에 대해 궁금한 점이 생기면 이를 해결하기 위해 탐구하고 실험을 해. 낱말 공부를 통해 과학자가 탐구하는 과정을 알아보자.

✎ 낱말을 읽고,　부분에 밑줄을 그으면서 낱말 공부를 해 보세요.

문제 인식

問 물을 **문** + 題 제목 **제** +
認 알 **인** + 識 알 **식**

뜻 탐구할 문제를 찾아 명확하게 나타내는 것.

예 문제 인식에서 탐구 문제를 정할 때에는 탐구하고 싶은 내용이 분명하게 드러나고, 탐구 범위가 좁고 구체적이어야 한다.

변인 통제

變 변할 **변** + 因 인할 **인** +
統 거느릴 **통** + 制 절제할 **제**

뜻 실험에서 다르게 해야 할 조건과 같게 해야 할 조건을 확인하고 통제하는 것.

예 실험 계획을 세울 때 변인 통제를 해야 실험 결과에 영향을 미치는 조건이 무엇인지 확인할 수 있다.

'변인'은 성질이나 모습이 변하는 원인을 뜻하고, '통제'는 어떤 방침이나 목적에 따라 행위를 제한하거나 제약함을 뜻해.

자료 변환

資 재물 **자** + 料 헤아릴 **료** +
變 변할 **변** + 換 바꿀 **환**

이것만은 꼭!

(뜻) 실험 결과를 표나 그래프의 형태로 바꾸어 나타내는 것.

(예) 자료 변환을 하면 자료의 특징을 한눈에 비교하기 쉽고, 실험 결과의 특징을 이해하기 쉽다.

■ 사인펜의 색깔에 따라 분리된 색소

사인펜의 색깔 / 분리된 색소	검은색	빨간색	파란색
보라색	○	×	○
진분홍색	×	○	×
분홍색	○	○	○
하늘색	○	×	○
노란색	○	○	×

실험 결과를 표로 변환했어. '변환'은 다르게 하여 바꾼다는 뜻이야.

자료 해석

資 재물 **자** + 料 헤아릴 **료** +
解 풀 **해** + 釋 풀 **석**

(뜻) 실험 결과를 통해 알 수 있는 점을 생각하고 자료 사이의 관계나 규칙을 찾아내는 과정.

(예) 자료 해석을 할 때에는 실험에서 다르게 한 조건에 따른 결과를 비교하고, 실험 과정에 문제가 있었는지도 되돌아본다.

결론 도출

結 맺을 **결** + 論 논할 **론** +
導 이끌 **도** + 出 드러낼 **출**
⌐'도(導)'의 대표 뜻은 '인도하다', '출(出)'의 대표 뜻은 '나다'야.

(뜻) 실험 결과와 자료 해석을 바탕으로 결론을 이끌어 내는 과정.

(예) 윤지네 모둠은 실험 결과에서 '사인펜의 색깔에 따라 잉크에 섞여 있는 색소는 다르다.'라고 결론 도출을 했다.

안전 수칙

安 편안 **안** + 全 온전할 **전** +
守 지킬 **수** + 則 법칙 **칙**

(뜻) 위험이 생기거나 사고가 나지 않도록 행동이나 절차에서 지켜야 할 사항을 정한 규칙.

(예) 실험을 하면서 지켜야 할 안전 수칙을 생각하며 실험 계획을 세웠다.

관련 어휘 안전모, 안전띠

'안전모'는 '안전'에 모자의 뜻을 더해 주는 '-모'가 합쳐진 낱말로, 공장이나 작업장 또는 운동 경기 등에서 머리를 보호하기 위해 쓰는 모자를 말해. '안전띠'는 '안전'에 '띠'가 합쳐진 낱말로, 사고가 났을 때 다치지 않도록 몸을 좌석에 붙들어 매는 띠야.

다음 중 낱말의 뜻을 잘 알고 있는 것에 ☑ 하세요.

☐ 체온 ☐ 이동 ☐ 전도 ☐ 대류 ☐ 접촉 ☐ 난방

프라이팬에서 달걀 프라이가 익고, 뜨거운 기름에 돈가스가 맛있게 튀겨지고 있어. 열이 어떻게 이동해서 음식을 익히는 걸까? 온도와 열을 배울 때 나오는 낱말들을 공부해 보자.

✎ 낱말을 읽고, ▨ 부분에 밑줄을 그으면서 낱말 공부를 해 보세요.

체온

體 몸 체 + 溫 온도 온
⌐ '온(溫)'의 대표 뜻은 '따뜻하다'야.

뜻 몸의 온도.

예 병원에서 환자의 체온을 잴 때는 정확하게 측정해야 한다.

관련 어휘 수온, 기온

'수온'은 물의 온도, '기온'은 공기의 온도를 뜻해. 차갑거나 따뜻한 정도인 온도는 숫자에 단위 ℃(섭씨온도)를 붙여 나타내.

이동

移 옮길 이 + 動 움직일 동

뜻 움직여 옮김. 또는 움직여 자리를 바꿈.

예 열은 온도가 높은 물질에서 낮은 물질로 이동한다.

비슷한말 전이

'전이'는 자리나 위치 등을 다른 곳으로 옮김이라는 뜻이며, "청결한 환경을 유지하면 세균의 전이를 막을 수 있다."와 같이 쓰여.

열의 이동은 물질의 온도를 변하게 하는 원인이야.

전도

傳 전할 전 + 導 인도할 도

이것만은 꼭!

뜻 고체에서 열이 온도가 높은 곳에서 낮은 곳으로 고체 물질을 따라 이동하는 것.

예 불 위에 올려놓은 주전자의 몸체는 시간이 지나면 열의 전도가 일어나서 뜨거워진다.

관련 어휘 단열

'단열'은 두 물질 사이에서 열의 이동을 줄이는 것을 말해. 겨울에 집 안의 열이 밖으로 빠져나가지 않도록 집을 지을 때 벽 사이에 단열이 되는 재료를 넣는 것도 단열의 한 예야.

대류

對 섞을 대 + 流 흐를 류
'대(對)'의 대표 뜻은 '대하다'야.

뜻 액체나 기체에서 온도가 높아진 물질이 위로 올라가고, 위에 있던 물질이 아래로 밀려 내려오는 현상.

예 액체에서는 대류를 통해 열이 이동한다.

▲ 물의 대류

접촉

接 이을 접 + 觸 닿을 촉

뜻 서로 맞닿음.

예 온도가 다른 두 물질이 접촉하면 따뜻한 물질의 온도는 점점 낮아지고 차가운 물질의 온도는 점점 높아진다.

여러 가지 뜻을 가진 낱말 접촉

'접촉'에는 가까이 대하고 사귐이라는 뜻도 있어. "이웃과 접촉이 많다."와 같이 쓰이지.

난방

暖 따뜻할 난 + 房 방 방

뜻 실내의 온도를 높여 따뜻하게 하는 일.

예 난방 기구를 한 곳에만 켜 두어도 공기가 대류하면서 집 안 전체의 공기가 따뜻해진다.

난방 기구를 낮은 곳에 설치하면 온도가 높아진 공기는 올라가고, 위쪽에 있던 차가운 공기는 아래로 밀려 내려오면서 빨리 따뜻해져.

확인 문제

✎ 30~31쪽에서 공부한 낱말을 떠올리며 문제를 풀어 보세요.

1 낱말의 뜻을 보기에서 찾아 사다리를 타고 내려간 곳에 기호를 쓰세요.

보기
㉠ 탐구할 문제를 찾아 명확하게 나타내는 것.
㉡ 실험 결과를 표나 그래프의 형태로 바꾸어 나타내는 것.
㉢ 실험 결과와 자료 해석을 바탕으로 결론을 이끌어 내는 과정.
㉣ 실험에서 다르게 해야 할 조건과 같게 해야 할 조건을 확인하고 통제하는 것.

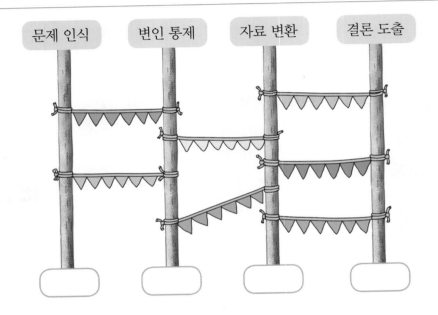

2 ( ) 안에서 알맞은 낱말을 골라 ◯표 하세요.

(1) 자전거를 탈 때 머리를 보호하기 위해 꼭 (안전모 , 안전띠)를 써야 해.

(2) 자동차의 앞좌석뿐만 아니라 뒷자석에 탄 사람도 모두 (안전모 , 안전띠)를 매야 해.

3 ( ) 안에 알맞은 말을 보기에서 찾아 쓰세요.

보기
변인 통제
자료 해석
안전 수칙

(1) 모둠 친구들은 실험 결과를 정리한 표를 보고 ( )을/를 했다.

(2) 이번 실험은 유리로 된 실험 기구와 알코올램프를 사용하니 ( ) 을/를 잘 지키세요.

(3) 실험에서 ( )을/를 할 때에는 한 가지 조건만 다르게 하고, 나머지 조건은 모두 같게 해야 한다.

🖉 32~33쪽에서 공부한 낱말을 떠올리며 문제를 풀어 보세요.

4 뜻에 알맞은 낱말을 글자 카드에서 찾아 쓰세요.

(1)
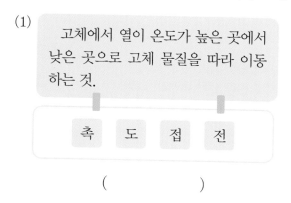
> 고체에서 열이 온도가 높은 곳에서 낮은 곳으로 고체 물질을 따라 이동하는 것.
>
> 촉 도 접 전

(   )

(2)
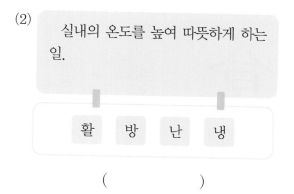
> 실내의 온도를 높여 따뜻하게 하는 일.
>
> 활 방 난 냉

(   )

5 어떤 낱말의 뜻인지 (   ) 안에서 알맞은 낱말을 골라 ○표 하세요.

> 액체나 기체에서 온도가 높아진 물질이 위로 올라가고, 위에 있던 물질이 아래로 밀려 내려오는 현상.

(전도 , 대류 , 단열)

6 다음 상황에서 무엇을 측정해야 하는지 **보기** 에서 찾아 기호를 쓰세요.

보기
ㄱ 수온
ㄴ 기온
ㄷ 체온

(1) 아기가 열이 날 때: (   )

(2) 식물이 잘 자라도록 온실 내부의 온도를 측정할 때: (   )

(3) 어항 속 물의 온도가 물고기가 살기에 적절한지 확인할 때: (   )

7 밑줄 친 낱말의 쓰임이 알맞으면 ○표, 알맞지 <u>않으면</u> ✕표 하세요.

(1) 온유: 난로를 켜서 <u>냉방</u>을 했으니 이제 곧 따뜻해질 거야. (   )

(2) 형철: 고체 물질이 끊겨 있으면 열의 <u>전도</u>는 잘 일어나지 않아. (   )

(3) 선아: 무더운 날에는 몸을 <u>독촉</u>하면 불쾌하니까 멀리 떨어져 앉아. (   )

(4) 소민: 달걀부침을 요리할 때 온도가 높은 프라이팬에서 온도가 낮은 달걀로 열이 <u>이동</u>해서 달걀이 익는 거야. (   )

1주차

4회

한자 어휘

食 (식)이 들어간 낱말

✏️ '食(식)'이 들어간 낱말을 읽고, ▨ 부분에 밑줄을 그으면서 낱말 공부를 해 보세요.

食

먹을 식

뚜껑이 있는 그릇 안에 밥이 담겨 있네. '식(食)'은 음식을 담는 그릇을 본떠 만든 글자야. 그래서 '밥'이라는 뜻을 갖게 되었어. 낱말에서 '식(食)'은 '먹다', '음식'의 뜻을 나타내.

약육강食
食후
한食
급食

먹다
食

약육강식

弱 약할 약 + 肉 고기 육 + 強 강할 강 + 食 먹을 식

뜻 약한 것은 강한 것에게 먹히는 자연계의 법칙. 또는 사회에서 약한 자가 강한 자에게 끝내 멸망됨을 이르는 말.

예 할아버지께서는 약육강식의 세계에서 살아남으려면 공부를 열심히 하여 실력을 갖추어야 한다고 말씀하셨다.

식후

食 먹을 식 + 後 뒤 후

뜻 밥을 먹은 뒤.

예 이 약은 식후 30분에 먹어야 한다.

반대말 식전

'식전'은 밥을 먹기 전이라는 뜻이야. "식전에는 군것질을 하지 마라."와 같이 쓰여.

음식
食

한식

韓 한국 한 + 食 음식 식

뜻 한국 고유의 음식.

예 불고기, 비빔밥 등 한식을 좋아하는 외국인이 늘고 있다.

관련 어휘 양식

'양식'은 서양식 음식이나 식사를 뜻하는 말이야.

급식

給 줄 급 + 食 음식 식

뜻 끼니로 먹는 음식을 줌. 또는 그 식사.

예 오늘 급식으로 내가 좋아하는 반찬인 소고기 장조림이 나왔다.

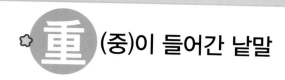 **重(중)이 들어간 낱말**

✏️ '**重(중)**'이 들어간 낱말을 읽고, ▢ 부분에 밑줄을 그으면서 낱말 공부를 해 보세요.

重
무거울 중

'중(重)'은 사람이 등에 짐을 지고 있는 모습을 표현한 글자야. 그래서 '무겁다'는 뜻을 갖게 되었어. 낱말에서 '중(重)'은 '무겁다'는 뜻을 나타내며, '소중하다'의 뜻을 나타낼 때도 있어.

重형
重태
애지重지
귀重품

무겁다 重

중형

重 무거울 중 + 刑 형벌 형

뜻 아주 무거운 형벌.

예 어린아이를 몹시 괴롭힌 사람들에게 중형이 내려졌다.

반대말 경형

'경형'은 형벌을 가볍게 함, 또는 그 형벌이라는 뜻이야.

중태

重 무거울 중 + 態 상태 태
🖱 '태(態)'의 대표 뜻은 '모습'이야.

뜻 병이 심하여 위험한 상태.

예 병에 걸려 치료를 받아 오던 노인이 오늘 아침에 의식을 잃고 중태에 빠졌다.

소중하다 重

애지중지

愛 사랑 애 + 之 이것 지 + 重 소중할 중 + 之 이것 지
🖱 '지(之)'의 대표 뜻은 '가다'야.

뜻 매우 사랑하고 소중히 여기는 모양.

예 이 게임기는 내가 애지중지 여기는 것이어서 아무에게도 빌려줄 수 없다.

귀중품

貴 귀할 귀 + 重 소중할 중 + 品 물건 품

뜻 귀하고 소중한 물건.

예 황 영감은 금과 보석 등 값나가는 귀중품을 금고에 넣어 보관한다.

뜻을 더해 주는 말 −품

'−품'은 화장품, 기념품, 예술품 등처럼 앞말에 붙어 '물품' 또는 '작품'의 뜻을 더해 주는 말이야.

확인 문제

✎ 36쪽에서 공부한 낱말을 떠올리며 문제를 풀어 보세요.

1 뜻에 알맞은 낱말을 빈칸에 쓰세요.

(1)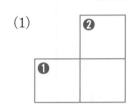

(2)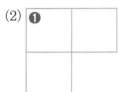

가로 열쇠 ❶ 끼니로 먹는 음식을 줌.
세로 열쇠 ❷ 한국 고유의 음식.

가로 열쇠 ❶ 밥을 먹은 뒤.
세로 열쇠 ❶ 밥을 먹기 전.

2 친구가 말한 뜻을 가진 낱말은 무엇인지 빈칸에 알맞게 쓰세요.

> 약한 것은 강한 것에게 먹히는 자연계의 법칙. 또는 사회에서 약한 자가 강한 자에게 끝내 멸망됨을 이르는 말이야.

3 뜻이 반대인 낱말끼리 묶인 것을 골라 ○표 하세요.

(1) 급식 – 양식

( )

(2) 한식 – 소식

( )

(3) 식후 – 식전

( )

4 ( ) 안에 알맞은 낱말을 보기에서 찾아 쓰세요.

보기
급식
식후
한식
약육강식

(1) ( )에 바로 누우면 소화가 잘 안된다.

(2) 할머니 생신 때 우리 가족은 ( ) 식당에서 외식을 했다.

(3) 우리 학교는 6학년이 1학년에게 점심 ( )을/를 해 준다.

(4) 사슴이 표범에게 잡아먹히는 것은 ( )의 세계에서는 자연스러운 일이다.

✎ 37쪽에서 공부한 낱말을 떠올리며 문제를 풀어 보세요.

5 낱말과 그 뜻을 알맞게 선으로 이으세요.

(1) 중태 •   • 아주 무거운 형벌.

(2) 귀중품 •   • 병이 심하여 위험한 상태.

(3) 중형 •   • 매우 사랑하고 소중히 여기는 모양.

(4) 애지중지 •   • 귀하고 소중한 물건.

6 밑줄 친 '품'이 　　　 안의 '품'과 뜻이 <u>다른</u> 것은 무엇인가요? (　　　)

귀중<u>품</u>

① 엄마 <u>품</u>속이 포근하다.
② 여행을 가서 기념<u>품</u>을 샀다.
③ 언니는 화장<u>품</u>에 관심이 많다.
④ 이 선풍기는 불량<u>품</u>이니 바꾸어 주세요.
⑤ 박물관에서 아름다운 예술<u>품</u>을 감상했다.

7 이야기의 흐름을 생각하며 (　) 안에 알맞은 낱말을 보기에서 찾아 쓰세요.

보기

중형	중태	귀중품	애지중지

 옛날에 가난한 부부가 외동딸을 (1)(　　　　) 키우며 살았어.

⬇

 어느 날 아버지가 큰 병에 걸려 (2)(　　　　)에 빠졌어.

⬇

 딸은 아버지의 병을 치료할 약을 사려고 부잣집에서 (3)(　　　　)을/를 훔치려 했어.

⬇

 붙잡힌 딸은 잘못을 뉘우치며 (4)(　　　　)을/를 내려 달라고 했어. 하지만 딸이 물건을 훔친 까닭을 알게 된 부잣집의 황 영감은 딸을 용서해 주었어.

✎ 1주차 1~5회에서 공부한 낱말을 떠올리며 문제를 풀어 보세요.

낱말 뜻

1 뜻에 알맞은 낱말을 보기에서 찾아 기호를 쓰세요.

> 보기
>
> ㉠ 조언　　　　㉡ 입력　　　　㉢ 명칭　　　　㉣ 영역　　　　㉤ 난방

(1) 사람이나 사물 등을 일컫는 이름. (　　　)

(2) 실내의 온도를 높여 따뜻하게 하는 일. (　　　)

(3) 문자나 숫자를 컴퓨터가 기억하게 하는 일. (　　　)

(4) 도움이 되는 말이나 몰랐던 것을 깨우쳐 주는 말. (　　　)

(5) 한 나라의 주권이 미치는 범위를 말하며 영토, 영해, 영공으로 이루어짐. (　　　)

비슷한말

2 밑줄 친 낱말과 뜻이 비슷한 낱말은 무엇인가요? (　　　)

> 두 사람이 서로에게 하는 말과 행동을 보면 둘의 관계를 추론할 수 있다.

① 열거　　　　② 위치　　　　③ 추리　　　　④ 대류　　　　⑤ 중형

여러 가지 뜻을 가진 낱말

3 밑줄 친 낱말이 다음 문장과 다른 뜻으로 쓰인 것에 ○표 하세요.

> 접촉한 두 물질의 온도가 변하는 까닭은 열이 온도가 높은 쪽에서 낮은 쪽으로 이동하기 때문이다.

(1) 그는 이웃과의 접촉을 피한다. (　　　)

(2) 도로에서 자동차 접촉 사고가 났다. (　　　)

(3) 이 병은 피부 접촉으로 전염될 수 있다. (　　　)

낱말 활용

4~5 (　　) 안에서 알맞은 낱말을 골라 ○표 하세요.

4 놀이 기구를 탈 때에는 (변인 통제 , 안전 수칙)을/를 잘 지켜야 한다.

5 아영이는 친한 친구인 지수에게 (고민 , 공감)을 털어놓았다.

글자는 같지만 뜻이 다른 낱말

6 빈칸에 공통으로 들어갈 낱말은 무엇인가요? (   )

> • 이 산에서 솟는 샘물은 [   ](으)로 유명하다.
> • 8을 나누어떨어지게 하는 수인 1, 2, 4, 8이 8의 [   ]이다.

① 위도   ② 세부   ③ 이동
④ 약수   ⑤ 수온

한자 성어

7 밑줄 친 낱말을 바르게 사용한 친구에게 ◯표 하세요.

(1)

약한 자들이 힘을 합쳐 지혜를 발휘하면 약육강식의 법칙도 바꿀 수 있어.
(   )

(2)

늦잠을 잤는데 애지중지로 배까지 아파서 지각을 하고 말았어.
(   )

낱말 활용

8 ~ 10 (   ) 안에 알맞은 낱말을 [보기]에서 찾아 쓰세요.

> [보기]
> 요약   터전   귀중품

8 한반도는 우리나라 사람들이 살고 있는 삶의 (   )이다.

9 재미있는 동화책의 내용을 (   )한 줄거리를 동생에게 들려주었다.

10 어머니께서는 값나가는 (   )을/를 항상 장롱 깊숙한 곳에 감추어 두셨다.

2주차 어휘 미리 보기

한 주 동안 공부할 어휘들이야. 쏙 한번 훑어볼까?

1회

학습 계획일 ◯월 ◯일

국어 교과서 어휘

문장 성분	동형어
주어	주장
서술어	근거
목적어	해석
호응	찬반
들르다	설득력

2회

학습 계획일 ◯월 ◯일

사회 교과서 어휘

지형	인구
해안	분포
산지	분산
기후	교통
등온선	생활권
자연재해	개통

3회

학습 계획일 ◯월 ◯일

수학 교과서 어휘

공배수	대응
최소공배수	일정하다
간격	추측
십간	기호
십이지	나열
연도	조립

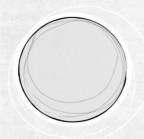

4회

학습 계획일 ◯ 월 ◯ 일

과학 교과서 어휘

태양계	관측
천체	방위
행성	북극성
위성	떠돌다
별	잔해물
별자리	정밀

5회

학습 계획일 ◯ 월 ◯ 일

한자 어휘

소탐대실	선견지명
분실	선불
실수	선두
실패	선사 시대

어휘력 테스트

3주차
어휘 학습으로
가 보자!

수록 교과서 국어 5-1 ㉮

4. 글쓰기의 과정

다음 중 낱말의 뜻을 잘 알고 있는 것에 ☑ 하세요.

☐ 문장 성분 ☐ 주어 ☐ 서술어 ☐ 목적어 ☐ 호응 ☐ 들르다

✏️ 낱말을 읽고, ▨ 부분에 밑줄을 그으면서 낱말 공부를 해 보세요.

문장 성분

文 글월 문 + 章 글 장 +
成 이룰 성 + 分 나눌 분

이것만은 꼭!

뜻 주어, 서술어, 목적어 등과 같이 문장을 구성하는 부분.

예 문장에서 반드시 있어야 할 문장 성분이 빠지면 문장의 뜻을 완성할 수 없다.

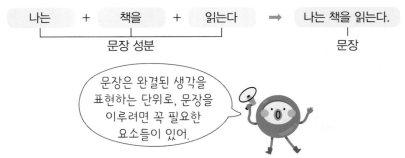

| 나는 | + | 책을 | + | 읽는다 | ➡ | 나는 책을 읽는다. |

문장 성분   문장

> 문장은 완결된 생각을 표현하는 단위로, 문장을 이루려면 꼭 필요한 요소들이 있어.

주어

主 주인 주 + 語 말씀 어
🖱 '주(主)'의 대표 뜻은 '임금'이야.

뜻 문장에서 동작이나 상태의 주체가 되는 말.

예 "동생이 밥을 먹는다."의 '동생이', "꽃이 아름답다."의 '꽃이'가 문장에서 '누가'나 '무엇이'에 해당하는 주어이다.

어법 **주어를 만드는 방법**

'누가'나 '무엇이'에 해당하는 말에 '이/가/께서/에서'와 같은 말을 붙여서 주어를 만들어. '은/는'이 붙거나 "너, 밥 먹었어?"처럼 붙이는 말이 생략되기도 해.

서술어

敍 펼 서 + 述 서술할 술 +
語 말씀 어
🖱 '술(述)'의 대표 뜻은 '펴다'야.

뜻 문장에서 주어의 움직임, 상태, 성질 따위를 풀이하는 말.

예 "언니가 책을 읽는다."의 '읽는다', "아기가 귀엽다."의 '귀엽다'가 문장에서 '어찌하다'나 '어떠하다'에 해당하는 서술어이다.

어법 **서술어의 종류 – 어찌하다, 어떠하다, 무엇이다**

"서우가 밥을 먹는다."에서 '먹는다'는 동작을 나타내는 '어찌하다', "하늘이 파랗다."에서 '파랗다'는 상태를 나타내는 '어떠하다'에 해당해. 그리고 "이것은 책이다."에서 '책이다'는 '무엇이다'에 해당하지.

목적어

目 일컬을 목 + 的 목표 적 +
語 말씀 어

'목(目)'의 대표 뜻은 '눈', '적(的)'의 대표 뜻은 '과녁'이야.

뜻 문장에서 동작의 대상이 되는 말.

예 "나는 떡볶이를 좋아한다."의 '떡볶이를', "이슬이가 친구를 기다린다."의 '친구를'이 문장에서 '무엇을'이나 '누구를'에 해당하는 목적어이다.

어법 목적어를 만드는 방법

"지우가 공부를 한다."의 '공부를'처럼 낱말에 '을/를'을 붙여 목적어를 만들 수 있어.

호응

呼 부를 호 + 應 응할 응

뜻 문장에서 앞에 어떤 말이 오면 이 말과 짝인 말이 뒤따라오는 것.

예 문장에서 호응이 되지 않으면 문장이 어색해지거나 전달하려는 뜻이 잘못 전해질 수 있다.

어법 '결코', '만약'과 호응하는 말

문장에서 앞에 '결코'가 오면 뒤에 '아니다', '-지 않다.'와 같이 부정의 뜻을 가진 말이 와야 해. 또 '만약' 뒤에는 가정의 뜻을 나타내는 '-면'이 와야 바른 문장이 돼.

들르다

뜻 지나는 길에 잠깐 들어가 머무르다.

예 집으로 가는 길에 시장에 들러 여러 가지 과일을 샀다.

헷갈리는 말 들리다

'들리다'는 소리가 귀를 통해 알아차려진다는 뜻이야. "화단에서 새끼 고양이 울음소리가 들리다."와 같이 쓰여. '들르다'와 '들리다'를 헷갈리지 않도록 주의해.

꼭! 알아야 할 속담

○표 하기 '등잔 밑이 (밝다 , 어둡다)'는 가까이 있는 것이 도리어 잘 알기 어렵다는 말입니다.

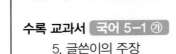

다음 중 낱말의 뜻을 잘 알고 있는 것에 ✔ 하세요.

☐ 동형어 ☐ 주장 ☐ 근거 ☐ 해석 ☐ 찬반 ☐ 설득력

✎ 낱말을 읽고, ▨ 부분에 밑줄을 그으면서 낱말 공부를 해 보세요.

동형어

同 한가지 동 + 形 모양 형 + 語 말씀 어

뜻 형태는 같지만 뜻이 서로 다른 낱말.

예 사람이나 동물의 몸통 아래에 붙어 있는 신체 부위인 '다리'와 물을 건너갈 수 있도록 양쪽을 잇는 '다리'는 동형어이다.

관련 어휘 다의어

'다의어'는 여러 가지 뜻을 가진 낱말이야. '일어나다'에는 "누웠다가 앉거나 앉았다가 서다.", "잠에서 깨어나다.", "어떤 일이 생기다." 등 여러 가지 뜻이 있어. 이처럼 한 낱말이 여러 가지 뜻을 가진 경우에 그 낱말을 '다의어'라고 해.

주장

主 주장할 주 + 張 드러낼 장

🖱 '주(主)'의 대표 뜻은 '임금', '장(張)'의 대표 뜻은 '베풀다'야.

이것만은 꼭!

뜻 자신의 생각을 굳게 내세움.

예 각 문단의 중심 내용을 확인하면 글쓴이가 글에서 내세우는 주장을 파악할 수 있다.

관련 어휘 의견

'의견'은 어떤 대상에 대하여 가지는 생각을 뜻해. '주장'은 그 의견을 내세우는 것을 말하지.

예 아버지께서는 바닷가로 여름 휴가를 가자는 내 의견을 받아들이셨다.

근거

根 근거할 근 + 據 근거 거

🖱 '근(根)'의 대표 뜻은 '뿌리'야.

뜻 의견이나 주장을 뒷받침하는 내용.

예 글쓴이는 "쓰기 윤리를 지키자."라는 주장을 뒷받침하려고 "쓰기 윤리를 지키지 않는 것은 문화 발전을 막는 일이다."라는 근거를 들었다.

적절한 근거가 많을수록 글쓴이의 주장은 더 힘을 얻을 수 있어.

여러 가지 뜻을 가진 낱말 근거

'근거'에는 생활이나 활동 등의 근본이 되는 곳이라는 뜻도 있어. "산속을 활동의 근거로 삼다."와 같이 쓰여.

해석

解 풀 **해** + 釋 풀 **석**

뜻 말이나 글 따위의 의미를 이해하고 판단함.

예 여러 가지 뜻으로 해석되는 낱말의 정확한 뜻을 확인하려고 국어사전을 찾아보았다.

속담 꿈보다 해몽이 좋다

'꿈보다 해몽이 좋다'는 하찮거나 언짢은 일을 그럴듯하게 돌려 생각하여 좋게 풀이함을 비유적으로 이르는 말이야. 이 속담에서 '해몽'은 꿈에 나타난 일을 풀어서 좋고 나쁨을 판단함을 뜻하는 말이지.

찬반

贊 도울 **찬** + 反 반대할 **반**
🖱'반(反)'의 대표 뜻은 '돌이키다'야.

뜻 찬성과 반대를 아울러 이르는 말.

예 모둠 친구들과 "학교에서 스마트폰을 사용할 수 있도록 해야 한다."는 주장에 대해 찬반으로 나누어 토론을 했다.

설득력

說 말씀 **설** + 得 깨달을 **득** + 力 힘 **력**
🖱'득(得)'의 대표 뜻은 '얻다'야.

뜻 상대편이 이쪽 편의 이야기를 따르도록 깨우치는 힘.

예 글에서 제시한 근거가 적절해야 글쓴이의 주장이 설득력을 갖게 된다.

뜻을 더해 주는 말 -력

'-력'은 낱말 뒤에 붙어 '능력' 또는 '힘'의 뜻을 더해 주는 말이야. 생물이 생명을 이어 나가는 힘인 '생명력', 어떤 일을 해내려는 정신적인 힘인 '정신력', 지금까지 없던 새로운 것을 생각해 내는 능력인 '창의력' 등이 '-력'이 들어간 낱말이야.

꼭! 알아야 할 관용어

빈칸 채우기 '[   ]에 서다'는 선택을 해야 하는 상황에 있다는 뜻입니다.

확인 문제

✏️ 44～45쪽에서 공부한 낱말을 떠올리며 문제를 풀어 보세요.

1 낱말의 뜻을 보기 에서 찾아 사다리를 타고 내려간 곳에 기호를 쓰세요.

보기
㉠ 문장에서 동작의 대상이 되는 말.
㉡ 문장에서 동작이나 상태의 주체가 되는 말.
㉢ 문장에서 주어의 움직임, 상태, 성질 따위를 풀이하는 말.

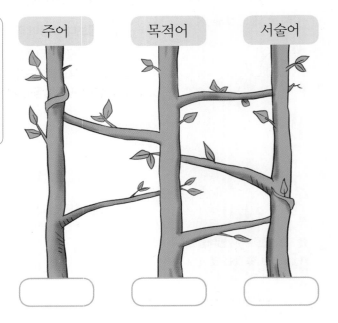

주어   목적어   서술어

2 밑줄 친 낱말이 바르게 쓰인 문장에 ○표 하세요.

(1) 사람들의 말소리가 <u>들르자</u> 도둑은 몸을 숨겼다. (   )

(2) 선생님께서 베풀어 주신 은혜를 결코 <u>잊겠습니다</u>. (   )

(3) 만약 내일 비가 <u>오면</u> 현장 체험학습은 취소됩니다. (   )

3 (   ) 안에 알맞은 낱말을 보기 에서 찾아 쓰세요.

보기
호응   들러   목적어   문장 성분

(1) 아버지께서는 주유소에 (   ) 자동차에 기름을 넣으셨다.

(2) "언니는 좋아한다."는 (   )이/가 없어서 언니가 무엇을 좋아하는지 알 수 없다.

(3) "나는 어제 빵을 먹겠다."는 시간을 나타내는 말과 서술어의 (   ) 관계가 알맞지 않다.

(4) "예쁜 꽃이 피었다."에서 꼭 필요한 (   )은/는 '꽃이'와 '피었다'이다.

✎ 46~47쪽에서 공부한 낱말을 떠올리며 문제를 풀어 보세요.

4 뜻에 알맞은 낱말이 되도록 보기 에서 글자를 찾아 쓰세요.

> 보기
>
> 장   형   어   득   주   동   설   력

(1) 자신의 생각을 굳게 내세움. → ▢▢

(2) 형태는 같지만 뜻이 서로 다른 낱말. → ▢▢▢

(3) 상대편이 이쪽 편의 이야기를 따르도록 깨우치는 힘. → ▢▢▢

5 ( ) 안에서 알맞은 낱말을 골라 ○표 하세요.

선우: 국어사전을 찾아보니 '먹다'에는 "음식을 입을 통해 배 속에 들여보내다.", "마음이나 감정을 품다.", "어떤 나이가 되거나 나이를 더하다." 등 뜻이 여러 개 있더라.
미소: 그럼 '먹다'는 (다음어 , 다의어 , 다형어)구나.

6 빈칸에 공통으로 들어갈 말은 무엇인가요? ( )

> 생명▢   정신▢   창의▢

① 료   ② 꾼   ③ 가   ④ 력   ⑤ 이

7 ( ) 안에서 알맞은 낱말을 골라 ○표 하세요.

(1) 그는 (기억력 , 설득력) 있는 연설로 사람들의 마음을 움직였다.

(2) 네 주장만 막무가내로 내세우지 말고 타당한 (근거 , 주제)를 제시해 봐.

(3) 시에서는 시민들에게 길고양이 급식소 설치에 대한 (문답 , 찬반) 의견을 물었다.

(4) "쓰면 쓸수록 숲이 지워집니다."라는 광고 문구에서 '쓰다'는 '사용하다'의 뜻으로 (해결 , 해석) 할 수 있다.

사회 교과서 어휘

다음 중 낱말의 뜻을 잘 알고 있는 것에 ☑ 하세요.

☐ 지형 ☐ 해안 ☐ 산지 ☐ 기후 ☐ 등온선 ☐ 자연재해

하천

산지

평야

해안

섬

하천, 산지, 평야, 해안, 섬의 사진들이야. 우리가 살고 있는 땅의 생김새가 다양하지? 우리 국토의 자연환경과 관련된 낱말들을 공부해 보자.

✏️ 낱말을 읽고, ▢ 부분에 밑줄을 그으면서 낱말 공부를 해 보세요.

 이것만은 꼭!

지형
地 땅 **지** + 形 모양 **형**

뜻 땅의 생김새.

예 우리나라에는 산지, 하천, 평야, 해안, 섬 등 다양한 지형이 있다.

우리나라 지형의 특징은 산이 많고, 삼면이 바다로 둘러싸여 있으며, 동쪽은 높고 서쪽은 낮아.

해안
海 바다 **해** + 岸 언덕 **안**

뜻 바다와 맞닿은 육지 부분.

예 해안 지역에는 갯벌이나 모래사장이 나타나고 항구 도시가 발달하기도 한다.

관련 어휘 동해안, 서해안, 남해안

'동해안'은 우리나라 동쪽에 있는 해안으로, 해안선이 단조롭고 모래사장이 넓어서 해수욕장이 발달했어. '서해안'은 우리나라 서쪽에 있는 해안으로, 해안선이 복잡하고 갯벌이 넓어. '남해안'은 우리나라 남쪽에 있는 해안으로, 크고 작은 섬이 많고 해안선이 복잡해.

산지

山 메 **산** + 地 땅 **지**

뜻 산이 많은 지역.

예 우리나라는 국토의 약 70퍼센트가 산지로, 높고 험한 산은 대부분 북쪽과 동쪽에 많다.

관련 어휘 하천, 평야

'하천'은 빗물과 지하수가 낮은 곳으로 흘러가면서 만드는 크고 작은 물줄기를 말해. 하천은 산지에서 시작해 바다로 흘러가지. '평야'는 평평하고 넓은 땅을 말해. 하천 주변에 있는 평야는 농사짓기 좋아서 옛날부터 사람들이 많이 모여 살았어.

기후

氣 기후 **기** + 候 기후 **후**
🖱'기(氣)'의 대표 뜻은 '기운'이야.

뜻 오랜 시간 한 지역에 나타나는 평균적인 대기 상태.

예 우리나라 기후의 특징은 사계절이 있고, 계절별로 기온의 차이가 크며, 지역에 따라 기온과 강수량의 차이가 크다.

등온선

等 같을 **등** + 溫 온도 **온** +
線 줄 **선**
🖱'등(等)'의 대표 뜻은 '무리', '온(溫)'의 대표 뜻은 '따뜻하다'야.

뜻 기온이 같은 곳을 연결한 선.

예 기후도의 등온선을 살펴보면 남쪽으로 갈수록 기온이 높아지는 것을 알 수 있다.

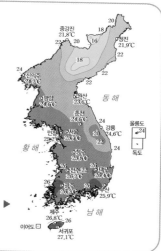

8월 평균 기온을 나타낸 기후도의 등온선 ▶

자연재해

自 스스로 **자** + 然 그럴 **연** +
災 재앙 **재** + 害 해할 **해**

뜻 피할 수 없는 자연 현상으로 일어나는 피해.

예 우리나라에서 발생하는 자연재해에는 황사, 가뭄, 폭염, 홍수, 태풍, 폭설, 한파 등이 있다.

비슷한말 천재, 천재지변

'천재'는 자연의 변화로 일어나는 재앙을 뜻해. '천재지변'도 지진, 홍수, 태풍 따위의 자연 현상으로 인한 재앙을 뜻하지.

다음 중 낱말의 뜻을 잘 알고 있는 것에 ✓ 하세요.

☐ 인구 ☐ 분포 ☐ 분산 ☐ 교통 ☐ 생활권 ☐ 개통

와, 넓은 도로에 차도 많고 높은 빌딩도 많네. 우리나라에서 가장 큰 도시인 서울의 모습이야. 서울은 인구가 많고 교통도 발달했지. '우리 국토의 인문 환경'을 배울 때 알아야 할 낱말들을 공부해 보자.

✏️ 낱말을 읽고, ▢ 부분에 밑줄을 그으면서 낱말 공부를 해 보세요.

인구

人 사람 인 + 口 인구 구
👆'구(口)'의 대표 뜻은 '입'이야.

뜻 한 나라 또는 일정한 지역에 사는 사람의 수.

예 우리나라는 전체 인구에서 65세 이상의 노년층이 차지하는 비율이 늘고 있다.

관련 어휘 인구 밀도

'인구 밀도'는 일정한 넓이(1제곱킬로미터) 안에 거주하는 인구로 인구의 밀집 정도를 나타내. 인구 밀도가 높으면 사람들이 빽빽하게 많이 모여 사는 것을 뜻하지. 우리나라에서 인구 밀도가 가장 높은 지역은 서울이고, 인구 밀도가 가장 낮은 지역은 강원도라고 해.

분포

分 나눌 분 + 布 분포할 포
👆'포(布)'의 대표 뜻은 '베'야.

뜻 일정한 범위에 흩어져 퍼져 있음.

예 도시 분포를 나타낸 지도를 보니 1960년대에 비해 2015년에 도시의 수가 크게 늘어났다.

우리나라 인구 분포의 특징은 산업이 발달한 수도권과 대도시에 인구가 밀집되어 있다는 거야.

분산

分 나눌 **분** + 散 흩을 **산**

뜻 갈라져 흩어짐. 또는 갈라져 흩어지게 함.

예 정부는 공공 기관을 지방으로 옮겨 수도권 인구를 **분산**하려고 노력한다.

반대말 **집중**

갈라져 흩어지는 '분산'과 반대로 '집중'은 한곳을 중심으로 하여 모임, 또는 그렇게 모음을 뜻하는 말이야. '시선 집중', '인구 집중', '집중 공격' 등과 같이 쓰이지.

이것만은 꼭!

교통

交 오고 갈 **교** + 通 통할 **통**
'교(交)'의 대표 뜻은 '사귀다'야.

뜻 자동차, 기차, 비행기 등의 탈것을 이용하여 사람이나 짐이 이동하는 것.

예 **교통**의 발달로 사람과 물자의 이동이 활발해지고 지역 간 이동 시간이 줄어들었다.

관련 어휘 **통신**

'통신'은 소식을 전함이라는 뜻으로, 교통의 발달과 함께 통신 수단이 발달하면서 사람들의 생활 모습이 크게 바뀌었어. 통신의 발달로 시간과 장소에 상관없이 원하는 정보를 얻고, 사람들과 소통할 수 있게 되었지.

생활권

生 살 **생** + 活 살 **활** +
圈 범위 **권**
'생(生)'의 대표 뜻은 '나다', '권(圈)'의 대표 뜻은 '우리'야.

뜻 통학, 통근 등 사람이 일상생활을 할 때 활동하는 범위.

예 우리나라는 고속 열차와 고속 국도의 발달로 전국이 1일 **생활권**이다.

교통이 발달하면서 사람들의 생활권이 넓어지게 되었어.

개통

開 열 **개** + 通 통할 **통**

뜻 길, 다리, 철로, 전화 따위를 완성하거나 이어 이용할 수 있게 함.

예 예전에는 서울에서 부산을 가려면 5시간이 넘게 걸렸지만 지금은 고속 철도의 **개통**으로 3시간이면 갈 수 있다.

반대말 **불통**

'불통'은 길, 다리, 철도, 전화, 전신 따위가 서로 통하지 아니함이라는 뜻이야. "철도 보수 공사를 하느라 한동안 철도가 불통이 되었다."와 같이 쓰여.

확인 문제

✎ 50~51쪽에서 공부한 낱말을 떠올리며 문제를 풀어 보세요.

1 뜻에 알맞은 낱말을 빈칸에 쓰세요.

(1)

❶	❷

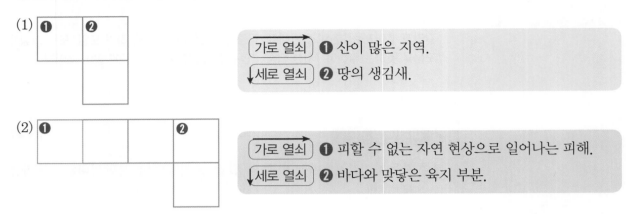

가로 열쇠 ❶ 산이 많은 지역.
세로 열쇠 ❷ 땅의 생김새.

(2)

❶		❷

가로 열쇠 ❶ 피할 수 없는 자연 현상으로 일어나는 피해.
세로 열쇠 ❷ 바다와 맞닿은 육지 부분.

2 친구들이 말하는 '이곳'은 무엇인지 알맞은 낱말에 ○표 하세요.

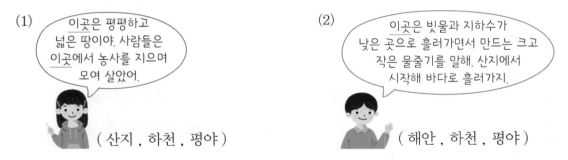

(1) 이곳은 평평하고 넓은 땅이야. 사람들은 이곳에서 농사를 지으며 모여 살았어.

(산지 , 하천 , 평야)

(2) 이곳은 빗물과 지하수가 낮은 곳으로 흘러가면서 만드는 크고 작은 물줄기를 말해. 산지에서 시작해 바다로 흘러가지.

(해안 , 하천 , 평야)

3 ( ) 안에서 알맞은 낱말을 골라 ○표 하세요.

(1) 지구 온난화의 영향으로 평균 기온이 높아지는 등 전 세계적으로 (기후 , 문화)가 변화하고 있다.

(2) 디지털 영상 지도로 우리 고장의 (인구 , 지형)을/를 살펴보았더니 높은 산봉우리들이 많이 보였다.

(3) 1월 평균 기온을 나타낸 (강수량 , 등온선)을 보고 겨울에는 동해안 지역이 서울보다 따뜻하다는 것을 알았다.

(4) 기상청에서는 (자연재해 , 교통 혼잡)이/가 예상될 때 미리 대처해 피해를 줄일 수 있도록 기상 특보를 발령한다.

✎ 52~53쪽에서 공부한 낱말을 떠올리며 문제를 풀어 보세요.

4 뜻에 알맞은 낱말을 글자판에서 찾아 묶으세요. (낱말은 가로(─), 세로(│), 대각선(＼) 방향에 숨어 있어요.)

강	마	분	수
다	장	산	직
분	포	학	개
소	식	교	통

❶ 갈라져 흩어짐. 또는 갈라져 흩어지게 함.

❷ 길, 다리, 철로, 전화 따위를 완성하거나 이어 이용할 수 있게 함.

❸ 일정한 범위에 흩어져 퍼져 있음.

❹ 자동차, 기차, 비행기 등의 탈것을 이용하여 사람이나 짐이 이동하는 것.

5 뜻에 알맞은 낱말을 ( ) 안에서 골라 ◯표 하세요.

(1) 한곳을 중심으로 하여 모임. 또는 그렇게 모음.

(협동 , 개통 , 집중)

(2) 일정한 넓이 안에 거주하는 인구로 인구의 밀집 정도를 나타냄.

(인구수 , 인구 밀도 , 인구 구성)

6 빈칸에 들어갈 낱말은 무엇인가요? ( )

자가용이 생긴 삼촌은 [ ]이 넓어졌다.

① 생활권　　② 수도권　　③ 상품권　　④ 회원권　　⑤ 투표권

7 ( ) 안에 알맞은 낱말을 보기 에서 찾아 쓰세요.

보기

	인구	개통	분포	교통	

(1) 섬과 육지를 잇는 다리가 ( )된 뒤 섬을 찾는 관광객이 늘었다.

(2) 이 지역은 최근 ( )이/가 늘어나면서 주택 부족, 교통 혼잡 등의 문제가 생겼다.

(3) 오늘날에는 철도, 고속 국도, 공항 등 다양한 ( ) 시설이 국토의 구석구석을 그물망처럼 연결하고 있다.

(4) 도시는 인구가 너무 많고, 촌락은 인구가 적은 것을 보고 인구 ( )이/가 지역적으로 고르지 않다는 것을 알았다.

수학 교과서 어휘

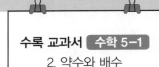

다음 중 낱말의 뜻을 잘 알고 있는 것에 ☑ 하세요.

☐ 공배수　☐ 최소공배수　☐ 간격　☐ 십간　☐ 십이지　☐ 연도

> 조선 시대에 임진왜란이 일어난 1592년은 임진년이고, 내가 태어난 해는 신묘년이라는데…… 해의 이름은 어떻게 짓는 걸까?

십간

십이지

> 친구가 궁금해하는 걸 알려면 공배수, 최소공배수, 십간, 십이지 등이 무엇인지 이해해야 해. '약수와 배수' 단원을 배울 때 알아야 하는 낱말들을 이어서 더 공부해 보자.

✏️ 낱말을 읽고, ▨ 부분에 밑줄을 그으면서 낱말 공부를 해 보세요.

이것만은 꼭!

공배수

公 공평할 **공** + 倍 곱 **배** + 數 셈 **수**

뜻 어떤 두 수의 공통된 배수.

예 2와 3의 공통된 배수 6, 12, 18 등을 2와 3의 공배수라고 한다.

> 2의 배수: 2, 4, 6, 8, 10, 12, 14, 16, 18……
> 3의 배수: 3, 6, 9, 12, 15, 18……

> 두 수의 공배수는 셀 수 없을 정도로 많아.

최소공배수

最 가장 **최** + 小 작을 **소** + 公 공평할 **공** + 倍 곱 **배** + 數 셈 **수**

뜻 공배수 중에서 가장 작은 수.

예 2와 3의 공배수 6, 12, 18…… 중에서 가장 작은 수인 6은 2와 3의 최소공배수이다.

> 2와 3의 최소공배수인 6의 배수는 2와 3의 공배수와 같아.
> (6, 12, 18, 24……)

간격
間 사이 **간** + 隔 사이 뜰 **격**

뜻 두 대상 사이의 거리.

예 목장 가장자리에 일정한 간격으로 말뚝을 박을 때 최소로 필요한 말뚝의 수를 최대공약수를 이용해 구했다.

여러 가지 뜻을 가진 낱말 간격

'간격'은 어떤 상황과 상황, 또는 일과 일 사이의 시간적인 거리라는 뜻과 사람들의 관계가 벌어진 정도의 뜻으로 쓰이기도 해.

십간
十 열 **십** + 干 십간 **간**
🖱'간(干)'의 대표 뜻은 '방패'야.

뜻 해나 수의 차례를 매길 때 쓰는 글자로 갑, 을, 병, 정, 무, 기, 경, 신, 임, 계의 10가지임.

예 십간은 10년마다 반복된다.

십이지
十 열 **십** + 二 두 **이** + 支 십이지 **지**
🖱'지(支)'의 대표 뜻은 '지탱하다'야.

뜻 해나 수의 차례를 매길 때 쓰는 글자로 자, 축, 인, 묘, 진, 사, 오, 미, 신, 유, 술, 해의 12가지임.

예 십이지는 12년마다 반복된다.

관련 어휘 간지

'간지'는 십간과 십이지를 차례대로 조합한 것으로 '육십갑자'라고도 해. 60가지로 조합하여 배열한 간지의 순서에 따라 연도의 이름을 붙여. 무술년, 경인년 이런 식으로 말이야.

'십이지'의 '자'는 쥐, '축'은 소, '인'은 호랑이, '묘'는 토끼, '진'은 용, '사'는 뱀, '오'는 말, '미'는 양, '신'은 원숭이, '유'는 닭, '술'은 개, '해'는 돼지를 뜻해.

연도
年 해 **연** + 度 법도 **도**

뜻 어떤 일이 일어난 해. 또는 편의상 구분한 일 년 동안의 기간.

예 우리 조상들은 연도를 나타낼 때 10을 뜻하는 십간과 12종류의 동물을 뜻하는 십이지를 사용했다.

수학 교과서 어휘

다음 중 낱말의 뜻을 잘 알고 있는 것에 ☑ 하세요.

☐ 대응 ☐ 일정하다 ☐ 추측 ☐ 기호 ☐ 나열 ☐ 조립

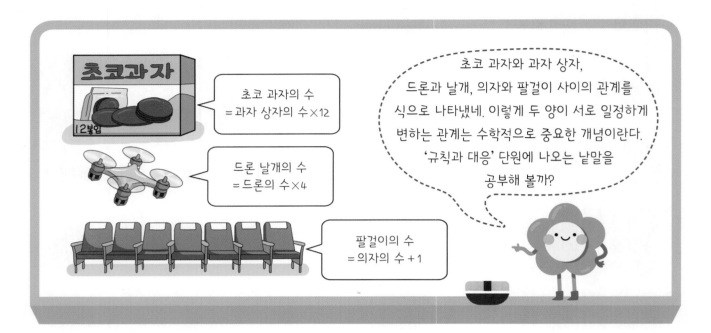

초코 과자의 수
= 과자 상자의 수×12

드론 날개의 수
= 드론의 수×4

팔걸이의 수
= 의자의 수 +1

초코 과자와 과자 상자, 드론과 날개, 의자와 팔걸이 사이의 관계를 식으로 나타냈네. 이렇게 두 양이 서로 일정하게 변하는 관계는 수학적으로 중요한 개념이란다. '규칙과 대응' 단원에 나오는 낱말을 공부해 볼까?

✏️ 낱말을 읽고, 부분에 밑줄을 그으면서 낱말 공부를 해 보세요.

이것만은 꼭!

대응

對 짝 지을 대 + 應 응할 응
🖱 '대(對)'의 대표 뜻은 '대하다'야.

뜻 어떤 두 대상이 주어진 관계에 의하여 서로 짝이 되는 일.

예 한 양이 변할 때 다른 양이 그에 따라 일정하게 변하는 관계가 대응 관계이다.

여러 가지 뜻을 가진 낱말 대응

'대응'에는 어떤 일이나 상황에 맞추어 행동을 한다는 뜻도 있어. "신속하게 대응했다.", "적절한 대응으로 피해를 줄였다."와 같이 쓰이지.

일정하다

一 한 일 + 定 정할 정 + 하다

뜻 질서가 있거나 규칙적이다.

예 자동차의 수가 1씩 늘어나면 자동차 바퀴의 수는 일정하게 4씩 늘어난다.

  자동차의 수×4=바퀴의 수

자동차 수가 1일 때 바퀴의 수는 4, 자동차 수가 2일 때 바퀴의 수는 8, 자동차 수가 3일 때 바퀴의 수는 12…… 자동차의 수와 바퀴의 수가 일정하게 늘어나지?

2
주
차

3회

추측

推 헤아릴 **추** + 測 헤아릴 **측**
🖐'추(推)'의 대표 뜻은 '밀다'야.

뜻 미루어 생각하여 헤아림.

예 배열 순서에 따라 모양 조각의 수가 어떻게 변하는지 정리한 표를 살펴보면 어떤 대응 관계가 있는지 **추측**할 수 있다.

기호

記 표지 **기** + 號 부호 **호**
🖐'기(記)'의 대표 뜻은 '기록하다',
'호(號)'의 대표 뜻은 '이름'이야.

뜻 어떤 뜻을 나타내기 위해 쓰는 그림, 문자 등 여러 가지 표시.

예 두 양 사이의 대응 관계를 식으로 나타낼 때에는 각 양을 ○, □, ☆ 등과 같은 **기호**를 사용하여 표현하면 좋다.

☆×4=△

 모둠의 수와 학생의 수 사이의 대응 관계를 기호를 사용해서 간단하게 나타낸 식이야.

나열

羅 벌일 **나** + 列 벌일 **열**

뜻 죽 벌여 놓음.

예 숫자 카드와 연산 카드를 **나열**하여 알맞은 식을 만들어 보았다.

비슷한말 진열

'진열'도 물건을 죽 벌여 놓는다는 뜻이 있지만, 여러 사람에게 보이기 위하여 물건을 죽 벌여 놓는다는 점에서 '나열'과 차이가 있어. "가게에 상품이 **진열**되어 있다." 와 같이 쓰이지.

조립

組 짤 **조** + 立 이루어질 **립**
🖐'립(立)'의 대표 뜻은 '서다'야.

뜻 여러 부품을 하나의 구조물로 짜 맞춤.

예 성아네 모둠은 여러 가지 부품을 사용하여 로봇을 **조립**하면서 로봇의 원리를 알아보았다.

반대말 분해

'분해'는 여러 부분이 결합되어 이루어진 것을 그 낱낱으로 나누는 것을 뜻해. "자동차를 조립한 뒤 다시 **분해**했다.", "고장 난 컴퓨터를 수리하려고 **분해**했다."와 같이 쓰이지.

✏️ 56～57쪽에서 공부한 낱말을 떠올리며 문제를 풀어 보세요.

1 뜻에 알맞은 낱말이 되도록 보기 에서 글자를 찾아 쓰세요.

보기

배　연　십　도　수　공　간

(1) 어떤 일이 일어난 해. → ☐☐

(2) 어떤 두 수의 공통된 배수. → ☐☐☐

(3) 해나 수의 차례를 매길 때 쓰는 글자로 갑, 을, 병, 정, 무, 기, 경, 신, 임, 계의 10가지임.

→ ☐☐

2 (　) 안에서 알맞은 말을 골라 ◯표 하세요.

십간과 십이지를 차례대로 조합한 것을 (십지 , 지간 , 간지)(이)라고 한다.

3 '간격'이 가진 뜻으로 알맞지 <u>않은</u> 것에 ✕표 하세요.

(1) 두 대상 사이의 거리. (　　　)

(2) 둘레나 끝에 해당되는 부분. (　　　)

(3) 사람들의 관계가 벌어진 정도. (　　　)

(4) 어떤 상황과 상황, 또는 일과 일 사이의 시간적인 거리. (　　　)

4 (　) 안에 알맞은 말을 보기 에서 찾아 쓰세요.

보기

간격　　　십이지　　　연도　　　최소공배수

(1) 평창 동계 올림픽 경기가 열린 (　　　　　)은/는 2018년이다.

(2) 간지는 10과 12의 (　　　　　)인 60년마다 반복된다.

(3) 시험을 보려고 교실 책상과 책상 사이의 (　　　　　)을/를 넓혔다.

(4) 네가 태어난 갑오년의 (　　　　　)이/가 '오'니까 넌 말띠란다.

✎ 58~59쪽에서 공부한 낱말을 떠올리며 문제를 풀어 보세요.

5 뜻에 알맞은 낱말을 글자판에서 찾아 묶으세요. (낱말은 가로(─), 세로(│), 대각선(\) 방향에 숨어 있어요.)

❶ 죽 벌여 놓음.
❷ 질서가 있거나 규칙적이다.
❸ 어떤 두 대상이 주어진 관계에 의하여 서로 짝이 되는 일.
❹ 어떤 뜻을 나타내기 위해 쓰는 그림, 문자 등 여러 가지 표시.

6 밑줄 친 낱말과 뜻이 반대인 낱말을 골라 ○표 하세요.

선호는 모형 비행기를 <u>조립</u>하느라 시간 가는 줄 몰랐다.

(혼합 , 분해 , 완성)

7 빈칸에 알맞은 낱말을 글자 카드에서 찾아 쓰세요.

(1) '+', '−', '×', '÷'는 각각 덧셈, 뺄셈, 곱셈, 나눗셈의 [   ]이다.

장 호 슬 기

(   )

(2) 일기는 사실만 [   ]하는 것보다 생각과 느낌을 함께 쓰는 것이 좋다.

표 열 나 지

(   )

(3) 내 [   ](으)로는 서희가 준영이를 좋아하는 것 같아.

추 반 생 측

(   )

(4) 크리스마스트리를 장식한 전구의 불빛이 [   ]하게 깜박거린다.

정 화 장 일

(   )

과학 교과서 어휘

다음 중 낱말의 뜻을 잘 알고 있는 것에 ✓ 하세요.

☐ 태양계 ☐ 천체 ☐ 행성 ☐ 위성 ☐ 별 ☐ 별자리

밤하늘의 별이 쏟아질 것 같아!
텐트 속 사람들은 아름다운 별빛을
바라보고 있겠지? 저 별들이 있는 우주에는
무엇이 있을까? '태양계와 별'과 관련된
낱말들을 공부하며 우주에 대한
지식을 쌓아 보자.

✎ 낱말을 읽고, ▨ 부분에 밑줄을 그으면서 낱말 공부를 해 보세요.

이것만은 꼭!

태양계

太 클 태 + 陽 태양 양 +
系 혈통 계
⌲ '양(陽)'의 대표 뜻은 '볕', '계(系)'
의 대표 뜻은 '매다'야.

뜻 태양과 태양의 영향을 받는 천체들 그리고 그 공간.

예 태양계는 태양, 행성, 위성, 소행성, 혜성 등으로 구성된다.

> 태양은 지구에 여러 가지 영향을 미치고, 우리가 살아가는 데 필요한 대부분의 에너지는 태양에서 얻어.

천체

天 하늘 천 + 體 물체 체
⌲ '체(體)'의 대표 뜻은 '몸'이야.

뜻 별, 행성, 위성, 소행성 등 우주에 있는 모든 물체.

예 태양계에 있는 여러 천체들은 색깔이 서로 다르고 모양도 달라서 신기했다.

관련 어휘 천체, 인공 천체

우주를 형성하고 있는 태양, 행성, 위성, 달, 혜성, 소행성 등을 '천체'라고 하고, 인공
위성이나 인공 행성을 '인공 천체'라고 해.

행성

行 다닐 행 + 星 별 성

뜻 태양의 주위를 도는 둥근 천체.

예 태양계 행성에는 수성, 금성, 지구, 화성, 목성, 토성, 천왕성, 해왕성이 있다.

▲ 태양 주위를 도는 여덟 개의 행성

위성

衛 지킬 위 + 星 별 성

뜻 행성의 주위를 도는 천체.

예 달은 지구의 주위를 도는 위성이다.

관련 어휘 소행성, 혜성

태양계에는 행성, 위성 외에 소행성과 혜성도 있어. '소행성'은 태양 주위를 도는 암석체로 상대적으로 크기가 작아. '혜성'은 가스 상태의 빛나는 꼬리를 끌고 태양 주위를 도는 천체야. 소행성과 크기가 비슷하지. 소행성과 혜성의 작은 조각이 지구로 떨어지는 게 유성, 즉 별똥별이야.

별

뜻 태양처럼 스스로 빛을 내는 천체.

예 별은 매우 먼 거리에 있어서 밤하늘에서 반짝이는 밝은 점으로 보인다.

속담 하늘의 별 따기

'하늘의 별 따기'는 무엇을 얻거나 성취하기가 매우 어려운 경우를 비유적으로 이르는 말이야. 아주 멀리서 반짝이는 별은 갖고 싶어도 따는 건 불가능한 일이기에 이런 속담이 생겼겠지?

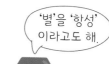

'별'을 '항성'이라고도 해.

별자리

뜻 밤하늘에 보이는 별의 무리를 구분해 이름을 붙인 것.

예 옛날 사람들은 밤하늘에 무리 지어 있는 별을 연결해 사람이나 동물, 물건의 모습을 떠올려 별자리의 이름을 붙였다.

과학 교과서 어휘

다음 중 낱말의 뜻을 잘 알고 있는 것에 ✅ 하세요.

☐ 관측 ☐ 방위 ☐ 북극성 ☐ 떠돌다 ☐ 잔해물 ☐ 정밀

우리는 별자리로 방향을 찾고 망원경으로 별을 관측하기도 해. 이젠 우주선을 타고 우주에 갈 수 있는 시대가 되었어. 우주에 호기심을 가지고 '태양계와 별' 단원에 나오는 낱말들을 이어서 공부해 보자.

✏️ 낱말을 읽고, ⬜ 부분에 밑줄을 그으면서 낱말 공부를 해 보세요.

이것만은 꼭!

관측

觀 볼 관 + 測 잴 측
👉'측(測)'의 대표 뜻은 '헤아리다'야.

뜻 눈이나 기계로 천체나 기상 등의 자연 현상을 관찰하여 측정하는 일.

예 여러 날 동안 같은 밤하늘을 관측하면 별은 위치가 거의 변하지 않지만 행성은 위치가 조금씩 변하는 것을 알 수 있다.

관련 어휘 천문대

천문대는 천체 현상을 관측하고 연구하는 곳으로, 천체 관측을 위한 망원경과 고성능 컴퓨터 등이 갖추어져 있어. 경주에 있는 첨성대는 동양에서 가장 오래된 천문대야.

방위

方 방위 방 + 位 자리 위
👉'방(方)'의 대표 뜻은 '모'야.

뜻 동서남북을 기준으로 한 어떤 쪽의 위치.

예 나침반과 지도를 사용하지 않고 별자리를 이용해 방위를 찾을 수 있다.

글자는 같지만 뜻이 다른 낱말 방위

"국토를 방위하다.", "철통 같은 방위 태세"와 같은 표현을 들어 본 적 있니? 이때 '방위'는 적의 공격이나 침략을 막아서 지킴이라는 뜻이야.

북극성

北 북녘 **북** + 極 북극성 **극** + 星 별 **성**

👆'극(極)'의 대표 뜻은 '극진하다'야.

🔵뜻 작은곰자리에서 가장 밝은 별로 북극 가까이에 있고 위치가 거의 변하지 않음.

🔵예 북쪽 밤하늘에서 북두칠성과 카시오페이아자리를 찾으면 북극성을 쉽게 찾을 수 있다.

카시오페이아자리 · 북두칠성 · 북극성 · 작은곰자리

떠돌다

🔵뜻 공중이나 물 위에 떠서 이리저리 움직이다.

🔵예 달 표면에 있는 구덩이는 우주를 떠돌던 돌덩이가 달 표면에 충돌하여 만들어졌다.

여러 가지 뜻을 가진 낱말 떠돌다

'떠돌다'에는 어떤 말이나 소문이 널리 퍼진다는 뜻도 있어. "이상한 소문이 학교에 떠돌았다.", "떠도는 말을 무조건 믿으면 안 돼." 등과 같이 쓰이지.

잔해물

殘 남을 **잔** + 骸 뼈 **해** + 物 물건 **물**

👆'잔(殘)'의 대표 뜻은 '잔인하다'야.

🔵뜻 부서지거나 못 쓰게 되어 남아 있는 물체.

🔵예 우주에 버려진 인공위성이나 잔해물 같은 인공 물체들이 지구와 충돌할 위험이 있다.

관련 어휘 우주 잔해물

우주에서 떠돌고 있는 수명을 다한 우주선, 소모된 로켓 파편, 분리된 인조 장치, 사고로 인한 폭발물 등의 물체를 통틀어 이르는 말이야. 이런 우주 잔해물은 우주 쓰레기가 될 뿐만 아니라 추락, 충돌의 가능성이 있어 지구에 위협이 되기도 해.

정밀

精 세밀할 **정** + 密 자세할 **밀**

👆'정(精)'의 대표 뜻은 '정하다', '밀(密)'의 대표 뜻은 '빽빽하다'야.

🔵뜻 아주 정확하고 꼼꼼하여 빈틈이 없고 자세함.

🔵예 과학자들은 여러 관측 장비를 사용하여 우주로부터 닥쳐올 위험을 정밀하게 감시한다.

확인 문제

✏️ 62~63쪽에서 공부한 낱말을 떠올리며 문제를 풀어 보세요.

1 뜻에 알맞은 낱말을 글자판에서 찾아 묶으세요. (낱말은 가로(ㅡ), 세로(|), 대각선(\/) 방향에 숨어 있어요.)

감	태	의	천
회	상	양	체
별	자	리	계

❶ 별, 행성, 위성, 소행성 등 우주에 있는 모든 물체.
❷ 태양과 태양의 영향을 받는 천체들 그리고 그 공간.
❸ 밤하늘에 보이는 별의 무리를 구분해 이름을 붙인 것.

2 낱말의 뜻은 무엇인지 ( ) 안에서 알맞은 낱말을 골라 ○표 하세요.

(1)
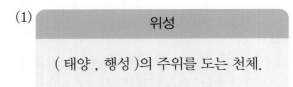

위성
(태양 , 행성)의 주위를 도는 천체.

(2)
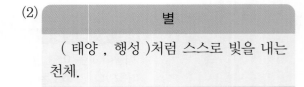

별
(태양 , 행성)처럼 스스로 빛을 내는 천체.

3 밑줄 친 속담을 바르게 사용한 친구에게 ○표 하세요.

(1)

유명 배우가 나오는 뮤지컬 공연의 표는 금세 매진되어서 예매하기가 <u>하늘의 별 따기</u>만큼이나 어렵대.

( )

(2)

동생이 수학 문제가 너무 어렵다고 풀어 달라고 했는데, 나에겐 너무 쉬워서 <u>하늘의 별 따기</u>였어.

( )

4 빈칸에 알맞은 낱말을 완성하세요.

(1) 태양계의 | ㅎ | ㅅ | 중에서 가장 작은 것은 수성이고, 가장 큰 것은 목성이다.

(2) 천문학자는 밤하늘의 | ㅊ | ㅊ | 을/를 관측하고 우주의 온갖 현상을 연구한다.

(3) 큰곰자리, 쌍둥이자리 등 | ㅂ | ㅈ | ㄹ | 에는 재미있는 이야기가 전해 온다.

✎ 64~65쪽에서 공부한 낱말을 떠올리며 문제를 풀어 보세요.

5 낱말의 뜻을 보기 에서 찾아 사다리를 타고 내려간 곳에 기호를 쓰세요.

> **보기**
> ㉠ 부서지거나 못 쓰게 되어 남아 있는 물체.
> ㉡ 아주 정확하고 꼼꼼하여 빈틈이 없고 자세함.
> ㉢ 눈이나 기계로 천체나 기상 등의 자연 현상을 관찰하여 측정하는 일.

관측　　잔해물　　정밀

6 친구들이 설명하고 있는 낱말은 무엇인지 쓰세요.

작은곰자리에서 가장 밝은 별이야.

북극 가까이에 있어.

하늘에서 위치가 거의 변하지 않아.

7 밑줄 친 낱말의 뜻이 다른 하나를 골라 ○표 하세요.

(1) 낙엽이 호수 위를 빙빙 떠돌고 있다. (　　　　)

(2) 이 낡은 집엔 귀신이 나온다는 이야기가 떠돈다. (　　　　)

(3) 떠도는 소문에 새로 오신 선생님께서 아주 무섭다던데 사실일까? (　　　　)

8 (　　) 안에 알맞은 낱말을 보기 에서 찾아 쓰세요.

> **보기**
> 정밀
> 방위
> 관측

(1) 주변이 탁 트인 곳에서 북쪽 밤하늘의 별자리를 (　　　　)했다.

(2) 옛날 사람들은 밤에 별을 보고 (　　　　)을/를 알 수 있었다.

(3) 이번에 우리 병원에 들어온 수술용 기계는 아주 (　　　　)한 기계이다.

한자 어휘

失 (실)이 들어간 낱말

✏️ '失(실)'이 들어간 낱말을 읽고, ▨▨▨ 부분에 밑줄을 그으면서 낱말 공부를 해 보세요.

失

잃을 실

'실(失)'은 손에서 무엇인가 떨어지는 모습을 표현한 글자야. 손에서 떨어뜨려 잃어버리는 것에서 '잃다'라는 뜻을 갖게 되었어. 낱말에서 '실(失)'은 '잃다', '잘못하다' 등의 뜻을 나타내.

소탐대失

분失

失수

失패

잃다 失

소탐대실

小 작을 소 + 貪 탐낼 탐 + 大 클 대 + 失 잃을 실

뜻 작은 것을 탐하다가 오히려 큰 것을 잃음.

예 노인은 젊은이에게 눈앞의 이익을 얻으려다 오랜 친구를 잃는 것은 소탐대실이라고 충고했다.

분실

紛 어지러울 분 + 失 잃을 실

뜻 자기도 모르는 사이에 물건을 잃어버림.

예 엄마께서 신용 카드를 잃어버렸다고 카드 회사에 분실 신고를 하셨다.

반대말 습득

'습득'은 주워서 얻음을 뜻하는 말이야. 만약 길에서 누군가 분실한 지갑을 습득한다면 지갑의 주인을 찾아 주어야겠지?

잘못하다 失

실수

失 잘못할 실 + 手 손 수

뜻 조심하지 않아서 잘못함.

예 찬호는 국어 시험에서 실수로 아는 문제를 틀렸다.

속담 원숭이도 나무에서 떨어진다

아무리 익숙하고 잘하는 사람이라도 간혹 실수할 때가 있음을 비유적으로 이르는 말이야.

실패

失 잘못할 실 + 敗 패할 패

뜻 일을 잘못해 뜻한 대로 되지 않거나 그르침.

예 김 박사는 실패를 거듭해도 포기하지 않고 실험이 성공할 때까지 계속 노력하였다.

先 (선)이 들어간 낱말

정답과 해설 ▶ 30쪽

'先(선)'이 들어간 낱말을 읽고, ▢ 부분에 밑줄을 그으면서 낱말 공부를 해 보세요.

先
먼저 선

'선(先)'은 사람보다 발이 앞서 나가는 모습을 표현한 글자야. 그래서 '먼저'라는 뜻을 갖게 되었어. 낱말에서 '선(先)'은 '먼저'라는 뜻을 나타내. 또 '앞', '이전' 등의 뜻을 나타낼 때도 있어.

先견지명
先불
先두
先사 시대

먼저 先

❀ 선견지명

先 먼저 **선** + 見 볼 **견** + 之 ~에 있어서 **지** + 明 밝을 **명**
⤷ '지(之)'의 대표 뜻은 '가다'야.

뜻 다가올 일을 미리 내다보고 아는 지혜.

예 선견지명을 가진 장군은 미리 군사들을 산길에 숨어 있게 해 그 길로 지나오는 적군을 모조리 무찔렀다.

❀ 선불

先 먼저 **선** + 拂 치를 **불**
⤷ '불(拂)'의 대표 뜻은 '떨치다'야.

뜻 일이 끝나기 전이나 물건을 받기 전에 미리 돈을 냄.

예 진하는 매주 월요일에 한 주의 용돈을 선불로 받는다.

반대말 후불

'후불'은 물건을 먼저 받거나 일을 모두 마친 뒤에 돈을 치름을 뜻하는 낱말이야.

앞 · 이전 先

❀ 선두

先 앞 **선** + 頭 맨 앞 **두**
⤷ '두(頭)'의 대표 뜻은 '머리'야.

뜻 줄이나 행렬, 활동 등에서 맨 앞.

예 결승선 바로 앞에서 우리나라 선수가 선두로 나서며 역전했다.

비슷한말 앞장

'앞장'은 무리의 맨 앞자리, 또는 거기에 있는 사람을 뜻해. "맨 앞장에 서서 만세를 외쳤다."와 같이 쓰여.

❀ 선사 시대

先 이전 **선** + 史 역사 **사** + 時 때 **시** + 代 시대 **대**
⤷ '사(史)'의 대표 뜻은 '사기', '대(代)'의 대표 뜻은 '대신하다'야.

뜻 역사 시대 이전의 시대. 문헌적 사료가 없는 석기 시대, 청동기 시대를 이름.

예 선사 시대는 남겨진 물건이나 건축물 등의 흔적을 통해 생활 모습을 짐작할 수 있다.

확인 문제

68쪽에서 공부한 낱말을 떠올리며 문제를 풀어 보세요.

1 친구가 설명한 낱말이 무엇인지 빈칸에 쓰세요.

(1) "조심하지 않아서 잘못함."을 뜻하는 낱말이야. 시험에서 이것을 하면 정말 속상할 거야.

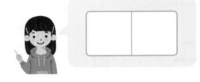

(2) "자기도 모르는 사이에 물건을 잃어버림."을 뜻하는 낱말이야. 휴대 전화를 이거 하면 눈앞이 캄캄해.

(3) "일을 잘못해 뜻한 대로 되지 않거나 그르침."을 뜻하는 낱말이야. 이것은 성공의 어머니라는 말도 있어.

(4) "작은 것을 탐하다가 오히려 큰 것을 잃음."을 뜻하고 네 글자야. 우리는 이것을 하지 않도록 주의해야 해.

2 다음 속담과 관련 있는 낱말에 ◯표 하세요.

| 원숭이도 나무에서 떨어진다 | 분실 | 습득 | 실수 |

3 ( ) 안에서 알맞은 낱말을 골라 ◯표 하세요.

(1) 은행을 털려는 계획은 (실례 , 실패)하고 도둑들은 모두 경찰에 잡혔다.

(2) 가게 주인은 (실수 , 실망)(으)로 손님에게 거스름돈을 더 많이 주었다.

(3) 빨간 지갑을 (분단 , 분실)하신 아파트 주민께서는 경비실로 찾으러 오시길 바랍니다.

(4) 물건을 비싸게 팔면 당장은 이익을 많이 보지만 나중엔 손님이 오지 않으니 결국 (일석이조 , 소탐대실)(이)야.

✎ 69쪽에서 공부한 낱말을 떠올리며 문제를 풀어 보세요.

4 뜻에 알맞은 낱말을 빈칸에 쓰세요.

(1) ❶ [   ] [   ] [   ]
    [   ]

(2) ❷ [   ]
    ❶ [   ] [   ]

가로 열쇠	❶ 다가올 일을 미리 내다보고 아는 지혜.
세로 열쇠	❶ 줄이나 행렬, 활동 등에서 맨 앞.

가로 열쇠	❶ 물건을 먼저 받거나 일을 모두 마친 뒤에 돈을 치름.
세로 열쇠	❷ 일이 끝나기 전이나 물건을 받기 전에 미리 돈을 냄.

5 뜻이 비슷한 낱말끼리 짝 지어진 것을 골라 ◯표 하세요.

(1) 선불 – 후불

(   )

(2) 선두 – 앞장

(   )

(3) 선사 시대 – 역사 시대

(   )

6 빈칸에 알맞은 낱말을 완성하세요.

우리 식당은 예약을 받지 않고 선착순으로 입장하며 음식값은 [ㅅ | ㅂ]로 받습니다.

7 (   ) 안에 알맞은 낱말을 보기에서 찾아 쓰세요.

보기
선두
선견지명
선사 시대

(1) 구석기 시대는 역사상의 시대 구분에서 (   )에 속한다.

(2) 축제 때 소희는 마법사 복장을 하고 행렬의 (   )에 서서 걸었다.

(3) 내가 (   )이/가 있어서 어제 교실에 우산을 두고 간 거야. 이렇게 소나기가 쏟아질 줄 알았다니까.

2주차 1~5회에서 공부한 낱말을 떠올리며 문제를 풀어 보세요.

낱말 뜻

1 낱말과 그 뜻이 바르게 짝 지어지지 <u>않은</u> 것은 무엇인가요? (   )

① 등온선 – 기온이 같은 곳을 연결한 선.
② 행성 – 태양의 주위를 도는 둥근 천체.
③ 개통 – 일정한 범위에 흩어져 퍼져 있음.
④ 분실 – 자기도 모르는 사이에 물건을 잃어버림.
⑤ 대응 – 어떤 두 대상이 주어진 관계에 의하여 서로 짝이 되는 일.

헷갈리는 말

2 (   ) 안에서 알맞은 낱말을 골라 ○표 하세요.

이 버스는 서울에서 전주까지 가는 동안 휴게소에 한 번 (들른다 , 들린다).

여러 가지 뜻을 가진 낱말

3 밑줄 친 낱말이 다음 문장과 <u>다른</u> 뜻으로 쓰인 것에 ○표 하세요.

우리 반 사물함 위에는 일정한 <u>간격</u>으로 예쁜 꽃 화분이 놓여 있다.

(1) 우리 집 앞으로 마을버스가 20분 <u>간격</u>으로 지나간다. (   )
(2) 현지는 5학년이 되어서도 줄 <u>간격</u>이 넓은 공책을 사용한다. (   )
(3) 뒤쪽에 사람들이 더 앉을 수 있도록 <u>간격</u>을 더 좁혀 주세요. (   )

반대말

4 ~ 5 밑줄 친 낱말의 반대말을 문장에서 찾아 쓰세요.

4
우리 학원은 수업료가 <u>선불</u>이 아니고 후불이니 한 달 수업을 마친 뒤 수업료를 내시면 됩니다.

(   )

5
한 지역에 인구가 집중되면 여러 문제가 생기기 때문에 교통이나 환경을 개선하여 다른 지역으로 인구를 <u>분산</u>시킨다.

(   )

6 속담에 알맞은 뜻을 보기 에서 찾아 기호를 쓰세요.

보기

ㄱ 무엇을 얻거나 성취하기가 매우 어려운 경우를 비유적으로 이르는 말.
ㄴ 아무리 익숙하고 잘하는 사람이라도 간혹 실수할 때가 있음을 비유적으로 이르는 말.
ㄷ 하찮거나 언짢은 일을 그럴듯하게 돌려 생각하여 좋게 풀이함을 비유적으로 이르는 말.

(1) 하늘의 별 따기: (   )

(2) 꿈보다 해몽이 좋다: (   )

(3) 원숭이도 나무에서 떨어진다: (   )

낱말 활용

7 밑줄 친 낱말을 잘못 사용한 친구에게 ×표 하세요.

(1)

연도 3번 이미성입니다. 저를 회장으로 뽑아 주시면 우리 반을 위해 열심히 일하겠습니다.

(   )

(2)

나는 가장 설득력 있게 의견을 발표한 3번 후보에게 투표할 거야.

(   )

낱말 활용

8 ~ 10 (   ) 안에 들어갈 낱말을 보기 에서 찾아 쓰세요.

보기

관측   해안   분실

8 천체 망원경으로 밤하늘의 달과 별을 (   )했다.

9 지하철 안에 가방을 두고 내려서 (   ) 신고를 하였다.

10 내가 사는 고장은 (   ) 지역으로, 우리 집은 해수욕장 근처에서 식당을 한다.

3주차

어휘 미리 보기

한 주 동안 공부할 어휘들이야. 쏙 한번 훑어볼까?

1회 학습 계획일 ◯월 ◯일

국어 교과서 어휘

토의	기행문
참여	여정
장단점	견문
기준	감상
소수	여행지
마련	풍광

2회 학습 계획일 ◯월 ◯일

사회 교과서 어휘

인권	법
정의롭다	제재
신장	적용
침해	분쟁
보장	유지
호소	준수

3회 학습 계획일 ◯월 ◯일

수학 교과서 어휘

열량	통분
소모	공통분모
실행	채우다
계획서	저금
약분	선택
기약분수	거치다

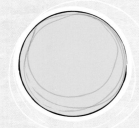

4회 학습 계획일 ◯월 ◯일

과학 교과서 어휘

용해	진하기
용액	가라앉다
용매	겉보기 성질
용질	사해
색소	금지 약물
젓다	검출

5회 학습 계획일 ◯월 ◯일

한자 어휘

동병상련	행방불명
동시	불행
협동	독불장군
동고동락	불치병

어휘력 테스트

4주차 어휘 학습으로 가 보자!

수록 교과서 국어 5-1 ④
6. 토의하여 해결해요

다음 중 낱말의 뜻을 잘 알고 있는 것에 ✓ 하세요.

☐ 토의   ☐ 참여   ☐ 장단점   ☐ 기준   ☐ 소수   ☐ 마련

✏️ 낱말을 읽고, ▢ 부분에 밑줄을 그으면서 낱말 공부를 해 보세요.

토의

討 찾을 **토** + 議 의논할 **의**
🖱 '토(討)'의 대표 뜻은 '치다'야.

이것만은 꼭!

뜻 어떤 문제를 여러 사람이 협력하여 의논함.

예 토의를 하면 상황을 더 잘 이해하고 적절한 문제 해결 방법을 찾을 수 있다.

관용어 머리를 맞대다

'머리를 맞대다'는 어떤 일을 의논하거나 결정하기 위하여 서로 마주 대한다는 뜻이야. 토의 역시 어떤 문제를 해결할 방법을 찾기 위해 여러 사람이 머리를 맞대는 일이지.

> 토론은 찬성과 반대로 나누어 자기의 주장을 내세우며 상대를 설득하는 말하기야.

> 토론과 토의는 여러 사람이 함께 가장 좋은 결론을 내기 위해 이야기를 나눈다는 점에서 비슷하지.

참여

參 참여할 **참** + 與 더불 **여**

뜻 어떤 일에 끼어들어 함께함.

예 가족회의에 우리 가족이 모두 참여하여 가족 여행 장소를 결정했다.

비슷한말 참가

'참가'는 모임이나 단체 또는 일에 관계하여 들어감을 뜻하는 말이야. '참가 대상', "대회에 참가하다."와 같이 쓰여.

장단점

長 길 **장** + 短 짧을 **단** +
點 점 **점**

뜻 좋은 점과 나쁜 점.

예 슬기네 모둠 친구들은 토의에서 의견을 주고받은 다음에 각 의견의 장단점이 무엇인지 찾아보았다.

> '장점'은 좋거나 잘하거나 긍정적인 점이고, '단점'은 잘못되고 모자라는 점이야. 장단점은 이 둘을 아울러 이르는 말이지.

기준

基 근본 **기** + 準 준할 **준**
🖱 '기(基)'의 대표 뜻은 '터'야.

뜻 구별하거나 정도를 판단하기 위해 정한 대상이나 잣대.

예 친구들의 의견이 알맞은지 판단하려면 토의 주제에 맞는 내용인지, 실천할 수 있는지와 같은 기준을 세워야 한다.

소수

少 적을 **소** + 數 셈 **수**

뜻 적은 수.

예 토의에서 의견을 결정할 때 소수 의견이라도 도움이 된다면 받아들일 수 있다.

반대말 **다수**

'다수'는 많은 수를 뜻하는 말이야. "회의에서 다수의 의견에 따라 의사 결정을 하는 것을 다수결의 원칙이라고 한다."와 같이 쓰여.

마련

뜻 준비하거나 헤아려 갖춤.

예 토의 절차는 '토의 주제 정하기 – 의견 마련하기 – 의견 모으기 – 의견 결정하기'이다.

꼭! 알아야 할 속담

○표
하기

'(믿는 , 무거운) 도끼에 발등 찍힌다'는 잘되리라고 믿고 있던 일이 어긋나거나 믿고 있던 사람이 배반하여 오히려 해를 입음을 이르는 말입니다.

수록 교과서 국어 5-1 ④
7. 기행문을 써요

다음 중 낱말의 뜻을 잘 알고 있는 것에 ✓ 하세요.

☐ 기행문 ☐ 여정 ☐ 견문 ☐ 감상 ☐ 여행지 ☐ 풍광

✏️ 낱말을 읽고, ▨ 부분에 밑줄을 그으면서 낱말 공부를 해 보세요.

이것만은 꼭!

기행문

紀 적을 **기** + 行 다닐 **행** + 文 글월 **문**
🖱️ '기(紀)'의 대표 뜻은 '벼리'야.

뜻 여행하면서 보고, 듣고, 느끼고, 겪은 것을 적은 글.

예 현지는 가족과 즐겁게 서울 여행을 다녀온 뒤 **기행문**을 썼다.

뜻을 더해 주는 말 -문

'-문'은 '글'이라는 뜻을 더해 주는 말이야. '논설**문**'은 주제에 대한 자신의 생각이나 주장을 쓴 글, '설명**문**'은 무엇을 알기 쉽게 설명하는 글, '사과**문**'은 어떤 일에 대해 사과하는 글, '발표**문**'은 발표하는 내용을 쓴 글이지.

여정

旅 여행할 **여** + 程 길 **정**
🖱️ '여(旅)'의 대표 뜻은 '나그네', '정(程)'의 대표 뜻은 '한도'야.

뜻 여행의 과정이나 일정.

예 **여정**에는 주로 시간과 장소를 나타내는 표현이 쓰인다.

이른 아침에 현대 문화와 옛 문화가 어우러진 인사동에 도착했다.

'이른 아침'은 시간을 나타내는 표현이고, '인사동'은 여행을 한 장소야. '~에 도착했다'는 장소를 나타내는 표현이지.

견문

見 볼 **견** + 聞 들을 **문**

뜻 여행하며 보거나 들은 것.

예 글쓴이가 제주도에 도착하여 본 것과 들은 것을 자세하게 풀어 쓴 부분은 **견문**에 해당한다.

기행문에서 본 것을 나타낼 때에는 '~을/를 보다', '~이/가 있다'라는 말을 사용하고, 들은 것을 나타낼 때에는 '~을/를 듣다', '~(이)라고 한다'라는 말을 사용해.

감상
感 느낄 감 + 想 생각 상

뜻 여행하며 든 생각이나 느낌.

예 기행문에는 여정을 적고, 여행으로 얻은 견문과 감상을 쓴다.

> 무령왕릉 내부를 보는 동안 머리카락이 쭈뼛 서는 듯한 감동이 밀려왔다.

무령왕릉을 보며 느낀 점을 적은 감상이야.

여행지
旅 여행할 여 + 行 다닐 행 + 地 땅 지

뜻 여행하는 곳.

예 솔아는 친구들에게 소개하고 싶은 여행지로 불국사가 있는 경주를 골랐다.

풍광
風 경치 풍 + 光 경치 광
'풍(風)'의 대표 뜻은 '바람', '광(光)'의 대표 뜻은 '빛'이야.

뜻 산이나 들, 강, 바다 따위의 자연이나 지역의 모습.

예 제주도의 풍광은 계절과 날씨에 따라 다르지만 언제나 아름답다.

비슷한말 경치, 풍경

'경치'와 '풍경'은 모두 '풍광'과 뜻이 비슷한 말이야. 세 낱말은 모두 아름다운 자연의 모습을 뜻하지. 그런데 '풍경'은 '점심시간 교실 풍경'처럼 어떤 상황의 모습을 뜻하기도 해. '교실 경치', '교실 풍광'과 같은 표현은 잘 쓰지 않아.

꼭! 알아야 할 관용어

빈칸 채우기 '[　]을 끊다'는 오가지 않거나 관계를 끊는다는 뜻입니다.

확인 문제

✎ 76~77쪽에서 공부한 낱말을 떠올리며 문제를 풀어 보세요.

1 뜻에 알맞은 낱말을 글자판에서 찾아 묶으세요. (낱말은 가로(─), 세로(│), 대각선(\) 방향에 숨어 있어요.)

소	수	마	련
장	기	준	토
말	단	성	의
참	여	점	론

❶ 좋은 점과 나쁜 점.
❷ 준비하거나 헤아려 갖춤.
❸ 어떤 일에 끼어들어 함께함.
❹ 어떤 문제를 여러 사람이 협력하여 의논함.

2 빈칸에 들어갈 관용어로 알맞은 것에 ○표 하세요.

우리는 ⬚ 이 문제를 어떻게 해결하면 좋을지 토의했다.

(1) 머리를 굽히고 (　　　)　　(2) 머리를 식히고 (　　　)　　(3) 머리를 맞대고 (　　　)

3 밑줄 친 낱말과 바꾸어 쓸 수 있는 낱말을 골라 ○표 하세요.

 저는 개교기념일에 학생들이 쉽게 참여할 수 있는 행사를 하는 것이 좋다고 생각합니다.

(참고 , 참가 , 참견)

4 (　　) 안에 들어갈 알맞은 낱말을 보기 에서 찾아 쓰세요.

보기			
기준	소수	마련	장단점

(1) 아름다움을 판단하는 (　　　　　)은/는 사람마다 다르다.

(2) 엄마께서는 물건을 살 때 여러 제품의 (　　　　　)을/를 꼼꼼히 비교하신다.

(3) 다수의 이익을 위해서 (　　　　　)의 희생이 당연하다는 생각은 과연 옳을까?

(4) 초등학생들의 학교 앞 교통사고를 줄일 수 있는 대책을 (　　　　　)하여 구청에 전달했다.

✏️ 78~79쪽에서 공부한 낱말을 떠올리며 문제를 풀어 보세요.

5 뜻에 알맞은 낱말을 빈칸에 쓰세요.

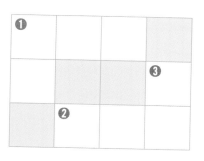

가로 열쇠 ❶ 여행하는 곳.

❷ 여행하면서 보고, 듣고, 느끼고, 겪은 것을 적은 글.

세로 열쇠 ❶ 여행의 과정이나 일정.

❸ 여행하며 보거나 들은 것.

6 낱말의 뜻은 무엇인지 빈칸에 알맞은 낱말을 완성하세요.

(1) 감상 | 여행하며 든 [ㅅ | ㄱ]이나 [ㄴ | ㄲ].

(2) 풍광 | 산이나 들, 강, 바다 따위의 [ㅈ | ㅇ]이나 지역의 [ㅁ | ㅅ].

7 밑줄 친 말의 공통된 뜻은 무엇인가요? (   )

논설문	설명문	발표문	사과문
① 집	② 글	③ 여행 ④ 물건	⑤ 사람

8 밑줄 친 낱말을 알맞게 사용한 친구에게 ○표, 알맞게 사용하지 <u>못한</u> 친구에게 ✕표 하세요.

(1) 동진: 여행을 다니면 <u>견문</u>을 넓힐 수 있어서 좋아. (   )

(2) 한영: 강낭콩을 심어 싹이 나고 자라는 모습을 관찰하여 <u>기행문</u>을 썼어. (   )

(3) 주하: 해 질 녘에 뒷산에 올라가 노을에 물든 <u>풍광</u>을 바라보니 절로 감탄이 나왔어. (   )

(4) 채희: 석굴암을 보고 우리 선조의 지혜가 자랑스럽게 느껴졌다는 <u>여정</u>을 글에 써야지.

(   )

사회 교과서 어휘

다음 중 낱말의 뜻을 잘 알고 있는 것에 ☑ 하세요.

☐ 인권 ☐ 정의롭다 ☐ 신장 ☐ 침해 ☐ 보장 ☐ 호소

"차별 없는 세상에 살고 있나요?"

'평등', 우리 헌법의 핵심 원리입니다.

#헌법_제11조
모든 국민은 법 앞에 평등하다.
누구든지 생활의 모든 영역에서 차별을 받지 아니한다.

국가인권위원회에서 인권의 중요성을 알리는 카드 뉴스야. 사람이라면 누구나 차별받지 않고 헌법에 보장된 인권을 존중받아야 해. '인권을 존중하는 삶'에 나오는 낱말들을 공부해 보자.

✎ 낱말을 읽고, ▨ 부분에 밑줄을 그으면서 낱말 공부를 해 보세요.

 이것만은 꼭!

인권

人 사람 인 + 權 권리 권
☞'권(權)'의 대표 뜻은 '저울추'야.

뜻 사람이기 때문에 당연히 가지는 권리.

예 인권은 태어날 때부터 모든 사람에게 평등하게 주어지며 다른 사람이 함부로 빼앗을 수 없다.

모든 사람은 태어나면서부터 인간답게 살 권리가 있고, 모든 사람은 인권이 있으므로 다른 사람의 권리를 존중해야 해.

정의롭다

正 바를 정 + 義 옳을 의 + 롭다

뜻 옳고 바른 도리에 벗어남이 없다.

예 현준이는 나이, 성별, 신체 조건 등에 따라 차별받지 않고 누구나 노력하면 성공하는 사회가 정의로운 사회라고 생각한다.

신장

伸 펄 **신** + 張 넓힐 **장**
🖱'장(張)'의 대표 뜻은 '베풀다'야.

뜻 세력이나 권리 따위가 늘어남.

예 방정환은 어린이가 무시당하던 시대에 어린이의 인권 신장을 위해 노력했다.

글자는 같지만 뜻이 다른 낱말 신장

'신장'과 글자는 같지만 뜻이 다른 낱말로, 사람이나 동물이 똑바로 섰을 때에 발바닥에서 머리끝까지의 길이를 뜻하는 '신장'이 있어. '평균 신장', "신장이 크다."와 같이 쓰여.

3
주
차

2회

침해

侵 침노할 **침** + 害 해할 **해**

뜻 남의 땅이나 권리, 재산 등을 범하여 해를 끼침.

예 친구의 누리 사랑방에 나쁜 댓글을 다는 것은 사이버 폭력으로, 인권을 침해하는 일이다.

친구의 이름 대신 친구가 싫어하는 별명을 부르거나 친구의 일기를 몰래 읽는 것도 인권 침해야.

보장

保 지킬 **보** + 障 막을 **장**

뜻 어떤 일이 어려움 없이 이루어지도록 보호하거나 뒷받침함.

예 국가에서는 장애인의 인권을 보장하기 위해 시각 장애인용 점자 안내도나 점자 블록 등 편의 시설을 설치한다.

▲ 숫자 아래 점자가 쓰여 있는 엘리베이터 버튼

호소

呼 부르짖을 **호** + 訴 호소할 **소**
🖱'호(呼)'의 대표 뜻은 '부르다'야.

뜻 어렵거나 억울한 사정을 남에게 간절히 알림.

예 옛날에는 억울한 일을 당한 백성이 임금에게 억울함을 호소할 수 있는 제도가 있었다.

비슷한말 하소연

'하소연'은 억울한 일이나 잘못된 일, 딱한 사정 따위를 말함을 뜻해. "하소연을 늘어놓다."와 같이 쓰이지.

사회 교과서 어휘

다음 중 낱말의 뜻을 잘 알고 있는 것에 ✓ 하세요.

☐ 법 ☐ 제재 ☐ 적용 ☐ 분쟁 ☐ 유지 ☐ 준수

정의의 여신은 두 눈을 가린 채 한 손에는 천칭, 다른 한 손에는 칼을 들고 있어. 법은 누구에게나 공정한 판결을 내린다는 것을 상징한단다. 법과 관련된 낱말들을 공부하며 법의 역할과 의미를 생각해 보자.

✏️ 낱말을 읽고, ▨ 부분에 밑줄을 그으면서 낱말 공부를 해 보세요.

 이것만은 꼭!

법
法 법 **법**

🔵 뜻 국가가 만든 강제성이 있는 규칙.

🔵 예 법이 사회와 시대의 변화에 맞지 않으면 바꾸거나 다시 만들 수 있다.

관련 어휘 **도덕**

'도덕'은 사회의 구성원들이 양심 등에 비추어 스스로 마땅히 지켜야 할 모든 규범을 말해. 어른께 인사하기, 버스를 탈 때 줄 서기 등이 여기에 해당하지. 사람들이 자율적으로 지키는 규범이라는 점에서 강제성이 있는 법과 차이가 있어.

제재
制 금할 **제** + 裁 제어할 **재**
🔗 '제(制)'의 대표 뜻은 '절제하다', '재(裁)'의 대표 뜻은 '마르다'야.

🔵 뜻 규칙이나 관습을 지키지 않는 것을 제한하거나 금지함.

🔵 예 사회생활에서 지켜야 할 행동 기준인 법을 어겼을 때는 제재를 받는다.

글자는 같지만 뜻이 다른 낱말 **제재**

'제재'는 예술 작품이나 학술 연구의 바탕이 되는 재료를 뜻하는 말이야. "이 화가는 십 년 동안 들꽃을 제재로 그림을 그렸다."와 같이 쓰여.

적용
適 맞을 **적** + 用 쓸 **용**

뜻 알맞게 이용하거나 맞추어 씀.

예 놀이터에 있는 시소, 미끄럼틀은 「어린이 놀이 시설 안전 관리법」의 적용을 받아 안전하게 만들고 관리된다.

헷갈리는 말 작용

'작용'은 어떤 현상이나 행동을 일으키거나 영향을 줌을 뜻하는 말이야. "위에서 나오는 소화액은 소화 작용을 돕는다."와 같이 쓰여. '적용'과 구분해서 상황에 따라 알맞게 써야 해.

분쟁
紛 어지러울 **분** + 爭 다툴 **쟁**

뜻 말썽을 일으켜 시끄럽게 다툼.

예 개인 간에 발생한 분쟁은 재판에서 법에 따라 해결할 수 있다.

 법은 개인 간의 분쟁을 해결해서 개인의 생명·재산·정보 등을 보호해요.

유지
維 유지할 **유** + 持 지킬 **지**
'유(維)'의 대표 뜻은 '벼리', '지(持)'의 대표 뜻은 '가지다'야.

뜻 어떤 상태나 상황 등을 그대로 이어 나감.

예 개인의 권리를 보장하고 안정된 사회 질서를 유지하기 위해 법이 필요하다.

반대말 중지

'중지'는 하던 일을 중간에 멈추거나 그만둠을 뜻해. "높은 파도 때문에 여객선 운항이 중지가 되었다."와 같이 쓰여.

준수
遵 좇을 **준** + 守 지킬 **수**

뜻 명령이나 규칙, 법률 등을 좇아서 지킴.

예 법을 준수하지 않으면 다른 사람에게 피해를 주고 사람들 사이에 갈등을 일으킨다.

반대말 위반

'위반'은 법, 명령, 약속 등을 지키지 않고 어김을 뜻하는 말이야. '신호 위반', "법을 위반하다." 등과 같이 쓰여.

 법을 준수하지 않고 위반하면 다른 사람의 권리를 침해하고, 사람들 간에 갈등을 일으킬 수 있어.

 **확인 문제**

✏️ 82~83쪽에서 공부한 낱말을 떠올리며 문제를 풀어 보세요.

1 뜻에 알맞은 낱말이 되도록 보기 에서 글자를 찾아 쓰세요.

보기

의	권
다	보	정
인	장
롭

(1) 옳고 바른 도리에 벗어남이 없다. → ☐☐☐☐

(2) 사람이기 때문에 당연히 가지는 권리. → ☐☐

(3) 어떤 일이 어려움 없이 이루어지도록 보호하거나 뒷받침함.

→ ☐☐

2 뜻에 알맞은 낱말을 골라 ◯표 하세요.

(1) 어렵거나 억울한 사정을 남에게 간절히 알림. (호소 , 명령)

(2) 남의 땅이나 권리, 재산 등을 범하여 해를 끼침. (침착 , 침해)

3 밑줄 친 낱말의 뜻을 보기 에서 찾아 기호를 쓰세요.

보기
㉠ 세력이나 권리 따위가 늘어남.
㉡ 사람이나 동물이 똑바로 섰을 때에 발바닥에서 머리끝까지의 길이.

(1) 승기는 신체검사에서 체중과 <u>신장</u>을 쟀다. (   )

(2) 인권 <u>신장</u>이란 인권을 존중하는 의식이 점차 확대되고 성장하는 것을 말한다. (   )

4 ( ) 안에서 알맞은 낱말을 골라 ◯표 하세요.

(1) 내 일기장을 몰래 보다니, 이건 사생활 (침해 , 보장)(이)야!

(2) 누나는 (정다운 , 정의로운) 성격이어서 옳지 못한 것을 보면 그냥 지나치지 못한다.

(3) 청소년들이 어른들에게 기후 변화 문제를 최우선으로 해결해 달라고 (호소 , 약속)했다.

(4) '유엔 아동 권리 협약'은 어린이의 (인권 , 상상력)을 보호하기 위해 세계 여러 나라가 모여 만들었다.

🖊 84~85쪽에서 공부한 낱말을 떠올리며 문제를 풀어 보세요.

5 낱말의 뜻은 무엇인지 ( ) 안에서 알맞은 말을 골라 ○표 하세요.

(1)

법   (개인 , 국가)이/가 만든 강제성이 있는 규칙.

(2)

분쟁   말썽을 일으켜 (시끄럽게 다툼 , 따로 떼어 냄).

(3)

유지   어떤 상태나 상황 등을 (서둘러 바꿈 , 그대로 이어 나감).

(4)

준수   명령이나 규칙, 법률 등을 (좇아서 지킴 , 지키지 않고 어김).

6 빈칸에 들어갈 알맞은 낱말을 골라 ○표 하세요.

숯은 정화 ☐ 을 하여 나쁜 냄새를 없애 준다.

(적용 , 작용)

7 빈칸에 알맞은 낱말을 글자 카드에서 찾아 쓰세요.

(1) 최첨단 기술이 ☐된 휴대 전화가 새로 나왔다.

| 용 | 적 | 법 | 칙 |

(   )

(2) 모든 국민은 법을 ☐해야 할 의무가 있다.

| 정 | 수 | 준 | 반 |

(   )

(3) 두 나라 사이의 오랜 ☐이/가 끝나고 드디어 평화가 찾아왔다.

| 고 | 분 | 만 | 쟁 |

(   )

(4) 운전 중에 교통 신호를 위반한 사람에게는 강력한 ☐이/가 필요하다.

| 재 | 유 | 제 | 칭 |

(   )

다음 중 낱말의 뜻을 잘 알고 있는 것에 ☑ 하세요.

☐ 열량 ☐ 소모 ☐ 실행 ☐ 계획서 ☐ 약분 ☐ 기약분수

✏️ 낱말을 읽고, ▨ 부분에 밑줄을 그으면서 낱말 공부를 해 보세요.

열량

熱 열 **열** + 量 분량 **량**
🖰 '열(熱)'의 대표 뜻은 '덥다', '양(量)'
의 대표 뜻은 '헤아리다'야.

뜻 음식이나 연료 등으로 얻을 수 있는 에너지의 양.

예 아빠께서는 체중을 줄이기 위해 열량이 낮은 음식을 먹고 운동을 매일 열심히 하신다.

어법 '양', '량'의 표기

분량이나 수량을 나타내는 말인 '량'은 앞말에 붙여 써. 앞말이 한자어면 '열량', '작업량'처럼 '량'으로 쓰고, 앞말이 고유어나 외래어이면 '구름양', '에너지양'처럼 '양'으로 쓰지.

소모

消 사라질 **소** + 耗 소모할 **모**

뜻 써서 없앰.

예 줄넘기한 시간과 소모된 열량 사이의 대응 관계를 표를 이용해 알아보았다.

시간(분)	1	2	6	10	⋯⋯
열량(kcal)	11	22	66	110	⋯⋯

1분에 열량이 11킬로칼로리씩 소모된다는 것을 알 수 있어.

실행

實 실제로 행할 **실** + 行 행할 **행**
🖱 '실(實)'의 대표 뜻은 '열매', '행(行)'
의 대표 뜻은 '다니다'야.

뜻 실제로 행함.

예 성우는 '(넣은 양)÷100=(나오는 양)'의 규칙을 실행하는 미래 로봇을 만들면 미세먼지를 줄일 수 있겠다고 생각했다.

비슷한말 실천, 실시

'실행'과 뜻이 비슷한 말에는 '실천'과 '실시'가 있어. '실천'은 계획이나 생각한 것을 실제로 행함을 뜻하고, '실시'는 어떤 일이나 법, 제도 등을 실제로 행함을 뜻해.

3주차

3회

계획서

計 계획할 **계** + 劃 계획할 **획** +
書 글 **서**
🖱 '계(計)'의 대표 뜻은 '세다', '획(劃)'
의 대표 뜻은 '긋다'야.

뜻 계획한 내용을 적은 문서.

예 만들고 싶은 로봇을 설계하여 로봇의 이름, 만드는 방법, 활용 방법 등을 계획서에 써 보았다.

'계획'은 앞으로 할 일을 미리 생각하여 정하는 것을 말해. 이러한 계획을 세우는 것을 '설계'라고 하지.

이것만은 꼭!

약분

約 나눗셈할 **약** + 分 나눌 **분**
🖱 '약(約)'의 대표 뜻은 '맺다'야.

뜻 분모와 분자를 공약수로 나누어 간단한 분수로 만드는 것.

예 $\frac{4}{12}$의 분모와 분자를 최대공약수 4로 각각 나누어 약분했더니 $\frac{1}{3}$이 됐다.

$$\frac{4}{12} = \frac{4 \div 4}{12 \div 4} = \frac{1}{3}$$

$$\frac{\overset{1}{4}}{\underset{3}{12}} = \frac{1}{3}$$

약분을 하는 이유는 계산을 편리하게 하기 위해서지.

기약분수

既 다할 **기** + 約 나눗셈할 **약** +
分 나눌 **분** + 數 셈 **수**
🖱 '기(既)'의 대표 뜻은 '이미'야.

뜻 분모와 분자의 공약수가 1뿐인 수.

예 기약분수는 더 이상 약분이 되지 않는 분수이며, 크기가 같은 분수 중 가장 간단한 형태이다.

수학 교과서 어휘

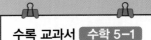
다음 중 낱말의 뜻을 잘 알고 있는 것에 ☑ 하세요.

☐ 통분 ☐ 공통분모 ☐ 채우다 ☐ 저금 ☐ 선택 ☐ 거치다

✏️ 낱말을 읽고, 　　　 부분에 밑줄을 그으면서 낱말 공부를 해 보세요.

 이것만은 꼭!

통분
通 통할 통 + 分 나눌 분

뜻 분모가 다른 둘 이상의 분수나 분수식에서 분모를 같게 하는 것.

예 두 분수의 분모가 다를 경우 통분하여 분모를 같게 만들면 분수의 크기를 쉽게 비교할 수 있다.

공통분모
共 한가지 공 + 通 통할 통 + 分 나눌 분 + 母 어머니 모

뜻 통분한 분모.

예 분모가 작을 때는 두 분모의 곱을 공통분모로, 분모가 클 때는 두 분모의 최소공배수를 공통분모로 하는 것이 좋다.

$$\left(\frac{5}{6}, \frac{4}{9}\right) \rightarrow \left(\frac{5\times3}{6\times3}, \frac{4\times2}{9\times2}\right) \rightarrow \left(\frac{15}{18}, \frac{8}{18}\right)$$

6과 9의 최소공배수인 18을 공통분모로 통분했어. 최소공배수로 통분하면 분모가 공통분모 중에 가장 작은 수가 되니까 나중에 계산이 편리해.

채우다

뜻 일정한 공간에 사람, 사물, 냄새 따위를 가득하게 하다.

예 크기가 같은 두 어항에 각각 $\frac{1}{3}$과 $\frac{2}{6}$만큼 물을 채울 때 두 어항 속 물의 양은 같다.

글자는 같지만 뜻이 다른 낱말 채우다

'채우다'와 글자는 같지만 뜻이 다른 낱말로, 자물쇠 등으로 잠가서 문이나 서랍 등을 열지 못하게 한다는 뜻을 가진 '채우다'가 있어. "자물쇠를 채우다."처럼 쓰이지. 또 "단추를 채우다."처럼 단추 등을 구멍 같은 데에 넣어 걸어 풀어지지 않게 한다는 뜻을 가진 '채우다'도 있으니 기억해 둬.

저금

貯 저축할 **저** + 金 돈 **금**
🖱'저(貯)'의 대표 뜻은 '쌓다', '금(金)'의 대표 뜻은 '쇠'야.

뜻 돈을 모아 두거나 은행 등의 금융 기관에 맡김.

예 상우는 용돈으로 4천 원을 받아 $\frac{3}{4}$인 3천 원을 저금했다.

관련 어휘 적금

'적금'은 은행에 일정한 돈을 일정 기간 동안 낸 다음에 찾는 저금이야. 용돈을 모아 적금을 하면 나중에 큰돈을 찾을 수 있겠지?

선택

選 선택할 **선** + 擇 선택할 **택**
🖱'선(選)'과 '택(擇)'의 대표 뜻은 모두 '가리다'야.

뜻 여럿 가운데서 필요한 것을 골라 뽑음.

예 대분수의 덧셈은 자연수는 자연수끼리, 분수는 분수끼리 더하는 방법과 대분수를 가분수로 나타내어 계산하는 방법 중 한 가지를 선택하여 할 수 있다.

거치다

뜻 오가는 도중에 어디를 지나거나 들르다.

예 집에서 문구점을 거쳐 학교에 가는 거리보다, 집에서 학교로 바로 가는 거리가 더 가깝다.

여러 가지 뜻을 가진 낱말 거치다

'거치다'에는 "무엇에 걸리거나 막히다."라는 뜻도 있어. 관용어로 "일이 순조로워서 막힐 것이 없다."는 뜻의 '거칠 것이 없다'라는 말이 있는데, 여기에서 '거치다'가 "무엇에 걸리거나 막히다."의 뜻으로 쓰인 거야.

확인 문제

✏️ 88~89쪽에서 공부한 낱말을 떠올리며 문제를 풀어 보세요.

1 뜻에 알맞은 낱말을 글자 카드에서 찾아 쓰세요.

(1) 써서 없앰. ☐☐

열   모   량   소

(2) 실제로 행함. ☐☐

실   분   약   행

(3) 계획한 내용을 적은 문서. ☐☐☐

획   서   품   계

2 낱말의 뜻은 무엇인지 ( ) 안에서 알맞은 말을 골라 ○표 하세요.

(1)
약분

분모와 분자를 (공약수 , 공배수)로 나누어 간단한 분수로 만드는 것.

(2)
기약분수

분모와 분자의 공약수가 (1뿐 , 여러 개)인 수.

3 뜻이 서로 비슷한 낱말을 모두 고르세요. (,   ,   )

① 실력　　　② 실시　　　③ 실행　　　④ 실종　　　⑤ 실천

4 ( ) 안에 들어갈 알맞은 낱말을 보기 에서 찾아 쓰세요.

보기
열량
소모
실행
기약분수

(1) $\frac{12}{16}$ 를 (   )(으)로 나타내면 $\frac{3}{4}$ 이다.

(2) 누나는 목표를 정하면 바로 (   )에 옮긴다.

(3) 이 냉장고는 전력 (   )이/가 적은 절전형 제품이다.

(4) 학교 급식은 어린이 권장 (   )에 맞추어 영양소가 골고루 들어가 도록 식단을 짠다.

정답과 해설 ▶ 42쪽

✏️ 90~91쪽에서 공부한 낱말을 떠올리며 문제를 풀어 보세요.

5 뜻에 알맞은 낱말을 빈칸에 쓰세요.

(1)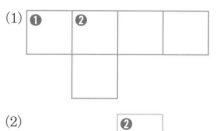

| 가로 열쇠 → | ❶ 통분한 분모. |
| 세로 열쇠 ↓ | ❷ 분모가 다른 둘 이상의 분수나 분수식에서 분모를 같게 하는 일. |

(2)

| 가로 열쇠 → | ❶ 오가는 도중에 어디를 지나거나 들르다. |
| 세로 열쇠 ↓ | ❷ 일정한 공간에 사람, 사물, 냄새 따위를 가득하게 하다. |

6 뜻에 알맞은 낱말이 되도록 보기에서 글자를 찾아 쓰세요.

보기

| 저 | 택 |
| 선 | 금 |

(1) 여럿 가운데서 필요한 것을 골라 뽑음. → ☐☐

(2) 돈을 모아 두거나 은행 등의 금융 기관에 맡김. → ☐☐

7 밑줄 친 낱말의 뜻이 다른 하나를 골라 ○표 하세요.

(1) 생선 굽는 냄새가 주방을 가득 채웠다. (   )

(2) 관중들이 결승전이 열리는 경기장을 꽉 채웠다. (   )

(3) 노인은 귀중품을 넣어 둔 금고에 자물쇠를 굳게 채웠다. (   )

8 (   ) 안에서 알맞은 낱말을 골라 ○표 하세요.

(1) 이 열차는 서울에서 전주를 (거쳐 , 헤쳐) 여수까지 간다.

(2) 분수의 덧셈을 하려고 (세분 , 통분)하여 분모를 같게 만들었다.

(3) 컴퓨터를 사기 위해 이제부터 용돈을 모두 은행에 (저장 , 저금)할 거야.

(4) 미라는 가게에 있는 옷이 다 마음에 들어서 무엇을 살지 (선택 , 선거)하기 어려웠다.

과학 교과서 어휘

다음 중 낱말의 뜻을 잘 알고 있는 것에 ✓ 하세요.

☐ 용해 ☐ 용액 ☐ 용매 ☐ 용질 ☐ 색소 ☐ 젓다

분말주스가 물에 용해되고 있네.
비커에 담긴 파란색, 연두색 용액은
무엇이 녹은 걸까? 용해, 용액, 용매,
용질 등은 '용해와 용액' 단원에 나오는
낱말들이야. 헷갈릴 수 있으니
정확하게 이해해야 해!

✏️ 낱말을 읽고,　　　부분에 밑줄을 그으면서 낱말 공부를 해 보세요.

　　이것만은 꼭!

용해

溶 녹을 용 + 解 녹일 해
⌐'해(解)'의 대표 뜻은 '풀다'야.

뜻 어떤 물질이 다른 물질에 녹아 골고루 섞이는 현상.

예 소금과 설탕은 물에 용해되지만, 멸치 가루는 물에 녹지 않고 물 위에 뜨거나
바닥에 가라앉는다.

물에 가루약을 녹여 마신다거나 소금을
국에 녹여 음식의 간을 맞추는 것도 일상생활에서
쉽게 볼 수 있는 용해 현상이야.

용액

溶 녹을 용 + 液 진 액

뜻 소금물처럼 녹는 물질이 녹이는 물질에 골고루 섞여 있는 물질.

예 일상생활에서 볼 수 있는 용액에는 이온 음료, 식초, 구강 청정제 등이 있다.

과일을 갈아서 만든 주스처럼 시간이
지나면 물 위에 물질이 뜨거나 층이
분리되는 액체는 용액이 아니야.

3
주
차

4회

용매

溶 녹을 **용** + 媒 매개 **매**
🖱'매(媒)'의 대표 뜻은 '중매'야.

뜻 소금물에서 물처럼 녹이는 물질.

예 소금이 물에 녹으면 없어지는 것이 아니라 용매인 물에 골고루 섞이는 것이다.

용액을 저을 때의 빠르기,
용매의 온도, 알갱이의 크기에 따라
용매에 녹는 속도가 달라져.

용질

溶 녹을 **용** + 質 바탕 **질**

뜻 소금물에서 소금처럼 용매에 녹는 물질.

예 온도와 양이 같은 물에서 설탕, 소금, 베이킹 소다 등 각 용질마다 용해되는 양이 서로 다르다.

소금(용질) + 물(용매) →용해 소금물(용액)

색소

色 빛 **색** + 素 성질 **소**
🖱'소(素)'의 대표 뜻은 '본디'야.

뜻 물체의 색깔이 나타나도록 해 주는 성분.

예 알록달록한 초콜릿 겉면을 감싼 색소가 물을 만나면 어떻게 될까 관찰해 보았다.

초콜릿을 물이
담긴 접시에
놓으면 색소가
녹아 나와.

젓다

뜻 액체나 가루 따위가 고르게 섞이도록 손이나 기구 등으로 이리저리 돌리다.

예 물에 넣은 각설탕이 완전히 녹아 보이지 않을 때까지 유리 막대로 저었다.

헷갈리는 말 **젖다**

'젖다'는 "물이 배어 축축하게 되다."를 뜻해. '젓다'와 '젖다'는 모두 [젇따]로 소리 나지만 서로 뜻이 전혀 다른 낱말이니까 받침 'ㅅ'과 'ㅈ'을 잘못 쓰지 않도록 주의해.

과학 교과서 어휘

다음 중 낱말의 뜻을 잘 알고 있는 것에 ✓ 하세요.

☐ 진하기　☐ 가라앉다　☐ 겉보기 성질　☐ 사해　☐ 금지 약물　☐ 검출

와, 물 위에 둥둥 떠서 책을 보고 있잖아! 이 바다는 진하기가 무척 진해서 가만히 있어도 몸이 뜬대. '용해와 용액' 단원에 나오는 낱말들을 이어서 공부하며 용액의 진하기에 대한 내용을 알아보자.

✏️ 낱말을 읽고, ▭ 부분에 밑줄을 그으면서 낱말 공부를 해 보세요.

진하기

津 진액 진 + 하기
🖱 '진(津)'의 대표 뜻은 '나루'야.

뜻 액체에 들어 있는 성분의 진함과 묽음의 정도.

예 같은 양의 용매에 용해된 용질의 많거나 적은 정도를 '용액의 진하기'라고 한다.

가라앉다

뜻 물 따위에 떠 있거나 섞여 있는 것이 밑바닥으로 내려앉다.

예 투명한 용액의 진하기는 용액에 넣은 물체가 뜨고 가라앉는 정도로 비교할 수 있는데, 용액이 진할수록 물체가 높이 떠오른다.

여러 가지 뜻을 가진 낱말 │ 가라앉다

'가라앉다'에는 "강한 감정이나 기분이 수그러들거나 사라지다."라는 뜻도 있어. "흥분이 가라앉다."와 같이 쓰이지. 또 "병으로 인한 증상이 나아지다."라는 뜻도 있는데, 이때에는 "통증이 가라앉다."처럼 쓰여.

이것만은 꼭!

겉보기 성질

겉보기 + 性 성질 **성** +
質 바탕 **질**
↳'성(性)'의 대표 뜻은 '성품'이야.

뜻 색, 모양, 냄새, 감촉과 같이 사람의 감각으로 쉽게 파악할 수 있는 물질의 성질.

예 색깔이나 맛과 같은 겉보기 성질을 이용해 황설탕 용액의 진하기를 비교해 보았다.

> 겉보기 성질인 색깔로 황설탕 용액의 진하기를 알 수 있어. 색깔이 진할수록 용액이 진한 거야.

황설탕
한 숟가락을
녹인 용액 ▶

황설탕
열 숟가락을
◀ 녹인 용액

사해

死 죽을 **사** + 海 바다 **해**

뜻 이스라엘과 요르단에 걸쳐 있는 호수로, 물에 포함된 소금이 바닷물의 다섯 배에 달함.

예 사해는 소금이 많이 포함되어 있어 사람이 가만히 있어도 물에 뜬다.

> 세균이나 일부 식물 외에는 생물이 살 수 없어서 죽은 바다, 즉 '사해'라고 해.

금지 약물

禁 금할 **금** + 止 그칠 **지** +
藥 약 **약** + 物 물건 **물**

뜻 운동선수들에게 경기 전에 복용하지 못하도록 하는 약물.

예 혈액이나 소변에 용해되어 있는 특정 성분을 분석하면 선수들이 금지 약물을 이용했는지 알 수 있다.

관련 어휘 도핑 테스트

'도핑 테스트'는 운동선수가 경기에서 좋은 성적을 거두려고 금지 약물을 먹거나 주사를 맞았는지 알아보는 일을 말해.

검출

檢 검사할 **검** + 出 드러낼 **출**
↳'출(出)'의 대표 뜻은 '나다'야.

뜻 주로 해로운 성분이나 요소 등을 검사하여 찾아냄.

예 현재의 기술로는 검출하기 어려운 금지 약물을 이용하는 선수가 있어서 연구원들은 새로운 도핑 테스트 기술을 끊임없이 연구한다.

확인 **문제**

94~95쪽에서 공부한 낱말을 떠올리며 문제를 풀어 보세요.

1 낱말의 뜻을 보기 에서 찾아 사다리를 타고 내려간 곳에 기호를 쓰세요.

> **보기**
> ㉠ 소금물에서 물처럼 녹이는 물질.
> ㉡ 소금물에서 소금처럼 용매에 녹는 물질.
> ㉢ 어떤 물질이 다른 물질에 녹아 골고루 섞이는 현상.
> ㉣ 소금물처럼 녹는 물질이 녹이는 물질에 골고루 섞여 있는 물질.

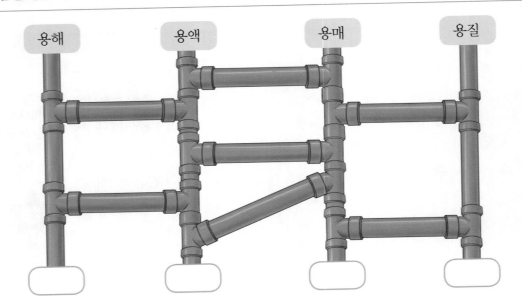

2 ( ) 안에서 알맞은 낱말을 골라 ○표 하세요.

(1)

비를 맞고 옷이 흠뻑 (젓다 , 젖다).

(2)

따뜻한 우유에 코코아 가루를 넣고 숟가락으로 (젓다 , 젖다).

3 빈칸에 알맞은 낱말을 완성하세요.

(1) 용매인 물의 온도가 높을수록 | ㅇ | ㅈ | 이 더 많이 용해된다.

(2) 포도 맛 사탕을 먹었더니 사탕의 | ㅅ | ㅅ | 때문에 혀가 보라색이 되었다.

(3) 물과 딸기를 갈아 만든 딸기 주스는 물에 딸기가 녹은 것이 아니므로 | ㅇ | ㅇ | 이 아니다.

✏️ 96~97쪽에서 공부한 낱말을 떠올리며 문제를 풀어 보세요.

4 뜻에 알맞은 낱말을 글자판에서 찾아 묶으세요. (낱말은 가로(—), 세로(│), 대각선(＼) 방향에 숨어 있어요.)

검	다	질	금
가	출	사	지
정	만	해	약
진	하	기	물

❶ 액체에 들어 있는 성분의 진함과 묽음의 정도.
❷ 주로 해로운 성분이나 요소 등을 검사하여 찾아냄.
❸ 운동선수들에게 경기 전에 복용하지 못하도록 하는 약물.
❹ 이스라엘과 요르단에 걸쳐 있는 호수로, 물에 포함된 소금이 바닷물의 다섯 배에 달함.

5 빈칸에 공통으로 들어갈 낱말을 골라 ◯표 하세요.

친구랑 싸웠는데 시간이 지나니까 화가 [＿＿＿].

약을 먹었더니 두통이 [＿＿＿].

물 위에 떠 있던 잠수함이 점차 바닷속으로 [＿＿＿].

(1) 솟구쳤어 (   )　　　(2) 가라앉았어 (   )　　　(3) 파고들었어 (   )

6 (   ) 안에 알맞은 낱말을 보기 에서 찾아 쓰세요.

보기

| 검출 | 진하기 | 금지 약물 | 겉보기 성질 |

(1) 약수에서 세균이 (   )되었으니 주민들께서는 약수터 출입을 금지해 주십시오.

(2) 색깔과 냄새가 없는 투명한 용액의 진하기는 (   )만으로 정확하게 비교할 수 없다.

(3) 이번 대회에서 갑자기 성적이 향상된 ◯◯◯ 선수는 (   )을/를 복용했다는 의심을 받았다.

(4) 너는 어느 정도 (   )의 과일 주스가 좋아? 난 과일을 많이 넣고 갈아서 진한 주스가 좋더라.

한자 어휘

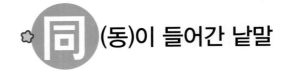

同 (동)이 들어간 낱말

🖊 '同(동)'이 들어간 낱말을 읽고, ▢ 부분에 밑줄을 그으면서 낱말 공부를 해 보세요.

同
한가지 동

'동(同)'은 '모두'를 뜻하는 큰 그릇과 '말하다'를 뜻하는 입이 결합한 모습을 표현한 글자야. 모두의 말에서 '한가지', 즉 '같다'는 뜻을 갖게 되었어. 낱말에서 '동(同)'은 '한가지', '함께하다', '합치다' 등의 뜻을 나타내.

同병상련
同시
협同
同고同락

한가지 同

✿ 동병상련

同 한가지 동 + 病 병 병 + 相 서로 상 + 憐 불쌍히 여길 련

🈂 같은 병을 앓는 사람끼리 서로 가엾게 여긴다는 뜻으로, 어려운 처지에 있는 사람끼리 서로 가엾게 여김을 이르는 말.

例 엄마께 꾸중을 들은 상현이는 아버지께 꾸중을 듣는 형을 보고 동병상련을 느꼈다.

✿ 동시

同 한가지 동 + 時 때 시

🈂 같은 때나 시기.

例 선생님의 질문에 주희와 소영이는 동시에 답을 말했다.

글자는 같지만 뜻이 다른 낱말 동시

'동시'는 어린이가 쓴 시, 또는 어른이 어린이 마음에 맞추어 쓴 시를 뜻하기도 해.

합치다 · 함께하다 同

✿ 협동

協 협력할 협 + 同 합칠 동
👆'협(協)'의 대표 뜻은 '화합하다'야.

🈂 서로 마음과 힘을 하나로 합함.

例 우재네 모둠 친구들은 협동하여 반에서 가장 먼저 모둠 과제를 끝냈다.

속담 손이 많으면 일도 쉽다

협동과 관련 있는 속담인 '손이 많으면 일도 쉽다'는 무슨 일이나 여러 사람이 같이 힘을 합하면 쉽게 잘 이룰 수 있다는 말이야.

✿✿ 동고동락

同 함께할 동 + 苦 괴로울 고 + 同 함께할 동 + 樂 즐거울 락
👆'고(苦)'의 대표 뜻은 '쓰다', '락(樂)'의 대표 뜻은 '즐기다'야.

🈂 괴로움도 즐거움도 함께함.

例 유치원 때부터 동고동락한 단짝 친구가 먼 곳으로 이사를 가서 너무 슬펐다.

✿ 不 (불)이 들어간 낱말

✏️ '不(불)'이 들어간 낱말을 읽고,　　　부분에 밑줄을 그으면서 낱말 공부를 해 보세요.

不
아닐 불

'불(不)'은 땅속으로 뿌리를 내린 씨앗의 모습을 표현한 글자야. 아직 싹을 티우지 못한 상태라는 점에서 '아니다'라는 뜻을 갖게 되었어. 낱말에서 '불(不)'은 '아니다', '없다'라는 뜻을 나타내.

행방不명

不행

독不장군

不치병

아니다
不

✿ 행방불명

行 다닐 **행** + 方 방향 **방** + 不 아닐 **불** + 明 나타날 **명**
👆 '방(方)'의 대표 뜻은 '모', '명(明)'의 대표 뜻은 '밝다'야.

뜻 간 곳이나 방향을 모름.

예 행방불명된 아들을 찾기 위해 아버지는 전국 방 방곡곡을 돌아다녔다.

✿ 불행

不 아닐 **불** + 幸 행복 **행**
👆 '행(幸)'의 대표 뜻은 '다행'이야.

뜻 행복하지 않음. 또는 좋지 않은 일을 당함.

예 부자도 불행을 느끼는 걸 보면 돈이 많다고 늘 행복한 건 아닌가 봐.

관용어 **불행 중 다행**

'불행 중 다행'은 불행한 가운데서 그나마 그만하여 다행임을 뜻하는 말이야. "교통사고가 났는데 크게 다치지 않았다니 불행 중 다행이야."와 같이 쓰여.

없다
不

✿ 독불장군

獨 홀로 **독** + 不 없을 **불** + 將 장수 **장** + 軍 군사 **군**

뜻 혼자서는 장군이 될 수 없다는 뜻으로, 남과 의논하고 협조하여야 함을 이르는 말. 또는 무슨 일이든 자기 생각대로 혼 자서 처리하는 사람.

예 수린이는 독불장군이라 친구들의 진심 어린 충 고를 귀담아듣지 않는다.

✿ 불치병

不 없을 **불** + 治 고칠 **치** + 病 병 **병**
👆 '치(治)'의 대표 뜻은 '다스리다'야.

뜻 고칠 수 없는 병.

예 주인공이 불치병에 걸리는 슬픈 영화를 보았다.

관련 어휘 **난치병**

'난치병'은 고치기 어려운 병을 뜻해. "그는 난치병에 걸렸지만 끝까지 희망을 잃지 않았다."와 같이 쓰여.

✏️ 100쪽에서 공부한 낱말을 떠올리며 문제를 풀어 보세요.

1 낱말과 그 뜻을 알맞게 선으로 이으세요.

(1) 협동 •

(2) 동병상련 •

(3) 동시 •

(4) 동고동락 •

• 같은 때나 시기.

• 괴로움도 즐거움도 함께함.

• 서로 마음과 힘을 하나로 합함.

• 어려운 처지에 있는 사람끼리 서로 가엾게 여김을 이르는 말.

2 밑줄 친 속담을 바르게 사용한 친구에게 ◯표 하세요.

(1)

손이 많으면 일도 쉽다더니, 온 가족이 함께 했더니 대청소가 빨리 끝났어.
( )

(2)

각자 자기주장만 내세우다 결국 아무 결정도 못했어. 역시 손이 많으면 일도 쉽다니까.
( )

3 ( ) 안에서 알맞은 낱말을 골라 ◯표 하세요.

(1) 마을 주민들은 군 장병들과 (운동 , 협동)하여 태풍 피해를 입은 마을 곳곳을 복구했다.

(2) 두 사건이 (동행 , 동시)에 일어났지만 이 사건들 사이에는 어떤 관련성도 찾을 수 없었다.

(3) 우리 외할아버지와 외할머니께서는 오랜 세월 (동고동락 , 비몽사몽)하며 사이좋게 지내신다.

(4) 최근에 키우던 강아지를 하늘나라로 보낸 동식이와 철우는 (동문서답 , 동병상련)의 마음을 느껴 부쩍 친해졌다.

✎ 101쪽에서 공부한 낱말을 떠올리며 문제를 풀어 보세요.

4 뜻에 알맞은 낱말을 빈칸에 쓰세요.

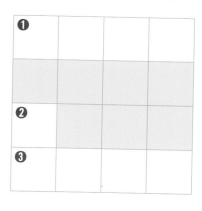

가로 열쇠 ❶ 무슨 일이든 자기 생각대로 혼자서 처리하는 사람.
❸ 간 곳이나 방향을 모름.
↓세로 열쇠 ❷ 행복하지 않음. 또는 좋지 않은 일을 당함.

5 뜻에 알맞은 관용어는 무엇인지 ( ) 안에서 알맞은 낱말을 골라 ○표 하세요.

불행한 가운데서 그나마 그만하여 다행. → (불행 , 다행) 중 (불행 , 다행)

6 빈칸에 들어갈 알맞은 낱말을 찾아 선으로 이으세요.

(1) [   ]처럼 고집만 부리면 외톨이가 되기 십상이다. •   • 불행

(2) 그 병은 예전엔 [   ]이었지만 요즘은 의학의 발달로 치료할 수 있다. •   • 불치병

(3) 청년은 아버지께서 돌아가신 뒤에도 [   ]이 잇달아 닥쳤지만 희망을 잃지 않았다. •   • 독불장군

✏️ 3주차 1~5회에서 공부한 낱말을 떠올리며 문제를 풀어 보세요.

낱말 뜻

1 낱말의 뜻이 알맞은 것을 모두 고르세요. (,   ,   )

① 마련 – 준비하거나 헤아려 갖춤.
② 신장 – 세력이나 권리 따위가 늘어남.
③ 약분 – 분모가 다른 분수의 분모를 같게 하는 것.
④ 검출 – 주로 해로운 성분이나 요소 등을 검사하여 찾아냄.
⑤ 동고동락 – 어려운 처지에 있는 사람끼리 서로 가엾게 여김.

낱말 뜻

2 (   ) 안에서 알맞은 낱말을 골라 ◯표 하세요.

(1) (용액 , 용해)은/는 어떤 물질이 다른 물질에 녹아 골고루 섞이는 현상이다.

(2) (법 , 도덕)은 국가가 만든 강제성이 있는 규칙이다.

(3) 독불장군은 무슨 일이든 (다른 사람과 힘을 합쳐 , 자기 생각대로 혼자서) 처리하는 사람을 뜻한다.

글자는 같지만 뜻이 다른 낱말

3 두 문장의 빈칸에 공통으로 들어갈 낱말은 무엇인가요? (   )

• 밖에서 큰 소리가 나자 나와 언니는 [   ]에 창밖을 쳐다보았다.
• 이 [   ]에는 선생님께서 숙제 검사를 하실까 봐 조마조마해하는 아이의 마음이 나타나 있다.

① 열량   ② 색소   ③ 기준   ④ 제재   ⑤ 동시

비슷한말

4 뜻이 비슷한 말을 보기 에서 찾아 기호를 쓰세요.

보기
㉠ 경치   ㉡ 참가   ㉢ 하소연

(1) 참여: (   )   (2) 호소: (   )   (3) 풍광: (   )

반대말

5 밑줄 친 낱말의 반대말을 찾아 두 글자로 쓰세요.

> 놀이 기구를 탈 때는 안전 수칙을 위반하지 말고 반드시 <u>준수</u>하세요!

( )

관용어 / 속담

6 ㉠과 ㉡에 들어갈 낱말이 알맞게 짝 지어진 것은 무엇인가요? ( )

- ☐㉠ 을/를 맞대다: 어떤 일을 의논하거나 결정하기 위하여 서로 마주 대하다.
- ☐㉡ 이/가 많으면 일도 쉽다: 무슨 일이나 여러 사람이 같이 힘을 합하면 쉽게 잘 이룰 수 있다.

① ㉠: 등, ㉡: 손
② ㉠: 머리, ㉡: 눈
③ ㉠: 어깨, ㉡: 발
④ ㉠: 이마, ㉡: 귀
⑤ ㉠: 머리, ㉡: 손

낱말 활용

7 ~ 10 ( ) 안에 알맞은 낱말을 보기 에서 찾아 쓰세요.

> **보기**
>
> 여정　　　　불행　　　　토의　　　　유지

7 영화 속 주인공은 어린 시절에 부모님을 잃고 ( ) 속에 살았다.

8 이모께서는 건강을 ( )하기 위해 매일 운동을 하고 채소를 많이 드신다.

9 반 친구들과 운동장을 안전하게 사용하는 방법을 주제로 ( )을/를 하였다.

10 우리 가족은 여행을 떠나기 전에 어디를 어떤 순서로 갈지 ( )을/를 자세하게 짰다.

4주차 어휘 미리 보기

한 주 동안 공부할 어휘들이야. 쓱 한번 훑어볼까?

1회

학습 계획일 ◯월 ◯일

국어 교과서 어휘

단일어	설명하는 글
복합어	주장하는 글
지식	훑다
새말	등장인물
멸종	갈등
지표종	실제로

2회

학습 계획일 ◯월 ◯일

사회 교과서 어휘

헌법	판결
국민 투표	의무
개정	납세
기본권	근로
참정권	국방
청구권	충돌

3회

학습 계획일 ◯월 ◯일

수학 교과서 어휘

둘레	평행사변형의 밑변
넓이	평행사변형의 높이
제곱센티미터	삼각형의 밑변
제곱미터	삼각형의 높이
제곱킬로미터	사다리꼴의 밑변
차지	사다리꼴의 높이

4회

학습 계획일 ◯월 ◯일

과학 교과서 어휘

균류	원생생물
번식	세균
양분	상하다
축축하다	유용
배율	생명 과학
표본	미생물

어휘력 테스트

1학기 어휘 학습 끝!
2학기 어휘 학습으로 가 보자.

5회

학습 계획일 ◯월 ◯일

한자 어휘

감언이설	종결
이용	종례
이득	자초지종
예리하다	종말

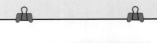
다음 중 낱말의 뜻을 잘 알고 있는 것에 ☑ 하세요.

☐ 단일어 ☐ 복합어 ☐ 지식 ☐ 새말 ☐ 멸종 ☐ 지표종

✏️ 낱말을 읽고, ▢ 부분에 밑줄을 그으면서 낱말 공부를 해 보세요.

이것만은 꼭!

단일어

單 홑 **단** + ㅡ 한 **일** +
語 말씀 **어**

뜻 '하늘'처럼 나누면 본디의 뜻이 없어져 더는 나눌 수 없는 낱말.

예 '구름'은 '구'와 '름'으로 나누면 뜻이 없어지므로 단일어이다.

뜻을 더해 주는 말 -어

'-어'는 낱말 뒤에 붙어 '말' 또는 '단어'의 뜻을 더해 줘. 한국인이 사용하는 언어인 '한국어', 한자에 기초하여 만들어진 말인 '한자어', 두 가지 이상의 뜻을 가진 단어인 '다의어' 등이 '-어'가 들어간 낱말이야.

복합어

複 겹칠 **복** + 合 합할 **합** +
語 말씀 **어**

뜻 '사과나무'처럼 뜻이 있는 두 낱말을 합한 낱말과, '덧신'처럼 뜻을 더해 주는 말과 뜻이 있는 낱말을 합한 낱말.

예 '바늘'과 '방석'을 합하면 복합어 '바늘방석'이 된다.

바늘 + 방석 ➡ 바늘방석

'바늘방석'은 앉아 있기에 옵시 불안스러운 자리를 가리키는 말이야. 이처럼 낱말을 합해 새로운 낱말을 만들 수 있어.

지식

知 알 **지** + 識 알 **식**

뜻 배우거나 직접 경험하여 알게 된 내용.

예 가상 화폐에 대해 아는 지식을 떠올리며 동전 없는 사회를 설명한 글을 읽었다.

아는 지식을 떠올리며 글을 읽으면 아는 내용과 비교하며 글을 읽을 수 있고, 글의 내용을 더 잘 이해할 수 있어.

새말

뜻 새로 생긴 말. 또는 새로 들어와 쓰이게 된 외래어.

예 '워터 파크'를 '물놀이 세상'이라는 새말로 바꾸어 사용합시다.

전에는 없던 새로운 것들을 표현하기 위해 새말을 만들어.

멸종

滅 없어질 멸 + 種 씨 종
🖱 '멸(滅)'의 대표 뜻은 '꺼지다'야.

뜻 생물의 한 종류가 지구상에서 완전히 없어짐.

예 산양, 반달가슴곰, 점박이물범은 우리나라의 멸종 위기 동물이다.

지표종

指 가리킬 지 + 標 나타낼 표 + 種 씨 종
🖱 '표(標)'의 대표 뜻은 '표하다'야.

뜻 특정 지역의 환경 상태를 나타내는 생물.

예 깨끗한 물인 1급수에 사는 어름치, 열목어 등은 물의 등급을 알 수 있는 지표종이다.

관련 어휘 **깃대종**

'깃대종'은 어느 지역을 대표하는 생물들을 말해. 깃대종이 잘 보존된다면 그 지역의 생태계가 잘 유지된다고 볼 수 있어. 깃대종은 지표종과 함께 생물들이 살아가는 환경 상태를 측정하는 기준이 돼.

 꼭! 알아야 할 속담

빈칸 채우기 '[   ] 온 뒤에 [   ]이 굳어진다'는 비에 젖어 질척거리던 흙도 마르면서 단단하게 굳어진다는 뜻으로, 어려운 일을 겪은 뒤에 더 강해진다는 말입니다.

국어 교과서 어휘

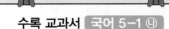
다음 중 낱말의 뜻을 잘 알고 있는 것에 ✔ 하세요.

☐ 설명하는 글 ☐ 주장하는 글 ☐ 훑다 ☐ 등장인물 ☐ 갈등 ☐ 실제로

✏️ 낱말을 읽고, ▨ 부분에 밑줄을 그으면서 낱말 공부를 해 보세요.

설명하는 글

說 말씀 설 + 明 밝힐 명 +
하는 + 글
🖱️ '명(明)'의 대표 뜻은 '밝다'야.

뜻 어떤 일이나 대상에 대해 읽는 이가 잘 이해할 수 있도록 밝혀 쓴 글.

예 설명하는 글을 효과적으로 읽으려면 무엇에 대해서 설명하는지 생각하고 설명하는 대상에 대해 이미 알고 있는 것을 떠올린다.

설명하는 글을 쓰는 목적은 정보 전달에 있으며, 생각이나 의견을 제외하고 사실을 바탕으로 써야 해.

주장하는 글

主 주장할 주 + 張 드러낼 장 +
하는 + 글
🖱️ '주(主)'의 대표 뜻은 '임금', '장(張)'의 대표 뜻은 '베풀다'야.

이것만은 꼭!

뜻 읽는 이를 설득하기 위해 어떤 주제에 대한 자신의 생각이나 의견을 내세운 글.

예 주장하는 글을 읽을 때에는 글쓴이의 주장을 파악하고 주장을 뒷받침하는 근거가 타당한지 생각해야 한다.

비슷한말 논설문

'논설문'은 어떤 주제에 관하여 자기의 생각이나 주장을 체계적으로 밝혀 쓴 글을 말하며, 서론, 본론, 결론의 짜임으로 이루어져.

훑다

뜻 일정한 범위를 한쪽에서 시작하여 죽 더듬거나 살피다.

예 글을 읽는 목적에 따라 읽기 방법이 다른데, 글에 필요한 내용이 있는지 찾거나 짧은 시간 안에 중요한 내용을 찾을 때 훑어 읽기를 한다.

여러 가지 뜻을 가진 낱말 훑다

'훑다'에는 붙어 있는 것을 떼기 위하여 다른 물건의 틈에 끼워 죽 잡아당긴다는 뜻도 있어. "벼 이삭을 훑었더니 낟알들이 우수수 떨어졌다."와 같이 쓰여.

등장인물

場 오를 **등** + 場 무대 **장** +
人 사람 **인** + 物 사물 **물**

🐭 '장(場)'의 대표 뜻은 '마당', '물(物)'
의 대표 뜻은 '물건'이야.

뜻 소설, 연극, 영화 등에서 어떤 일을 겪는 사람이나 사물.

예 일상생활의 경험을 이야기로 꾸며 쓸 때, 먼저 주제를 정하고 어떤 **등장인물**이
필요한지 생각해 본다.

관련 어휘 주인공

등장인물 중 소설, 연극, 영화 등에서 사건의 중심이 되는 인물을 '주인공'이라고 해.
「홍길동전」에서 주인공은 홍길동이지.

갈등

葛 칡 **갈** + 藤 등나무 **등**

뜻 소설이나 희곡에서 등장인물 사이에 일어나는 대립과 충돌.

예 이야기의 흐름에서 등장인물의 **갈등**이 꼭대기에 이르는 단계가 가장 긴장감이
높고 흥미진진하다.

갈등을 통해 이야기가
전개되고, 갈등을 해결하는
과정에서 재미와 감동을
느낄 수 있어.

실제로

實 참으로 **실** + 際 즈음 **제** + 로

🐭 '실(實)'의 대표 뜻은 '열매'야.

뜻 거짓이나 상상이 아니고 현실적으로.

예 준우는 **실제로** 자신이 겪은 일에 상상한 내용을 더해서 이야기를 꾸며 썼다.

꼭! 알아야 할 관용어

○표 하기

'(위 , 간)에 기별도 안 가다'는 먹은 것이 너무 적어 먹으나 마나 하다는 뜻입니다.

108~109쪽에서 공부한 낱말을 떠올리며 문제를 풀어 보세요.

1 뜻에 알맞은 낱말을 빈칸에 쓰세요.

(1)

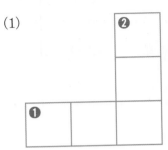

가로 열쇠 ❶ 나누면 본디의 뜻이 없어져 더는 나눌 수 없는 낱말.
세로 열쇠 ❷ 뜻이 있는 두 낱말을 합한 낱말과, 뜻을 더해 주는 말과 뜻이 있는 낱말을 합한 낱말.

(2)

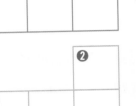

가로 열쇠 ❶ 특정 지역의 환경 상태를 나타내는 생물.
세로 열쇠 ❷ 생물의 한 종류가 지구상에서 완전히 없어짐.

2 빈칸에 들어갈 알맞은 낱말을 골라 ◯표 하세요.

설악산의 산양, 속리산의 하늘다람쥐, 지리산의 반달가슴곰은 그 지역을 대표하는 생물인 [   ]이야.

(위기종 , 희귀종 , 깃대종)

3 (   ) 안에 알맞은 낱말을 보기 에서 찾아 쓰세요.

보기

새말   멸종   지식   단일어

(1) '어머니', '학교', '나무'는 더는 나눌 수 없는 낱말이므로 (   )이다.

(2) 혜진이는 자신이 겪은 일이나 (   )을/를 활용해 우리나라 전통 악기를 설명한 글을 읽었다.

(3) 동물이 (   )하는 것을 막기 위해 위기에 처한 동물에 관심을 기울이고, 환경을 함부로 파괴하지 않아야 한다.

(4) 우리의 국어를 바르게 가꾸기 위해 '내비게이션'을 '길'과 '도우미'를 합한 말인 '길 도우미'라는 (   )(으)로 바꾸면 좋을 듯하다.

 110~111쪽에서 공부한 낱말을 떠올리며 문제를 풀어 보세요.

4 뜻에 알맞은 낱말을 글자판에서 찾아 묶으세요. (낱말은 가로(─), 세로(│), 대각선(＼) 방향에 숨어 있어요.)

설	명	주	등
훑	소	갈	장
과	다	등	인
실	제	로	물

❶ 거짓이나 상상이 아니고 현실적으로.
❷ 일정한 범위를 한쪽에서 시작하여 죽 더듬거나 살피다.
❸ 소설, 연극, 영화 등에서 어떤 일을 겪는 사람이나 사물.
❹ 소설이나 희곡에서 등장인물 사이에 일어나는 대립과 충돌.

5 뜻에 알맞은 낱말은 무엇인지 빈칸에 쓰세요.

(1) 어떤 일이나 대상에 대해 읽는 이가 잘 이해할 수 있도록 밝혀 쓴 글.

[|]하는 글

(2) 읽는 이를 설득하기 위해 어떤 주제에 대한 자신의 생각이나 의견을 내세운 글.

[|]하는 글

6 밑줄 친 낱말의 뜻이 다른 하나를 골라 ○표 하세요.

(1) 언니는 엉킨 머리카락을 빗으로 훑어 내렸다. (   )

(2) 내가 관심 있는 내용이 있는지 빨리 훑어 읽고 책을 샀어. (   )

(3) 매일 아침 아버지께서는 신문 기사의 제목을 쭉 훑으신다. (   )

7 ( ) 안에서 알맞은 낱말을 골라 ○표 하세요.

(1) 너는 이 영화의 (줄거리 , 등장인물) 중에서 누가 가장 좋아?

(2) 소설은 (실제로 , 함부로) 일어나지는 않았지만 있음 직한 일을 꾸며 쓴 글이다.

(3) (설명 , 주장)하는 글은 자신의 생각과 비교해 같은 점을 찾거나 비판적인 태도로 읽는 것이 좋다.

(4) 이 소설에서는 (기쁨 , 갈등)을 겪는 두 친구가 서로를 이해하고 화해하는 과정이 감동적으로 펼쳐진다.

사회 교과서 어휘

다음 중 낱말의 뜻을 잘 알고 있는 것에 ✓ 하세요.

☐ 헌법 ☐ 국민 투표 ☐ 개정 ☐ 기본권 ☐ 참정권 ☐ 청구권

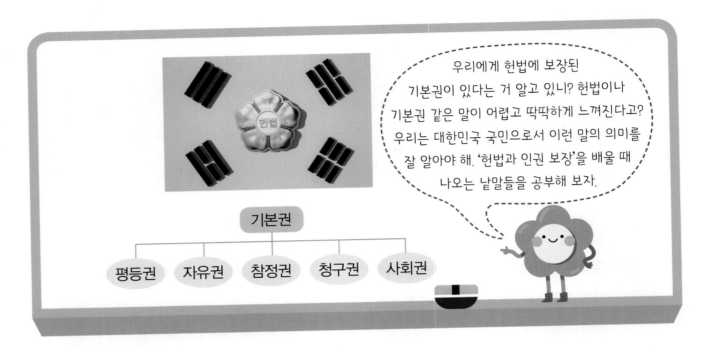

우리에게 헌법에 보장된 기본권이 있다는 거 알고 있니? 헌법이나 기본권 같은 말이 어렵고 딱딱하게 느껴진다고? 우리는 대한민국 국민으로서 이런 말의 의미를 잘 알아야 해. '헌법과 인권 보장'을 배울 때 나오는 낱말들을 공부해 보자.

기본권
평등권 · 자유권 · 참정권 · 청구권 · 사회권

✏️ 낱말을 읽고, ⬛ 부분에 밑줄을 그으면서 낱말 공부를 해 보세요.

헌법
憲 법 헌 + 法 법 법

이것만은 꼭!

뜻 우리나라 최고의 법으로 법 중에서 가장 기본이 되는 법.

예 헌법은 모든 국민이 존중받고 행복한 삶을 살아가는 데 필요한 내용을 담고 있다.

관련 어휘 **헌법 재판소**
헌법을 바탕으로 여러 법을 만들기 때문에 다른 법들이 헌법을 위반해서는 안 돼. 이렇듯 '헌법 재판소'는 법이 헌법에 어긋나는지, 국가 권력이 국민의 권리를 침해하는지 등을 심판하는 국가 기관이야.

국민 투표
國 나라 국 + 民 백성 민 +
投 던질 투 + 票 표 표

뜻 국가의 중요한 일을 국민이 최종적으로 투표해 결정하는 제도.

예 헌법은 국가를 운영하는 데 가장 중요하고 기본적인 내용을 담고 있으므로 헌법의 내용을 새로 정하거나 고칠 때는 국민 투표를 해야 한다.

개정
改 고칠 **개** + 正 바를 **정**

뜻 주로 문서의 내용 따위를 고쳐 바르게 함.

예 헌법 재판소에서 법이 국민의 인권을 침해한다고 결정이 나면 그 법은 개정되거나 폐지된다.

글자는 같지만 뜻이 다른 낱말 개정

'개정(開廷)'은 법정을 열어 재판을 시작하는 일을 뜻해. '개(開)'가 연다는 뜻이고, '정(廷)'은 관청을 뜻하지. 법정에서 재판장이 개정을 선언하면 재판이 시작돼. 고쳐 바르게 함을 뜻하는 '개정'과 글자는 같지만 뜻이 다르니까 구분해서 써야겠지?

기본권
基 기초 **기** + 本 근본 **본** + 權 권리 **권**
'기(基)'의 대표 뜻은 '터', '권(權)'의 대표 뜻은 '저울추'야.

뜻 헌법으로 보장되는 국민의 기본적인 권리.

예 국민의 기본권은 헌법으로 보장되지만 국가의 안전 보장, 공공의 이익, 사회 질서 유지 등을 위해 필요할 경우 제한될 수 있다.

참정권
參 참여할 **참** + 政 정사 **정** + 權 권리 **권**

뜻 국가의 정치 의사 형성 과정에 참여할 수 있는 권리.

예 기본권의 하나인 참정권에 따라 모든 국민은 법률이 정하는 바에 의해 선거를 할 수 있는 권리를 가진다.

참정권의 종류에 선거권이 있는데, 우리나라에서는 만 18세 이상의 국민에게 선거권이 보장되지.

청구권
請 청할 **청** + 求 구할 **구** + 權 권리 **권**

뜻 기본권이 침해되었을 때 국가에 어떤 일을 해 달라고 요구할 수 있는 권리.

예 누구나 법률에 의한 재판을 받을 수 있고, 국가 기관에 문서로 청원할 수 있는 것은 국민에게 청구권이 있기 때문이다.

다음 중 낱말의 뜻을 잘 알고 있는 것에 ☑ 하세요.

☐ 판결 ☐ 의무 ☐ 납세 ☐ 근로 ☐ 국방 ☐ 충돌

국민의 의무

교육의 의무 | 납세의 의무 | 근로의 의무 | 국방의 의무 | 환경 보전의 의무

헌법은 기본권을 보장하는 동시에 국민이 지켜야 하는 의무도 정해 놓았어. '헌법과 인권 보장'을 배울 때 나오는 낱말들을 이어서 공부해 보자.

✏️ 낱말을 읽고, ▨ 부분에 밑줄을 그으면서 낱말 공부를 해 보세요.

판결
判 판단할 **판** + 決 결단할 **결**

뜻 옳고 그름이나 좋고 나쁨을 판단하여 결정함.

예 헌법 재판소는 '인터넷 게임 셧다운제'가 청소년의 자유권과 부모의 자녀 교육권을 과도하게 제한하는 것이 아니므로 헌법에 어긋나지 않는다고 판결을 내렸다.

이것만은 꼭!

의무
義 옳을 **의** + 務 힘쓸 **무**

뜻 반드시 해야 하는 일.

예 자신과 타인의 기본권을 보호하려면 그에 따른 책임과 의무를 지켜야 한다.

비슷한말 **책무**

'책무'는 맡은 일에 따른 책임이나 임무를 뜻하는 말이야. 마땅히 해야 하는 일이라는 점에서 의무와 책무는 뜻이 비슷한 낱말이지.

납세

納 납부할 **납** + 稅 세금 **세**
🖱 '납(納)'의 대표 뜻은 '(거두어)들이다'야.

> 뜻 세금을 냄.
>
> 예 국민이 나라의 살림이 잘 운영되도록 세금을 내는 것은 납세의 의무를 실천하는 것이다.
>
> **반대말** 탈세
>
> '탈세'는 세금을 내지 않는 것을 말해. 탈세는 법으로 정한 납세의 의무를 위반한 것이므로 큰돈을 탈세한 사람들은 경찰의 수사를 받아.

근로

勤 부지런할 **근** + 勞 일할 **로**

> 뜻 부지런히 일함.
>
> 예 근로의 의무는 모든 국민이 개인과 나라의 발전을 위해 일을 해야 한다는 의무이다.
>
> **비슷한말** 노동
>
> '노동'은 몸을 움직여 일함을 뜻하는 말이야. 또 사람이 필요한 음식이나 물자를 얻기 위해 육체적으로나 정신적으로 하는 일을 뜻하기도 해.

국방

國 나라 **국** + 防 막을 **방**

> 뜻 다른 나라의 침입이나 위협으로부터 나라를 안전하게 지키는 일.
>
> 예 국방의 의무는 나와 가족, 우리 모두의 안전을 위해 나라를 지키는 의무이다.

병역법에 따라 대한민국 국민인 남성은 일정 기간 동안 병역의 의무를 수행해. 쉽게 말해 군대에서 나라를 지키는 거야.

충돌

衝 부딪칠 **충** + 突 부딪칠 **돌**
🖱 '충(衝)'의 대표 뜻은 '찌르다', '돌(突)'의 대표 뜻은 '갑자기'야.

> 뜻 서로 맞부딪치거나 맞섬.
>
> 예 다양한 사람들이 함께 살아가는 사회에서 권리와 의무는 서로의 입장에 따라 충돌할 때가 있다.

권리와 의무가 충돌할 때는 서로의 입장을 이해하고 공감하면서 권리와 의무를 조화시킬 수 있는 합리적인 해결 방안을 찾아야 해.

✎ 114~115쪽에서 공부한 낱말을 떠올리며 문제를 풀어 보세요.

1 뜻에 알맞은 낱말이 되도록 보기 에서 글자를 찾아 쓰세요.

보기

투　본　법　민　기　국　헌　권　표

(1) 헌법으로 보장되는 국민의 기본적인 권리. → ▢▢▢

(2) 우리나라 최고의 법으로 법 중에서 가장 기본이 되는 법. → ▢▢

(3) 국가의 중요한 일을 국민이 최종적으로 투표해 결정하는 제도.

→ ▢▢▢▢

2 뜻에 알맞은 낱말을 골라 ○표 하세요.

(1) 　국가의 정치 의사 형성 과정에 참여할 수 있는 권리.　　(참정권 , 자유권)

(2) 　기본권이 침해되었을 때 국가에 어떤 일을 해 달라고 요구할 수 있는 권리.　　(평등권 , 청구권)

3 밑줄 친 낱말의 뜻을 보기 에서 찾아 기호를 쓰세요.

보기

㉠ 법정을 열어 재판을 시작하는 일.
㉡ 주로 문서의 내용 따위를 고쳐 바르게 함.

(1) 개정 시간이 가까워지자 법정은 재판을 보려는 사람들로 꽉 찼다. (　　　)

(2) 반려동물을 생물이 아니라 물건으로 여기던 법이 얼마 전에 개정되었다. (　　　)

4 밑줄 친 낱말을 알맞게 사용한 친구에게 ○표, 알맞게 사용하지 못한 친구에게 ×표 하세요.

(1) 수아: 제헌절은 헌법을 만들어서 국민에게 알린 날이야. (　　　)

(2) 민재: 부모님께서 대통령 선거 날에 투표를 하신 것은 청구권을 보장받은 거야. (　　　)

(3) 진주: 헌법에 있는 기본권에는 평등권, 자유권, 참정권, 청구권, 사회권이 있어. (　　　)

(4) 현선: 마을 공터를 공원으로 만들지, 주차장으로 활용할지를 국민 투표로 결정했어. (　　　)

✎ 116～117쪽에서 공부한 낱말을 떠올리며 문제를 풀어 보세요.

5 뜻에 알맞은 낱말을 글자 카드에서 찾아 쓰세요.

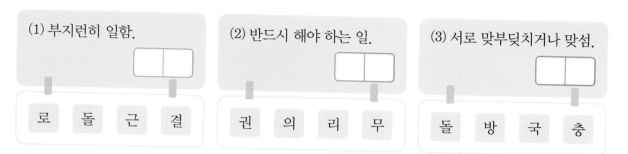

(1) 부지런히 일함.

로 돌 근 결

(2) 반드시 해야 하는 일.

권 의 리 무

(3) 서로 맞부딪치거나 맞섬.

돌 방 국 충

6 뜻에 알맞은 낱말이 되도록 보기에서 글자를 찾아 쓰세요.

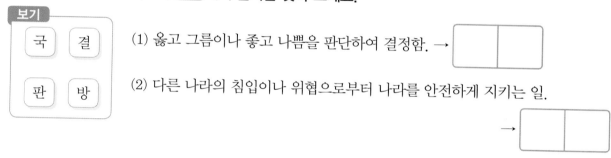

보기

국 결
판 방

(1) 옳고 그름이나 좋고 나쁨을 판단하여 결정함. →

(2) 다른 나라의 침입이나 위협으로부터 나라를 안전하게 지키는 일.

→

7 ( ) 안에서 알맞은 낱말을 골라 ◯표 하세요.

그는 성실하게 (납세 , 탈세)한 시민으로 선정되어 공공기관에서 주는 상을 받았다.

8 빈칸에 알맞은 낱말을 완성하세요.

(1) 사촌오빠가 ㄱ ㅂ 의 의무를 다하기 위해 군대에 입대했다.

(2) 가게 주인은 가게에 일하러 온 사람에게 ㄱ ㄹ 시간에 따라 월급이 달라진다고 말했다.

(3) 며칠 전에 본 기사에서 법원은 범죄를 숨기거나 의무를 피하는 등 나쁜 의도가 있으면 이름을

바꿀 수 없다고 ㅍ ㄱ 했다.

수학 교과서 어휘

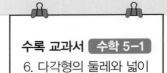

다음 중 낱말의 뜻을 잘 알고 있는 것에 ☑ 하세요.

☐ 둘레 ☐ 넓이 ☐ 제곱센티미터 ☐ 제곱미터 ☐ 제곱킬로미터 ☐ 차지

타일 벽면의 넓이를 어떻게 구할 수 있을까?

화려한 무늬의 타일이 참 예쁘다. 친구가 타일 벽면의 넓이를 구하려면 넓이가 무엇인지, 넓이를 나타내는 단위에는 무엇이 있는지 알아야겠지? '다각형의 둘레와 넓이' 단원에 나오는 낱말들을 공부해 보자.

✏️ 낱말을 읽고, ▨ 부분에 밑줄을 그으면서 낱말 공부를 해 보세요.

둘레

뜻 사물이나 도형의 테두리. 또는 그 길이.

예 물건의 모든 변의 길이를 각각 끈으로 재어서 더하면 그 물건의 둘레를 잴 수 있다.

(정다각형의 둘레)=(한 변의 길이)×(변의 수)

넓이

이것만은 꼭!

뜻 일정한 평면에 걸쳐 있는 공간이나 범위의 크기.

예 직사각형의 넓이를 구하려면 직각을 이루는 두 변의 길이를 곱하면 된다.

비슷한말 면적

'면적'은 일정한 평면의 넓이를 뜻해. "사무실 면적이 넓다.", "이 집은 면적이 좁지만 살기에 편리하게 지었다."와 같이 쓰여.

제곱센티미터

뜻 넓이를 나타내는 단위. 한 변의 길이가 1센티미터인 정사각형의 넓이는 1제곱센티미터이고, 1cm²라고 씀.

예 1제곱센티미터를 일정한 단위로 사용하여 모양과 크기가 다른 색종이의 넓이를 비교해 보았다.

제곱미터

뜻 넓이를 나타내는 단위. 한 변의 길이가 1미터인 정사각형의 넓이는 1제곱미터이고, 1m²라고 씀.

예 넓이가 1제곱미터인 정사각형 속에 넓이가 1제곱센티미터인 정사각형이 10000개 들어간다.

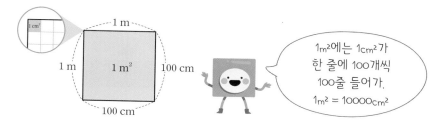

1m²에는 1cm²가 한 줄에 100개씩 100줄 들어가. 1m² = 10000cm²

제곱킬로미터

뜻 넓이를 나타내는 단위. 한 변의 길이가 1킬로미터인 정사각형의 넓이는 1제곱킬로미터이고, 1km²라고 씀.

예 땅의 넓이를 나타낼 때는 제곱미터보다 더 큰 넓이의 단위인 제곱킬로미터를 사용하는 것이 편리하다.

1km²에는 1m²가 한 줄에 1000개씩 1000줄 들어가. 1km² = 1000000m²

차지

뜻 사물이나 공간, 지위 따위를 자기 몫으로 가짐.

예 땅따먹기 놀이에서 지훈이가 가장 넓은 땅을 차지했다.

헷갈리는 말 차치

내버려 두고 문제 삼지 아니함이라는 뜻의 '차치'라는 낱말이 있어. "그 문제는 차치하고 이것을 먼저 해결하자."와 같이 쓰이지. '차지'와 '차치'를 구분하여 상황에 알맞게 써야 해.

수학 교과서 어휘

다음 중 낱말의 뜻을 잘 알고 있는 것에 ☑ 하세요.

☐ 평행사변형의 밑변 ☐ 평행사변형의 높이 ☐ 삼각형의 밑변 ☐ 삼각형의 높이
☐ 사다리꼴의 밑변 ☐ 사다리꼴의 높이

저 창문에서 사다리꼴과 직사각형, 삼각형 모양을 찾을 수 있어.

창문의 넓이를 구하려면 그 도형들의 넓이를 구하는 방법을 알아야겠구나.

주변을 둘러보면 곳곳에서 도형의 모양을 찾을 수 있어. 각 도형의 넓이를 구하는 방법을 이해하기 위해 꼭 알아야 할 낱말들을 공부해 보자.

✎ 낱말을 읽고, ▨ 부분에 밑줄을 그으면서 낱말 공부를 해 보세요.

평행사변형의 밑변

平 평평할 평 + 行 뻗을 행 +
四 넉 사 + 邊 가 변 +
形 모양 형 + 의 + 밑 + 邊 가 변

🖱 '행(行)'의 대표 뜻은 '다니다'야.

뜻 평행사변형에서 평행한 두 변.

예 평행사변형의 밑변은 밑에 있는 한 개의 변이 아니고, 서로 평행하는 두 변을 말한다.

평행사변형의 높이

平 평평할 평 + 行 뻗을 행 +
四 넉 사 + 邊 가 변 +
形 모양 형 + 의 + 높이

뜻 평행사변형에서 평행한 두 밑변 사이의 거리.

예 평행사변형의 밑변의 길이와 평행사변형의 높이가 같으면 평행사변형의 모양이 각각 달라도 넓이는 모두 같다.

어법 -이

'높이'는 '높다'의 '높'에 '-이'가 붙어 만들어진 말이야. 이렇게 '-이'가 붙으면 사물의 이름을 나타내는 말이 돼.

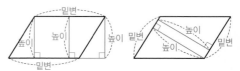

▲ 평행사변형의 밑변과 높이

삼각형의 밑변

三 석 **삼** + 角 모 **각** +
形 모양 **형** + 의 + 밑 + 邊 가 **변**
☞ '각(角)'의 대표 뜻은 '뿔'이야.

뜻 삼각형에서 어느 한 변.

예 삼각형의 밑변을 어느 변으로 정하느냐에 따라 높이가 달라진다.

삼각형에는 세 개의 변이
있기 때문에 밑변도
세 개라는 것을 기억해.

이것만은 꼭!

삼각형의 높이

三 석 **삼** + 角 모 **각** +
形 모양 **형** + 의 + 높이

뜻 삼각형의 밑변과 마주 보는 꼭짓점에서 밑변에 수직으로 그은 선분의 길이.

예 삼각형의 넓이는 삼각형의 밑변의
길이와 삼각형의 높이를 곱하여 2
로 나누어 구한다.

▲ 삼각형의 밑변과 높이

사다리꼴의 밑변

사다리꼴의 + 밑 + 邊 가 **변**

뜻 사다리꼴에서 평행한 두 변. 한 밑변을 윗변, 다른 밑변을 아랫변
이라고 함.

예 사다리꼴에서 평행한 두 변은 한 쌍이기 때문에 사다리꼴의 밑변은 평행사변
형과 달리 고정되어 있다.

사다리꼴의 높이

뜻 사다리꼴에서 두 밑변 사이의 거리.

예 사다리꼴의 넓이를 구하는 방법은 윗변과 아랫
변을 더한 값에 사다리꼴의 높이를 곱한 뒤, 2로
나눈다.

▲ 사다리꼴의 밑변과
높이

확인 문제

✏️ 120~121쪽에서 공부한 낱말을 떠올리며 문제를 풀어 보세요.

1 뜻에 알맞은 낱말을 글자판에서 찾아 묶으세요. (낱말은 가로(―), 세로(│), 대각선(\/) 방향에 숨어 있어요.)

단	센	둘	킬
넓	높	레	차
티	이	합	지
제	곱	미	터

❶ 사물이나 도형의 테두리. 또는 그 길이.
❷ 사물이나 공간, 지위 따위를 자기 몫으로 가짐.
❸ 일정한 평면에 걸쳐 있는 공간이나 범위의 크기.
❹ 넓이를 나타내는 단위. 한 변의 길이가 1미터인 정사각형의 넓이는 1제곱미터이고, 1m²라고 씀.

2 ( ) 안에서 알맞은 말을 골라 ○표 하세요.

'제곱센티미터'는 넓이를 나타내는 단위야. 한 변의 길이가 1센티미터인 정사각형의 넓이는 1(제곱센티미터 , 제곱킬로미터)이고, 1(cm² , km²)라고 써.

3 밑줄 친 낱말과 뜻이 비슷한 낱말은 무엇인가요? ( )

우리 학교 운동장의 <u>넓이</u>는 얼마나 될까?

① 무게   ② 양   ③ 깊이   ④ 면적   ⑤ 두께

4 ( ) 안에 알맞은 낱말을 보기에서 찾아 쓰세요.

보기
둘레   차지   제곱킬로미터

(1) 대전광역시의 넓이는 539( )이다.

(2) 줄자로 복도에 있는 신발장의 ( )를 쟀더니 19미터였다.

(3) 하나밖에 없는 그네를 서로 ( )하려고 다투지 말고, 순서를 정해서 번갈아 타자.

✏️ 122~123쪽에서 공부한 낱말을 떠올리며 문제를 풀어 보세요.

5 뜻에 알맞은 낱말은 무엇인지 (   ) 안에서 알맞은 낱말을 골라 ◯표 하세요.

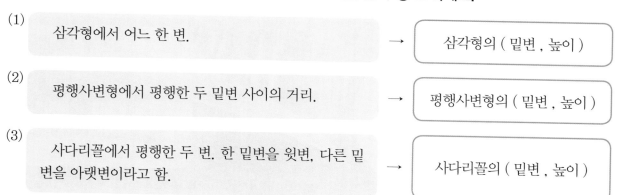

(1) 삼각형에서 어느 한 변. → 삼각형의 (밑변 , 높이)

(2) 평행사변형에서 평행한 두 밑변 사이의 거리. → 평행사변형의 (밑변 , 높이)

(3) 사다리꼴에서 평행한 두 변. 한 밑변을 윗변, 다른 밑변을 아랫변이라고 함. → 사다리꼴의 (밑변 , 높이)

6 밑줄 친 '이'의 성격이 다른 하나를 골라 ◯표 하세요.

(1) 새의 먹이   (2) 두꺼운 종이   (3) 건물의 높이   (4) 운동장의 넓이

(   )   (   )   (   )   (   )

7 빈칸에 들어갈 말로 알맞은 것을 골라 ◯표 하세요.

> 지혜: 평행사변형은 마주 보는 두 변이 평행하고 길이가 같아.
> 석진: 그 두 변을 ☐(이)라고 해.

(1) 평행사변형의 각도 (   )   (2) 평행사변형의 밑변 (   )

(3) 평행사변형의 대각선 (   )   (4) 평행사변형의 넓이 (   )

8 칠판에 도형의 넓이를 구하는 방법을 식으로 나타냈습니다. 빈칸에 알맞은 낱말을 완성하세요.

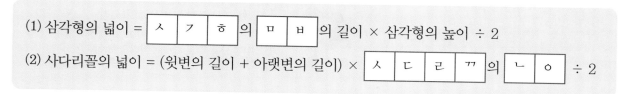

(1) 삼각형의 넓이 = ☐ㅅ ㄱ ㅎ☐의 ☐ㅁ ㅂ☐의 길이 × 삼각형의 높이 ÷ 2

(2) 사다리꼴의 넓이 = (윗변의 길이 + 아랫변의 길이) × ☐ㅅ ㄷ ㄹ ㄲ☐의 ☐ㄴ ㅇ☐ ÷ 2

4주차 4회 과학 교과서 어휘

다음 중 낱말의 뜻을 잘 알고 있는 것에 ☑ 하세요.

☐ 균류 ☐ 번식 ☐ 양분 ☐ 축축하다 ☐ 배율 ☐ 표본

빵에 곰팡이가 피고 숲속 그늘에선 버섯이 자랐네. 곰팡이와 버섯을 균류라고 해. 이처럼 우리 주변엔 동물과 식물 이외에도 다양한 생물이 살고 있단다. 다양한 생물과 관련된 낱말들을 공부해 보자.

✏️ 낱말을 읽고, ▨ 부분에 밑줄을 그으면서 낱말 공부를 해 보세요.

균류
菌 버섯 **균** + 類 무리 **류**

뜻 곰팡이와 버섯 같은 생물.

예 균류는 동물이나 식물은 아니지만 자라고 자손을 퍼뜨리기 때문에 생물의 한 종류이다.

관련 어휘 **균사**

'균사'는 균류의 몸을 이루는 섬세한 실 모양의 세포야. 균류는 전체가 거미줄처럼 가늘고 긴 모양의 균사로 이루어져 있어.

번식
繁 번성할 **번** + 殖 불릴 **식**

뜻 생물이 붇고 늘어서 많이 퍼짐.

예 꽃이 피지 않는 균류는 공기 중에 떠서 멀리 이동할 수 있는 포자로 번식한다.

꽃이 피지 않는 민꽃식물은 씨 대신 포자로 번식해. 고사리, 이끼 등이 여기에 해당하지. 그래서 민꽃식물을 포자식물이라고도 해.

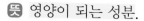

이것만은 꼭!

양분
養 기를 **양** + 分 나눌 **분**

뜻 영양이 되는 성분.

예 곰팡이와 버섯은 스스로 영양분을 만들지 못하고 주로 죽은 생물이나 다른 생물에서 양분을 얻는다.

◀ 죽은 나무에서 자란 버섯

4주차

4회

축축하다

뜻 물기가 있어 젖은 듯하다.

예 곰팡이와 버섯은 햇빛을 좋아하지 않고, 따뜻하며 축축한 환경에서 잘 자란다.

비슷한말 **촉촉하다**

'촉촉하다'는 "물기가 있어 조금 젖은 듯하다."라는 뜻으로, '축축하다'보다 물기에 젖은 정도가 약한 듯한 느낌이 들어. '촉촉'의 모음 'ㅗ'는 '축축'의 모음 'ㅜ'보다 가볍고 경쾌한 느낌을 주거든.

배율
倍 곱 **배** + 率 비율 **율**

뜻 현미경으로 물체의 모습을 확대하는 정도.

예 현미경 렌즈의 배율을 높여 곰팡이를 40배로 확대하여 관찰했다.

현미경은 눈으로 볼 수 없을 만큼 작은 물체나 물질을 확대해서 보는 기구야. 대물렌즈로 배율을 높여 관찰하지.

표본
標 표할 **표** + 本 근본 **본**

뜻 생물의 몸 전체나 그 일부에 적당한 처리를 가하여 보존할 수 있게 한 것.

예 받침 유리 위에 해캄을 올려놓고 덮개 유리를 덮어 해캄 표본을 만든 뒤 현미경으로 관찰했다.

여러 가지 뜻을 가진 낱말 **표본**

'표본'에는 본보기로 삼을 만한 것이라는 뜻도 있어. "그는 성공한 청년 기업인의 표본이 되었다."와 같이 쓰여.

4주차

4회

과학 교과서 어휘

수록 교과서 과학 5-1
5. 다양한 생물과 우리 생활

다음 중 낱말의 뜻을 잘 알고 있는 것에 ✅ 하세요.

☐ 원생생물　☐ 세균　☐ 상하다　☐ 유용　☐ 생명 과학　☐ 미생물

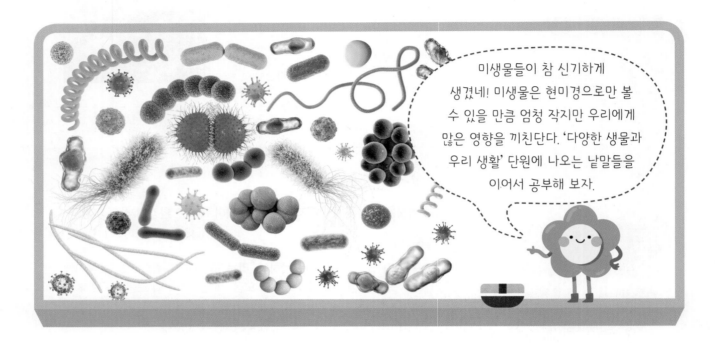

미생물들이 참 신기하게 생겼네! 미생물은 현미경으로만 볼 수 있을 만큼 엄청 작지만 우리에게 많은 영향을 끼친단다. '다양한 생물과 우리 생활' 단원에 나오는 낱말들을 이어서 공부해 보자.

✏️ 낱말을 읽고, ▨▨▨▨ 부분에 밑줄을 그으면서 낱말 공부를 해 보세요.

원생생물

原 근원 **원** + 生 날 **생** +
生 살 **생** + 物 만물 **물**

🖱 '원(原)'의 대표 뜻은 '언덕', '생(生)'의 대표 뜻은 '나다', '물(物)'의 대표 뜻은 '물건'이야.

🟦 동물, 식물, 균류에 속하지 않고 생김새가 단순한 생물.

🟩 짚신벌레, 해캄, 아메바 등과 같은 원생생물은 물이 고인 곳이나 물살이 느린 하천 등에서 산다.

'원생'은 아직 진화하지 못하고 발생한 그대로의 상태를 뜻해.

이것만은 꼭!

세균

細 작을 **세** + 菌 세균 **균**

🖱 '세(細)'의 대표 뜻은 '가늘다', '균(菌)'의 대표 뜻은 '버섯'이야.

🟦 하나의 세포로 이루어진, 크기가 매우 작고 생김새가 단순한 생물.

🟩 세균은 균류나 원생생물보다 크기가 더 작고, 생김새에 따라 공 모양, 막대 모양, 나선 모양 등으로 구분한다.

4주차

4회

상하다

傷 상할 **상** + 하다
🖱 '상(傷)'의 대표 뜻은 '다치다'야.

🟦 **뜻** 물건이 깨어지거나 헐다. 또는 음식이 변하거나 썩다.

🟧 **예** 균류와 세균은 음식이나 물건을 상하게 하고 질병을 일으키는 등 우리 생활에 해로운 영향을 주기도 한다.

여러 가지 뜻을 가진 낱말 상하다

'상하다'에는 "기분이 안 좋아지거나 마음이 불편해지다."라는 뜻도 있어. "친구가 거친 말을 해서 기분이 상했다."와 같이 쓰여.

유용

有 있을 **유** + 用 쓸 **용**

🟦 **뜻** 쓸모가 있음.

🟧 **예** 최신의 과학 기술이나 연구 결과를 활용하여 균류, 원생생물, 세균 등을 우리 생활에 여러 가지로 유용하게 이용하고 있다.

반대말 무용

'무용'은 쓸모가 없다는 말이야. "어느 학자는 철학이라는 학문의 무용을 주장했다." 와 같이 쓰여. 또한 쓸모없는 사람이나 물건은 '무용지물'이라고 하지.

생명 과학

生 살 **생** + 命 목숨 **명** +
科 과목 **과** + 學 학문 **학**
🖱 '학(學)'의 대표 뜻은 '배우다'야.

🟦 **뜻** 생명에 관계되는 현상을 종합적으로 연구하는 과학.

🟧 **예** 생명 과학은 생물의 특성이나 생명 현상을 연구하거나 이를 통해 알게 된 사실을 일상생활에 활용하는 모든 것을 말한다.

미생물

微 작을 **미** + 生 살 **생** +
物 만물 **물**

🟦 **뜻** 맨눈으로 관찰하기 어려운 작은 크기의 생물.

🟧 **예** 세균과 같은 미생물은 우리 주변뿐 아니라 극지방, 화산 지대, 깊은 바다, 우주 등 다른 생물이 살기 어려운 환경에서도 산다.

미생물의 존재는 현미경이 발달하면서 알려지게 됐어. 요즘에는 요구르트, 치즈와 같은 발효 식품을 만드는 데 미생물을 많이 이용하고 있지.

✎ 126~127쪽에서 공부한 낱말을 떠올리며 문제를 풀어 보세요.

1 낱말의 뜻은 무엇인지 빈칸에 알맞은 낱말을 완성하세요.

(1) 양분 　　ㅇ ㅇ 이 되는 성분.

(2) 축축하다 　　ㅁ ㄱ 가 있어 ㅈ ㅇ 듯하다.

(3) 배율 　　ㅎ ㅁ ㄱ 으로 물체의 모습을 ㅎ ㄷ 하는 정도.

2 ( ) 안에서 알맞은 낱말을 골라 ○표 하세요.

곰팡이와 버섯 같은 생물인 (균류 , 균사)는 거미줄처럼 가늘고 긴 모양의 (균류 , 균사)로 이루어져 있다.

3 빈칸에 알맞은 낱말을 글자 카드에서 찾아 쓰세요.

(1) 이 흙은 　　　　이/가 풍부하여 화초가 잘 자란다.

선　분　사　양

(　　　　)

(2) 나비 박물관에는 다양한 종류의 나비 　　　　이/가 전시되어 있었다.

표　열　본　지

(　　　　)

(3) 동물원에서 호랑이의 　　　　에 성공하여 세 마리의 새끼 호랑이가 태어났다.

번　류　식　양

(　　　　)

(4) 맨눈으로 볼 수 없는 세균은 　　　　이/가 높은 현미경을 사용해야 한다.

대　율　배　균

(　　　　)

✎ 128～129쪽에서 공부한 낱말을 떠올리며 문제를 풀어 보세요.

4 낱말의 뜻을 보기 에서 찾아 사다리를 타고 내려간 곳에 기호를 쓰세요.

보기

ㄱ 쓸모가 있음.
ㄴ 맨눈으로 관찰하기 어려운 작은 크기의 생물.
ㄷ 동물, 식물, 균류에 속하지 않고 생김새가 단순한 생물.

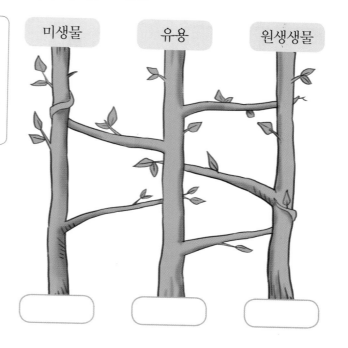

미생물　유용　원생생물

5 빈칸에 공통으로 들어갈 낱말을 골라 ○표 하세요.

• ☐ 음식을 먹고 배탈이 났다.
• 할아버지께서는 ☐ 물건을 버리지 않고 고쳐 쓰신다.
• 마음이 ☐ 태희는 불러도 대답을 하지 않고 가 버렸다.

(젖은 , 상한 , 불편한)

6 ( ) 안에 알맞은 낱말을 보기 에서 찾아 쓰세요.

보기
세균
유용
미생물
생명 과학

(1) 네가 빌려준 책이 발표 자료를 만들 때 정말 (　　　　　)했어.

(2) 원생생물로 음식물 쓰레기를 분해하여 처리하는 것은 첨단 (　　　　　)이 우리 생활에 활용된 예이다.

(3) 눈으로 보이지 않는 세균, 곰팡이와 같은 (　　　　　)은 죽은 생물을 분해하여 지구의 환경을 유지하는 데 도움을 준다.

(4) 플레밍은 푸른곰팡이에서 나오는 물질이 병을 일으키는 (　　　　　)을 자라지 못하게 한다는 것을 처음으로 발견했다.

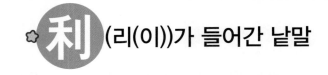
利 (리(이))가 들어간 낱말

✏️ '利(리(이))'가 들어간 낱말을 읽고, 　　　 부분에 밑줄을 그으면서 낱말 공부를 해 보세요.

利
이로울 리(이)

'리(利)'는 벼와 칼을 함께 그려 벼를 베는 모습을 표현한 글자야. 벼를 베어 추수하는 것은 농부들에게 이익을 가져다 주므로 '이롭다'라는 뜻을 갖게 되었어. 낱말에서 '리(利)'는 '이롭다', '이익', '날카롭다' 등의 뜻을 나타내.

감언利설
利용
利득
예利하다

이롭다 利

감언이설
甘 달 감 + 言 말씀 언 + 利 이로울 이 + 說 말씀 설

뜻 귀가 솔깃하도록 남의 비위를 맞추거나 이로운 조건을 내세워 꾀는 말.

예 큰돈을 벌게 해 주겠다는 사기꾼의 감언이설에 넘어가 가지고 있던 돈을 모두 그에게 주었다.

이용
利 이로울 이 + 用 쓸 용

뜻 대상을 필요에 따라 이롭게 씀.

예 우리 집 지붕에는 태양열을 이용해 전기 에너지를 만들 수 있는 시설이 있다.

여러 가지 뜻을 가진 낱말 이용
'이용'에는 "이용을 당하다."처럼 다른 사람이나 대상을 자신의 이익을 채우기 위한 수단으로 씀이라는 뜻도 있어.

이익 · 날카롭다 利

이득
利 이익 이 + 得 얻을 득

뜻 이익을 얻음.

예 내가 너를 도와주면 나한텐 어떤 이득이 있는데?

반대말 손실
'손실'은 잃어버리거나 축나서 손해를 봄을 뜻해. "홍수로 상인들은 큰 손실을 입었다."와 같이 쓰여.

예리하다
銳 날카로울 예 + 利 날카로울 리 + 하다

뜻 끝이 뾰족하거나 날이 서 있다.

예 예리한 칼날에 손이 베이지 않도록 조심하렴.

여러 가지 뜻을 가진 낱말 예리하다
'예리하다'에는 관찰이나 판단이 정확하고 날카롭다는 뜻도 있어. '형사의 예리한 질문'과 같이 쓰여.

終 (종)이 들어간 낱말

정답과 해설 ▶ 62쪽

✎ '終(종)'이 들어간 낱말을 읽고,   부분에 밑줄을 그으면서 낱말 공부를 해 보세요.

終

마칠 종

'종(終)'은 실과, 새끼줄 양 끝에 매듭을 묶은 모습을 더해 표현한 글자야. 매듭을 묶어 줄이 풀리지 않게 일을 마무리했다는 것에서 '마치다'라는 뜻을 갖게 되었어. 낱말에서 '종(終)'은 '마치다', '끝' 등의 뜻을 나타내.

終결
終례
자초지終
終말

4주차

5회

마치다 終

종결

終 마칠 종 + 結 맺을 결

🔅 뜻 일이나 사건, 사태 따위를 매듭지어 끝냄.

🔅 예 범인을 잡아 모든 조사를 마친 경찰은 사건의 수사 종결을 발표했다.

종례

終 마칠 종 + 禮 예도 례

🔅 뜻 학교에서, 하루 일과를 마친 뒤에 담임 교사와 학생이 한자리에 모여 나누는 인사.

🔅 예 종례 시간에 선생님께서 내일 가져와야 할 중요한 준비물을 다시 한번 말씀해 주셨다.

반대말 조례

'조례'는 학교에서 담임 교사와 학생이 일과를 시작하기 전에 하는 아침 모임이야.

끝 終

자초지종

自 ～서부터 자 + 初 처음 초 + 至 이를 지 + 終 끝 종
🖱 '자(自)'의 대표 뜻은 '스스로'야.

🔅 뜻 처음부터 끝까지의 과정.

🔅 예 흥분하지 말고 어떻게 된 일인지 자초지종을 차근차근 말해 봐.

종말

終 끝 종 + 末 끝 말

🔅 뜻 계속되어 온 일이나 현상의 마지막. 또는 맨 끝.

🔅 예 이 영화는 인류의 종말을 막기 위해 싸우는 영웅들의 이야기이다.

비슷한말 최후

'최후'는 맨 마지막을 뜻하는 낱말이야. "선수들은 최후까지 포기하지 않고 경기에 임했다."와 같이 쓰여.

✏️ 132쪽에서 공부한 낱말을 떠올리며 문제를 풀어 보세요.

1 뜻에 알맞은 낱말을 빈칸에 쓰세요.

가로 열쇠 ➜ ❶ 이익을 얻음.
❸ 대상을 필요에 따라 이롭게 씀.
세로 열쇠 ↓ ❷ 귀가 솔깃하도록 남의 비위를 맞추거나 이로운 조건을 내세워 꾀는 말.

2 친구가 한 말에서 밑줄 친 낱말의 뜻을 보기 에서 찾아 기호를 쓰세요.

보기
㉠ 끝이 뾰족하거나 날이 서 있다.   ㉡ 관찰이나 판단이 정확하고 날카롭다.

(1) 아빠께서 요리하시기 전에 무딘 칼날을 갈아 예리하게 만드셨어.

(   )

(2) 내가 예리한 관찰력으로 선생님의 안경과 신발이 바뀐 걸 알아챘어.

(   )

3 ( ) 안에서 알맞은 낱말을 골라 ○표 하세요.

(1) 욕심쟁이 김 노인은 자신에게 (이득 , 손실)이 되는 일이라면 뭐든지 했다.

(2) 송곳으로 종이에 구멍을 뚫다가 송곳의 (유리한 , 예리한) 끝부분에 손가락이 찔렸다.

(3) 지혜로운 왕은 (선견지명 , 감언이설)을 일삼는 신하를 멀리하고, 진심 어린 충고를 하는 신하를 가까이했다.

(4) '개똥도 약에 쓰려면 없다'는 속담은 평소 흔하던 것도 막상 (버리려고 , 이용하려고) 하면 없다는 말이다.

🖉 133쪽에서 공부한 낱말을 떠올리며 문제를 풀어 보세요.

4 낱말과 그 뜻을 알맞게 선으로 이으세요.

(1) 종말 •
　　　　　　　　　　　• 계속되어 온 일이나 현상의 마지막. 또는 맨 끝.

(2) 종결 •
　　　　　　　　　　　• 처음부터 끝까지의 과정.

(3) 종례 •
　　　　　　　　　　　• 일이나 사건, 사태 따위를 매듭지어 끝냄.

(4) 자초지종 •
　　　　　　　　　　　• 학교에서, 하루 일과를 마친 뒤에 담임 교사와 학생이 한자리에 모여 나누는 인사.

5 밑줄 친 낱말과 뜻이 비슷한 낱말은 무엇인가요? (　　　　)

> 가람: 이 바위가 삼천 궁녀가 강으로 몸을 던졌다는 전설이 전해 내려오는 낙화암인가요?
> 아버지: 그렇단다. 백제의 <u>종말</u>을 상징하는 곳이지.

① 주말　　　　② 시작　　　　③ 발전　　　　④ 최후　　　　⑤ 최초

6 (　　) 안에 알맞은 낱말을 보기 에서 찾아 쓰세요.

보기
종결
종례
자초지종

(1) (　　　　　　　)을/를 마치자 청소 당번만 남고 학생들이 교실에서 우르르 나왔다.

(2) 회의를 흐지부지 끝내지 말고 의견을 하나로 모아서 확실히 (　　　　　) 을/를 합시다.

(3) 연락도 없이 약속 시간에 한 시간이나 늦은 태주는 친구에게 (　　　　　) 을/를 설명하고 사과했다.

✎ 4주차 1~5회에서 공부한 낱말을 떠올리며 문제를 풀어 보세요.

낱말 뜻

1 낱말과 그 뜻이 바르게 짝 지어진 것을 모두 고르세요. (,   ,   )

① 양분 – 생물이 붇고 늘어서 많이 퍼짐.
② 삼각형의 높이 – 삼각형에서 어느 한 변.
③ 개정 – 주로 문서의 내용 따위를 고쳐 바르게 함.
④ 배율 – 현미경으로 물체의 모습을 확대하는 정도.
⑤ 차지 – 사물이나 공간, 지위 따위를 자기 몫으로 가짐.

낱말 뜻

2 (   ) 안에서 알맞은 낱말을 골라 ○표 하세요.

(1) (유용 , 의무)은/는 반드시 해야 하는 일이다.

(2) (종결 , 판결)은 일이나 사건, 사태 따위를 매듭지어 끝내는 것이다.

(3) (자초지종 , 감언이설)은 귀가 솔깃하도록 남의 비위를 맞추거나 이로운 조건을 내세워 꾀는 말이다.

반대말

3 밑줄 친 낱말의 반대말은 무엇인가요? (   )

> 장사꾼은 농부에게 싼값에 과일을 사서 양반들에게 비싼 값에 팔아 큰 이득을 보았다.

① 결실   ② 이익   ③ 손상
④ 소득   ⑤ 손실

비슷한말

4 빈칸에 들어갈 알맞은 말을 두 가지 고르세요. (,   )

> 정윤이는 동물 실험에 반대한다는 주장이 나타난 [   ]을 읽었다.

① 전기문   ② 논설문   ③ 기행문
④ 설명하는 글   ⑤ 주장하는 글

여러 가지 뜻을 가진 낱말

5 밑줄 친 낱말의 뜻이 <u>다른</u> 하나를 골라 ◯표 하세요.

(1) 과학 시간에 짚신벌레 영구 <u>표본</u>을 현미경으로 관찰했는데 참 신기했어.

( )

(2) 내가 한 과제물을 선생님께서 과제 <u>표본</u>으로 삼아야겠다고 칭찬해 주셔서 기뻤어.

( )

(3) 과학실에 있는 개구리가 가짜가 아니라 진짜 개구리로 만든 <u>표본</u>이라고 해서 놀랐어.

( )

뜻을 더해 주는 말

6 빈칸에 공통으로 들어갈 알맞은 말은 무엇인가요? ( )

| 단일☐ | 복합☐ | 한국☐ | 한자☐ |

① 품 ② 꾼 ③ 어 ④ 력 ⑤ 기

낱말 활용

7 ~ 10 ( ) 안에 알맞은 낱말을 보기 에서 찾아 쓰세요.

> **보기**
>
> 멸종   갈등   근로   둘레

7 체육 시간에 운동장 ( )을/를 한 바퀴 뛰었다.

8 환경 파괴와 기후 변화로 ( ) 위기에 처한 동식물이 늘어나고 있다.

9 네가 쓴 이야기의 뒷부분에 인물들 사이의 ( )이/가 어떻게 해결되는지 나타나면 좋겠어.

10 열심히 일한 개미가 따뜻한 겨울을 보낸다는 내용의 「개미와 베짱이」는 ( )의 중요성을 나타낸 이야기이다.

찾아보기

『어휘가 문해력이다』 초등 5학년 1학기에 수록된 모든 어휘를
과목별로 나누어 ㄱ, ㄴ, ㄷ … 순서로 정리했습니다.

과목별로 뜻이 궁금한 어휘를 바로바로 찾아보세요!

국어 교과서 어휘

사회 교과서 어휘

수학 교과서 어휘

과학 교과서 어휘

한자 어휘

ㄱ

ㄷ

ㅂ

ㅅ

ㅇ

ㅈ

ㅎ

사진 자료 출처

· 국가인권위원회   카드 뉴스(82쪽)

· 셔터스톡, 아이클릭아트, 아이엠서치

"
**어휘가
문해력이다**

**어휘 학습으로
문해력 키우기**
"

1 주차

어휘 학습 점검

1주차에서 학습한 어휘를 잘 알고 있는지 ☑ 해 보고,
잘 모르는 어휘는 해당 쪽으로 가서 다시 한번 확인해 보세요.

초등 5학년 1학기

어휘 학습 점검

2 주차

초등 5학년 1학기

2주차에서 학습한 어휘를 잘 알고 있는지 ✔ 해 보고,
잘 모르는 어휘는 해당 쪽으로 가서 다시 한번 확인해 보세요.

EBS
당신의 문해력

어휘가
문해력
이다

초등 5학년 1학기
교과서 어휘

정답과 해설

어휘가
문해력
이다

초등 5학년 1학기

1주차 정답과 해설

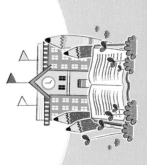

1주차 1회

국어 교과서 어휘

수록 교과서: 국어 5-1 ㉮
1. 대화와 공감~
2. 작품을 감상해요

다음 중 낱말의 뜻을 잘 알고 있는 것에 ✓ 하세요.

□ 공감 □ 조언 □ 고민 □ 인상 깊다 □ 추론 □ 견주다

낱말을 읽고, ○○부분에 낱말을 그으면서 낱말 공부를 해 보세요.

공감
共 한가지 공 + 感 느낌 감

뜻 다른 사람의 감정, 의견, 주장 따위에 대하여 자신도 그렇다고 느낌.
예 친구가 내 말을 듣고 "그래, 그럴 수도 있겠다."라고 공감해 주어서 기분이 좋았다.
비슷한말 동감

이것만은 꼭!
'동감'은 어떤 의견에 같은 생각을 가짐을 뜻하는 말이에요. '공감'이 주로 다른 사람의 처지에서 함께 느끼는 기분이라면, '동감'은 다른 사람과 생각이 같은 걸 말해.
예 나는 친구의 의견에 동감하며 고개를 끄덕였다.

조언
助 도울 조 + 言 말씀 언

뜻 도움이 되는 말이나 무엇인가 잘못된 것을 깨우쳐 주는 말.
예 조언을 할 때에는 상대에게 도움이 되는 내용을 진심이 전해지도록 말해야 한다.
Tip 상대방에게 고민을 말하도록 강요하지 말고, 상대가 고민을 편안하게 말할 수 있도록 잘 들어요.

상대에게 조언을 할 때에는 상대의 마음을 헤아리며 말해야 해.

고민
苦 괴로울 고 + 悶 답답할 민
↳ '고(苦)'의 대표 뜻은 '쓰다'야.

뜻 마음속으로 괴로워하고 속을 태움.
예 짝과 다툰 뒤 어떻게 화해하면 좋을지 고민하는 친구에게 친구가 받아들일 수 있는 해결 방법을 말해 주었다.
비슷한말 근심
'근심'은 해결되지 않은 일 때문에 속을 태우거나 우울해하는 것을 뜻해. "근심으로 밤을 지새우다."와 같이 쓰여. '걱정', '고민', '근심' 모두 뜻이 비슷한 말이지.

인상 깊다
印 인(함) 인 + 象 모양 상 + 깊다
↳ '인(印)'의 대표 뜻은 '도장', '성(象)의 대표 뜻은 꼬리'이야.

뜻 어떤 대상에 대한 느낌이 마음속에 새겨지다.
예 이야기 이야기를 생생한 내용이 내용에 인상 깊은 장면이 다르기 때문이다.

추론
推 헤아릴 추 + 論 논할 론
↳ '추(推)'의 대표 뜻은 '밀다'야.

뜻 드러나지 않은 것을 미루어 생각함.
예 이야기를 추론하며 읽으면 글에 직접 드러나지 않은 사건의 원인이나 인물의 마음 등을 짐작할 수 있다.
Tip 추론해 글을 읽으면 글의 내용을 깊이 있게 이해할 수 있어요.
비슷한말 추리
'추리'는 '추론'과 뜻이 비슷한 낱말로, 알고 있는 것을 바탕으로 알지 못하는 것을 미루어서 생각함을 뜻하는 말이야.
예 수사들은 사건의 내용을 추리하며 조사를 진행했다.

견주다

뜻 어떠한 차이가 있는지 알기 위하여 서로 대어 보다.
예 이야기에 나오는 인물이 겪은 일과 내 경험을 견주어 보았더니 인물의 마음이 잘 이해되었다.

둘 이상의 대상을 견주어 보면 같은 장과 다른 점을 알 수 있어.

꼭! 알아야 할 속담

○○ 도가스

빈칸 채우기
정답 '가는 날이'
'가는 날이 장날'은 일을 보러 가거나 마음먹은 장이 서는 날이라는 뜻으로, 어떤 일을 하려고 하는데 뜻하지 않은 일을 공교롭게 당함을 이르는 말입니다.

1주차 1회

국어 교과서 어휘

수록 교과서 국어 5-1 ⑦
3. 글을 요약해요

다음 중 낱말의 뜻을 잘 알고 있는 것에 ✓ 하세요.

☐ 비교·대조 ☐ 열거 ☐ 요약 ☐ 구조 ☐ 대상 ☐ 세부

✏️ 낱말을 읽고, ▨ 부분에 답들을 그으면서 낱말 공부를 해 보세요.

비교·대조

比 견줄 비 + 較 견줄 교
對 대답할 대 + 照 비출 조
∙'대화(對)'의 대표 뜻은 '대하다', 조
(照)'의 대표 뜻은 '비치다'야.

뜻 두 가지 이상의 대상에서 공통점과 차이점을 찾아 설명하는 방법.
예 석가탑과 다보탑을 비교·대조의 방법으로 설명 한 글을 읽고, 두 탑의 공통점과 차이점을 자세히 알 수 있었다.

호랑이와 사자의
공통점을 설명하면 '비교', 차이점을 설명하면 '대조'라고 해.

열거

列 벌일 열 + 擧 들 거

Tip 열거는 표현하려는 대상이나 내용을 구체적으로 열거 줄여 사용해요.
뜻 설명하려는 대상의 특징을 죽 늘어놓아 설명하는 방법.
예 우리나라 음식을 주제로 설명하는 글을 쓸 때 김치, 비빔밥, 불고기 세 가지에 대해 열거의 방법으로 썼다.

관련 어휘 분류 분석
글에서 대상을 설명하는 방법에는 '비교·대조', '열거' 외에 '분류'와 '분석'의 방법도 있어. '분류'는 일정한 기준에 따라 같은 것끼리 묶어서 설명하는 방법이고, '분석'은 전체를 여러 부분으로 나누어 부분별로 설명하는 방법이야.

요약

要 중요할 요 + 約 줄일 약
∙'약(約)'의 대표 뜻은 '줄이다'야.

뜻 말이나 글에서 중요한 것만 골라 간추림.
예 글을 요약하려면 각 문단마다 중심 내용을 찾고, 중요하지 않은 내용은 지 운다.

이것만은 꼭!
글을 요약하면 글의 내용을 오래 기억할 수 있어.

구조

構 얽을 구 + 造 지을 조

뜻 부분이나 요소들이 어떤 전체를 짜 이룬 것.
예 글의 구조에 알맞게 틀을 그리고 내용을 정리하면 글에서 중요한 내용을 쉽게 알 수 있다.

Tip 대상을 설명하는 방법에 맞게 구조를 생각해요.

■ 비교·대조의 방법으로 쓴 글의 구조 예

문어	공통점	오징어
∙다리가 여덟 개임.	∙먹물을 뿜음.	∙다리가 열 개임.
∙바위 틈새에 삶.	∙빨판이 있음.	∙모래바닥이나 자갈 밑에 삶.

대상

對 대답할 대 + 象 모양 상
∙'상(象)'의 대표 뜻은 '모양'이야.

뜻 어떤 일의 상대, 목표나 목적이 되는 것.
예 설명하려는 대상과 목적에 따라 적절한 설명 방법을 선택하여 글을 써야 한다.

설명하는 글을 읽을 때에는 가장 먼저 설명하는 대상을 찾아보자.

세부

細 자세할 세 + 部 나눌 부

뜻 자세한 부분.
예 글에서 자세하게 나타낸 세부 내용을 대표적인 말로 바꾸어 중심 내용을 정리 한다.

꼭 알아야 할 관용어

○표 하기

○ '(ㄱ, ㄹ)'가 얇다'는 남의 말을 쉽게 받아들인다는 뜻입니다.

✏️ 14~15쪽에서 공부한 낱말을 떠올리며 문제를 풀어 보세요.

5 뜻에 알맞은 낱말이 되도록 보기에서 글자를 찾아 쓰세요.

보기

열	대	거
비	약	교
요	조	

(1) 말이나 글에서 중요한 것을 골라 간추림. → [요][약]

(2) 설명하려는 대상의 특징을 죽 늘어놓아 설명하는 방법.

(3) 두 가지 이상의 대상에서 공통점과 차이점을 찾아 설명하는 방법. → [비][교] · [대][조]

해설 | (1) '말이나 글에서 중요한 것을 골라 간추림.'을 뜻하는 낱말은 '요약'이고, (2) '설명하려는 대상의 특징을 죽 늘어놓아 설명하는 방법.'을 뜻하는 낱말은 '열거'입니다. (3) '두 가지 이상의 대상에서 공통점과 차이점을 찾아 설명하는 방법.'을 뜻하는 낱말은 '비교·대조'입니다.

6 친구들은 어떤 설명 방법을 사용했는지 알맞은 낱말에 ○표 하세요.

(1)  소나무를 잎과 줄기, 뿌리로 나누어 부분별로 설명했어.

(분류 , 분석)

(2)  동물들이 겨울나기를 설명할 때 겨울잠을 자는 동물끼리 묶고, 겨울잠을 자지 않는 동물끼리 묶어서 설명했어.

(분류 , 분석)

해설 | (1) 소나무를 잎과 줄기, 뿌리로 나누어 설명한 것은 전체를 여러 부분으로 나누어 부분별로 설명하는 '분석'이며 방법을 사용한 것입니다. (2) 겨울잠을 자는 동물끼리 묶고, 겨울잠을 자지 않는 동물끼리 묶어서 설명하는 것은 같은 것끼리 묶어서 설명하는 방법을 사용한 것입니다.

7 ( )안에서 알맞은 낱말을 골라 ○표 하세요.

(1) 큰 목표가 정해졌으니 이제 (세부 , 요약) 계획을 세워 보자.

(2) 남부와 북부에 대해 설명한 글이 (구조 , 제목)별로 내용을 요약했다.

(3) 김 박사는 공병을 연구 (종류 , 대상)(으)로 삼아 동물이 사회생활을 연구했다.

해설 | (1) 큰 목표가 정해진 뒤에는 자세한 '세부' 계획을 세우는 것이 알맞습니다. (2) 앞선 시대에 살았던 사람 응을 요약하는 것이 알맞습니다. (3) 동물이 사회생활을 연구하기 위해서 공병을 연구 대상으로 삼는 것이 알맞습니다.

🧩 확인 문제

✏️ 12~13쪽에서 공부한 낱말을 떠올리며 문제를 풀어 보세요.

1 뜻에 알맞은 낱말을 글자판에서 찾아 묶으세요. (낱말은 가로(—), 세로(|), 대각선(\) 방향에 숨어 있어요.)

❶ 어떤 대상에 대한 느낌이 마음속에 새겨지다.

❷ 도움이 되는 말이나 물질인 것을 깨우쳐 주는 말.

❸ 걱정거리가 있어 마음속으로 괴로워하고 소원 때움.

❹ 어떠한 차이가 있는지 알기 위하여 서로 대어 보다.

해설 | ❶의 뜻을 가진 낱말은 '인상 깊다', ❷의 뜻을 가진 낱말은 '조언', ❸의 뜻을 가진 낱말은 '고민', ❹의 뜻을 가진 낱말은 '견주다'입니다.

2 낱말의 관계가 다른 하나를 골라 ○표 하세요.

(1) 공감 – 동감   (2) 조언 – 유언   (3) 추론 – 추리

( )   ( )   ( )

해설 | '공감'과 '동감', '추론'과 '추리'는 뜻이 서로 비슷한 낱말입니다. 그러나 '도움이 되는 말이나 물질인 것을 깨우쳐 주는 말.'을 뜻하는 '조언'과 '죽음에 이르러 남기는 말.'을 뜻하는 '유언'은 서로 관계없는 낱말입니다.

3 ( )안에 알맞은 낱말을 보기에서 찾아 쓰세요.

보기
공감 추론 견주어

(1) 모든 친구들도 퀴즈를 풀면서 답을 비슷한 (견주어) 보았다.

(2) 유문을 통해 옛날 사람들의 생활 방식을 미루어 생각할 수 있으므로 (추론)할 수 있다.

(3) 나에게 중요하기 전에 내 슬픈 마음을 (공감)해 주면 좋겠어.

해설 | (1) 친구들이 퀴즈를 풀면서 답을 비교한 것이므로 '견주어'가 알맞습니다. (2) 옛선 시대에 살았던 사람 들이 남긴 물건으로 유물을 통해 옛날 사람들의 생활 방식을 미루어 생각할 수 있으므로 '추론'이 알맞습니다. (3) 자신의 슬픈 마음을 함께 느껴 주면 좋겠다는 것이므로 '공감'이 알맞습니다.

4 친구가 한 말과 관련 있는 말에 ○표 하세요.

(1)  요즘 모든 일에 자신이 없고 의욕이 떨어져...

(조언 , 고민)

(2) 이 시가 무엇이나 감동 젖어있어 마음속에 오랫동안 남아 이어져...

(견주다 , 인상 깊다)

해설 | (1) 답에게 도움이 되거나 물질인 것을 깨우쳐 주는 말이 아니라 자신의 걱정거리를 말한 것이므로 '고민'과 관련 있습니다. (2) 시에 대한 느낌이 마음속에 새겨졌다는 말이므로 '인상 깊다'와 관련 있습니다.

경도

經 날실 경 + 度 도 도

✎ '경선'의 대표 뜻을 지녀요.

뜻 지구 위의 위치를 나타내는 좌표축 중에서 세로로 된 것. 지구의 한 지점을 기준으로 동쪽과 서쪽은 서경이라고 하며, 각각 180°로 나누어 동쪽과 서쪽의 위치를 나타냄.

예 우리 국토의 위치를 경도로 나타내면 북위 33°~43°, 동경 124°~132° 사이에 있다.

Tip 본초 자오선은 지구의 경도를 결정하는 기준이 되는 선이에요.

영역

領 거느릴 영 + 域 지경 역

Tip '지경'은 땅의 가장자리, 경계라는 뜻이에요.

뜻 한 나라의 주권이 미치는 범위를 말하며 영토, 영해, 영공으로 이루어짐.

예 다른 나라의 배나 비행기가 우리나라 영역에 들어오려면 허가를 받아야 한다.

관련 어휘 **영토, 영해, 영공**

'영토'는 한 나라의 주권이 미치는 땅의 범위, '영해'는 바다의 범위, '영공'은 하늘의 범위를 말해. 우리나라 영토는 한반도와 한반도에 속한 여러 섬이고, 우리나라 영해는 우리나라 영토 주변의 바다야. 우리나라의 영공은 우리나라 영토와 영해 위에 있는 하늘이지.

위치

位 자리 위 + 置 둘 치

뜻 일정한 곳에 자리를 차지함. 또는 그 자리.

예 우리나라 주변에는 중국, 러시아, 몽골, 일본 등이 나라가 위치하고 있다.

우리나라 국토의 위치는 대륙과 해양으로 모두 뻗어 나갈 수 있는 장점이 있어.

반도

半 반 반 + 島 섬 도

뜻 대륙에서 바다 쪽으로 길게 내민 땅으로, 삼면이 바다로 둘러싸이고 한 면은 육지에 이어진 땅.

예 우리나라는 아시아 대륙의 동쪽에 위치한 반도이다.

1주차 2회

사회 교과서 어휘

수록 교과서 사회 5-1
1. 국토와 우리 생활

다음 중 낱말의 뜻을 잘 알고 있는 것에 ✔ 하세요.
☐ 국토 ☐ 위도 ☐ 경도 ☐ 영역 ☐ 위치 ☐ 반도

지도에서 찾아봐! 우리나라가 어디에 있느지 찾아봐. 우리나라의 위치와 관련된 낱말을 공부하며 우리 국토에 대해 알아보자.

✐ 낱말을 읽고, █ 부분에 낱말을 그어면서 낱말 공부를 해 보세요.

국토

國 나라 국 + 土 땅 토

✎ '토지'의 대표 뜻을 지녀요.

뜻 나라의 땅. 한 나라의 통치권이 미치는 지역을 이름.

예 상현이는 지구본에서 우리나라를 찾아 남북으로 길게 뻗은 모양인 지 살펴보았다.

Tip 우리 국토는 남북으로 길게 뻗은 모양이에요.

위도

緯 씨줄 위 + 度 도 도

✎ '씨줄'은 옷감이나 그물을 짤 때, 가로 방향으로 놓인 실을 말해.

뜻 지구 위의 위치를 나타내는 좌표축 중에서 가로로 된 것. 적도를 기준으로 북쪽은 북위, 남쪽은 남위라고 하며, 각각 90°로 나누어 북쪽과 남쪽의 위치를 나타냄.

예 지도나 지구본에서는 가상의 선인 위선과 경선으로 위도와 경도를 나타낸다.

우리나라의 국토를 소중히 지켜야 해.

1주차 2회

사회 교과서 어휘

수록 교과서 사회 5-1
1. 국토와 우리 생활

다음 중 낱말의 뜻을 잘 알고 있는 것에 ✓ 하세요.

□ 중부 지방 □ 산맥 □ 행정 구역 □ 명칭 □ 터전 □ 비무장 지대

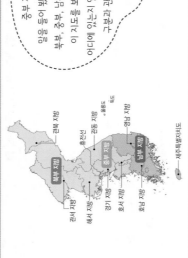

(map labels) 관북 지방, 관서 지방, 해서 지방, 경기 지방, 관동 지방, 호서 지방, 호남 지방, 영남 지방, 중부 지방, 북부 지방, 남부 지방, 휴전선, 독도, 울릉도, 제주특별자치도

✏ 낱말을 읽고, ▨부분에 알맞은 낱말을 그으면서 낱말 공부를 해 보세요.

중부 지방
中 가운데 중 + 部 지역 부 + 地 땅 지 + 方 방향 방
🔍'부(部)'의 대표 뜻은 '떼', '마을'이고, '방(方)'의 대표 뜻은 '모'야.

뜻 어떤 지역의 중앙에 자리한 지방. 우리나라에서는 휴전선 남쪽에 서 소백산맥과 금강 하류까지의 지역.
예 서울특별시, 경기도, 인천광역시, 대전광역시, 세종특별자치시, 충청북도, 충청남도, 강원도 등이 중부 지방에 속한다.

관련 어휘 북부 지방, 남부 지방
북부 지방은 지금의 북한 지역을 말해. '남부 지방'에는 광주광역시, 부산광역시, 대구광역시, 울산광역시, 전라북도, 전라남도, 경상북도, 경상남도, 제주특별자치도 등이 속해 있지.
Tip 예전에는 산, 호수, 강, 바다 등 자연환경으로 지역을 구분했어요.

(speech bubble) 태백산맥과 소백산맥은 우리나라의 대표적인 산이야.

산맥
山 메 산 + 脈 줄기 맥

뜻 산지의 여러 산들이 이어진 지형.
예 우리나라는 대체로 큰 산맥이나 강 등 자연환경을 기준으로 지역을 구분한다.

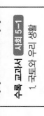

정답과 해설 ▲6쪽

행정 구역
行 행할 행 + 政 정사 정 + 區 구분할 구 + 域 지역 역
🔍'행(行)'의 대표 뜻은 '다니다'야.

이것만은 꼭!
뜻 나라를 효율적으로 관리하려고 나누는 지역.
예 우리나라의 행정 구역은 특별시 1곳과 특별자치시 1곳, 광역시 6곳, 도 8곳, 특별자치도 1곳으로 이루어져 있다.

▲ 우리나라 행정 구역의 명칭
(map labels) 특별시, 광역시, 도, 제주특별자치도, 독도, 울릉도

명칭
名 이름 명 + 稱 일컬을 칭

뜻 사람이나 사물 등을 일컫는 이름.
예 우리나라의 주요 산과 하천의 명칭을 기억해 두었다.

(speech bubble) 우리나라 지역을 구분하는 주요 하천에는 한강, 금강, 영산강, 낙동강 등이 있어.

터전
뜻 생활의 근거지가 되는 곳.
예 우리 국토는 조상들이 지켜 왔고 우리가 후손들에게 물려주어야 하는 소중한 터전이다.

여러 가지 뜻을 가진 낱말 터전
'터전'에는 집터가 되는 땅이라는 뜻도 있어. "전쟁으로 집을 지을 터전이 없었다." 와 같이 쓰이지. 또 일의 토대라는 뜻도 있어서 "민주주의 터전을 다지다." 처럼 쓰이기도 해.

비무장 지대
非 아닐 비 + 武 호반 무 + 裝 꾸밀 장 + 地 땅 지 + 帶 띠 대
🔍'호반'은 무관(군인)이를 뜻해.

뜻 휴전선을 중심으로 남과 북에 각각 2킬로미터 내에 위치한 영역으로, 군인이나 무기를 원칙적으로 배치하지 않기로 한 곳.
예 비무장 지대 주변은 오랫동안 사람들의 발길이 닿지 않아 생태계가 보존되어 있다.
Tip 비무장 지대 부근에는 군사 시설 보호와 보안을 위하여 군인이 아닌 사람들의 출입을 제한하는 지역이 있어요.

확인 문제

18~19쪽에서 공부한 낱말을 떠올리며 문제를 풀어 보세요.

1 뜻에 알맞은 낱말을 빈칸에 쓰세요.

(1) [가로: 위 지 / 세로: 도]

가로 열쇠 ❶ 일정한 곳에 자리를 차지함. 또는 그 자리.
세로 열쇠 ❶ 지구 위의 위치를 나타내는 좌표축 중에서 가로로 된 것. 적도를 기준으로 북위, 남쪽을 남위라고 함.

(2) [반 / 도 / 경]

가로 열쇠 ❷ 지구 위의 위치를 나타내는 좌표축 중에서 세로로 된 것. 지구 위의 한 지점을 기준으로 동쪽으로 동경, 서쪽으로 서경이라고 함.
세로 열쇠 ❷ 대륙에서 바다 쪽으로 길게 내민 땅으로, 삼면이 바다로 둘러싸이고 한 면은 육지에 이어진 땅.

해설 | 낱말의 뜻을 통해 떠올린 낱말을 빈칸에 알맞게 써넣어 봅니다.

2 빈칸에 들어갈 알맞은 낱말을 골라 ○표 하세요.

(1) 우리나라의 [ ]은/는 한반도와 한반도에 속한 여러 섬이다.
(영토, 영해, 영공)

(2) 해경은 우리나라 [ ]에서 물고기를 잡는 나라 어선 한 척을 붙잡았다.
(영토, 영해, 영공)

해설 | (1) 한반도와 한반도에 속한 여러 섬은 땅이므로 반드시 주권이 미치는 땅인 영토가 들어가야 합니다. (2) 다른 나라 어선이 물고기를 잡은 곳은 바다이므로 반드시 주권이 미치는 바다인 영해가 들어가야 합니다.

3 빈칸에 알맞은 낱말을 완성하세요.

(1) 독도는 우리나라의 [영] [역] 에서 가장 동쪽에 있는 섬이다.

(2) [반] [도] 은/는 대륙과 해양으로 나아가기 유리하다는 장점이 있다.

(3) 우리나라는 [위] [치] 의 특성 때문에 역사적으로 주변 국가의 침략을 자주 받았다.

(4) 수아는 우리 [국] [토] 을/를 아름답게 가꾸기 위해 환경 보호를 실천하기로 마음먹었다.

해설 | (1) 한 나라의 주권이 미치는 땅은 '영토'나 '영역'이 있습니다. (2) 삼면이 바다로 둘러싸이고 한 면은 육지에 이어진 땅은 '반도'입니다. (3) 강대국 사이에 '위치'한 우리나라는 외세의 침략을 자주 받았습니다. (4) 환경 보호를 실천하면 '국토'를 아름답게 기꿀 수 있습니다.

20~21쪽에서 공부한 낱말을 떠올리며 문제를 풀어 보세요.

4 뜻에 알맞은 낱말을 글자판에서 찾아 묶으세요. (낱말은 가로(—), 세로(│). 대각선(\) 방향에 숨어 있어요.)

[글자판: 방 산 무 예 의 / 별 행 정 맹 전 / 명 정 대 터]

❶ 생활의 근거지가 되는 곳.
❷ 산지의 여러 산들이 이어진 지형.
❸ 사람이나 사물 등을 일컫는 이름.

해설 | '생활의 근거지가 되는 곳'은 '터전', '산지의 여러 산들이 이어진 지형'은 '산맥', '사람이나 사물 등을 일컫는 이름'은 '명칭'의 뜻입니다.

5 친구가 말한 뜻을 가진 낱말은 무엇인지 빈칸에 알맞게 쓰세요.

[비 무 장 지 대]

휴전선을 중심으로 남북 쪽에 각각 2킬로미터 이내에 위치한 영역으로, 군인이나 무기를 원칙적으로 배치하지 않기로 한 곳이야.

해설 | '비무장 지대'는 무장을 금지한 병력이나 군사 시설을 배치하지 않기로 한 곳으로, 1953년 휴전 협정에서 설정되어 휴전선을 중심으로 남과 북에 각각 2킬로미터 이내의 지역에 위치한 영역입니다.

6 밑줄 친 지방 이름을 잘못 말한 친구를 골라 X표 하세요.

(1) 진솔: 우리 집은 경상남도니까 남부 지방에 속해. ( )

(2) 예린: 외할머니 댁은 중부 지방인 충청북도에 있어. (X)

(3) 의찬: 내가 다니는 하교는 광주광역시에 있으니까 남부 지방에 속해. ( )

해설 | '비무장 지대'는 무장을 ... 경상남도는 '남부 지방'에 속합니다. 경상북도는 '남부 지방'에 속하므로 남부 지방에 이름을 잘못 말한 친구는 진솔입니다.

7 ( ) 안에 알맞은 낱말을 보기에서 찾아 쓰세요.

보기: 명칭 / 중부 지방 / 행정 구역

(1) 특별시, 특별자치시, 광역시에는 (행정 구역)인 특별자치시, 광역시에는 행정 업무를 담당하는 시청이 있다.

(2) 조선 시대에 전국을 8개로 나누고 충청도, 전라도, 경상도 등 각 도의 (명칭)을 정했다.

(3) 오늘에 남부 지방부터 비가 내리고, 비구름이 북쪽으로 올라오면서 오후에는 (중부 지방)에도 맞은 비가 쏟아질 예정이다.

해설 | (1) 특별시, 특별자치시, 광역시는 '행정 구역'의 명칭입니다. (2) 선에 '행정 구역'이고 한 인근 유지대 이같은 도의 '명칭'은 조선 시대에 정한 것입니다. (3) 중부 지방이란 우리나라의 '위치'란 중부 지방에 비가 내리면 남부 지방에 있던 비구름이 북쪽으로 올라오면 북부 지방에 비가 나립니다.

수학 교과서 어휘

수록 교과서 수학 5-1
1. 자연수의 혼합 계산

다음 중 낱말의 뜻을 잘 알고 있는 것에 ✓ 하세요.
□ 혼합 계산 □ 괄호 □ 풀이 □ 거스름돈 □ 입력 □ 타

정답과 해설 ▶ 8쪽

낱말을 읽고, ▢ 부분에 알맞은 그림을 그으면서 낱말 공부를 해 보세요.

이것만은 꼭!

혼합 계산
混 섞을 혼 + 合 합할 합 +
計 셀 계 + 算 셈 산

뜻 식 하나에 덧셈, 뺄셈, 곱셈, 나눗셈이 섞여 있는 계산.
예 혼합 계산은 계산 순서를 올바르면 결과가 달라지므로 계산 순서에 맞게 해야 한다.
TIP 덧셈, 뺄셈, 곱셈이 섞여 있으면 곱셈을 먼저 계산하고 덧셈, 뺄셈은 섞여 있음 식에서는 앞에서부터 차례대로 계산해요.

$$40-8\times3+15 = 40-24+15 = 16+15 = 31$$

풀이
뜻 수학에서 어떤 문제가 요구하는 결과를 얻어내는 일. 또는 그 결과.
예 혼합 계산식의 풀이 과정을 살펴보고 잘못된 부분이 있는지 찾아보았다.

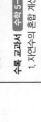

(말풍선) 덧셈, 뺄셈, 곱셈, 나눗셈, 괄호가 섞여 있는 식에서는 괄호 안을 가장 먼저 계산하고 곱셈과 나눗셈을 그다음에 계산해.

괄호
括 묶을 괄 + 弧 활 호

뜻 말이나 글 또는 숫자 등을 한데 묶기 위하여 사용하는 부호 '( )'의 이름.
예 곱셈과 나눗셈이 섞여 있고 괄호가 있는 식에서는 괄호 안에 있는 식을 먼저 계산한다.

$$50\div(5\times2) = 50\div10 = 5$$

거스름돈
뜻 셈할 것을 빼고 도로 내어 주거나 받는 나머지 돈.
예 청수는 슈퍼에서 1000원을 내고 600원짜리 사탕 한 개를 산 뒤 거스름돈으로 400원을 받았다.
비슷한말 잔돈, 우수리

입력
入 들 입 + 力 힘 력
뜻 문자나 숫자를 컴퓨터가 기억하게 하는 일.
예 계산기에는 계산 결과를 저장하는 기능이 있는데, 저장 기능 중 'M+'는 저장 결과에 새로 입력된 값을 더하는 것이다.

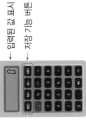
입력된 값 표시 / 저장 기능 버튼

타
打 칠 타
뜻 물건 열두 개를 한 단위로 세는 말.
예 문구점에서 연필 1타, 지우개 2개, 공책 5권을 샀다.

(말풍선) 연필 12자루를 '연필 1타'라고 해.

1주차 3회 수학 교과서 어휘

수록 교과서 **수학 5-1**
2. 약수와 배수

다음 중 낱말의 뜻을 잘 알고 있는 것에 ✔ 하세요.

☐ 약수 ☐ 배수 ☐ 공약수 ☐ 최대공약수 ☐ 수 배열표 ☐ 남김없이

공약수? 배수? 약수? 최대공약수?

친구가 낱말의 의미를 몰라서 수학 문제를 못 풀고 있어. 수학에서는 정확하게 의미를 이해해야 하는 낱말들이 있단다. '약수와 배수' 단원을 배우기 위해 꼭 알아야 하는 낱말들을 공부해 보자.

✏️ 낱말을 읽고, ▨ 부분에 알맞은 말을 그으면서 낱말 공부를 해 보세요.

약수 約 나눗셈 약 + 數 셈 수

뜻 어떤 수를 나머지가 0이 되도록 나누어떨어지게 하는 수.

예 1, 2, 3, 4, 6, 12는 12의 약수이다.

글자는 같지만 뜻이 다른 낱말 약수 Tip 한자어는 藥水(약 약+물 수)라고 쓰라고 쎄요. '약수는 약처럼 물을 담그거나 하면 약효가 있는 샘물을 뜻해. '이 산은 약수가 나오기로 유명하다.'처럼 써.'

배수 倍 곱 배 + 數 셈 수

뜻 어떤 수를 1배, 2배, 3배……한 수.

예 4, 8, 12……는 4의 배수이다.

4를 1배 한 수는 4, 4를 2배 한 수는 8, 4를 3배 한 수는 120다.

이것만은 꼭!

공약수 公 공평할 공 + 約 나눗셈 약 + 數 셈 수

뜻 어떤 두 수의 공통된 약수.

예 8과 12의 공통된 약수 1, 2, 4를 8과 12의 공약수라고 한다.

Tip 두 수의 공약수 중에서 가장 작은 수는 항상 1이에요.

8의 약수는 ①, ②, ④, 8이고, 12의 약수는 ①, ②, 3, ④, 6, 12이므로 8과 12의 공약수는 1, 2, 4!

최대공약수 最 가장 최 + 大 큰 대 + 公 공평할 공 + 約 나눗셈 약 + 數 셈 수

뜻 공약수 중에서 가장 큰 수.

예 8과 12의 공약수 1, 2, 4 중에서 4를 8과 12의 최대공약수라고 한다.

$$8=2×2×2$$
$$12=2×2×3$$
공통인 부분

두 수를 가장 작은 곱으로 나타내면 공통인 부분을 찾을 수 있어. 수들의 공약수의 공통인 부분을 찾아봐!

수 배열표 數 셈 수 + 配 나눌 배 + 列 벌일 렬 + 表 표 표

뜻 숫자를 일정한 차례나 간격에 따라 벌여 놓은 표.

예 수 배열표에서 3의 배수를 모두 찾아 표시했다.

1부터 21까지의 수가 나열된 표에서 3의 배수를 모두 찾아.

1	2	③	4	5	⑥	7
8	⑨	10	11	⑫	13	14
⑮	16	17	⑱	19	20	㉑

▲ 수 배열표

남김없이

뜻 하나도 빼지 않고 모두.

예 빵 12개를 학생 4명에게 남김없이 똑같이 나누어 주려면 3개씩 주면 된다.

비슷한말 모조리, 몽땅

'모조리'는 하나도 빠짐없이 모두를 뜻하고, '몽땅'은 있는 것을 빠짐없이 모두를 뜻해. 모조리, 몽땅 나누어 준다는 말은 남기는 것 없이 다 준다는 뜻이야.

확인 문제

24~25쪽에서 공부한 낱말을 떠올리며 문제를 풀어 보세요.

1 뜻에 알맞은 낱말이 되도록 보기에서 글자를 찾아 쓰세요.

보기

름	계	가
십	도	산
의	합	력
혼	스	

(1) 문자나 숫자를 컴퓨터가 기억하게 하는 일. → 입 력
(2) 셈할 것을 빼고 도로 내어 주거나 받는 나머지 돈. → 거 스 름 돈
(3) 식 하나에 덧셈, 뺄셈, 곱셈, 나눗셈이 섞여 있는 계산. → 혼 합 계 산

해설 | (1) 문자나 숫자를 컴퓨터가 기억하게 하는 일은 '입력', (2) '셈할 것을 빼고 도로 내어 주거나 받는' 나머지 돈은 '거스름돈', (3) '식 하나에 덧셈, 뺄셈, 곱셈, 나눗셈이 섞여 있는 혼합 계산'의 '거스름돈', '세뱃돈'은 '설'에 세배를 하고 받는 돈, '혼합 계산'은 '혼합의 계산'의 뜻입니다.

2 □안의 낱말과 뜻이 비슷한 낱말을 두 개 골라 ○표 하세요.

거스름돈

(1) 잔돈 (2) 용돈 (3) 우수리 (4) 세뱃돈

해설 | '거스름돈과 뜻이 비슷한 낱말은 '잔돈'과 '우수리'입니다. '용돈'은 '개인이 여러 가지 용도로 자유롭게 쓸 수 있는 돈, '세뱃돈'은 '설'에 세배를 하고 받는 돈을 뜻합니다.

3 ( )안에 알맞은 낱말을 골라 ○표 하세요.

(1) 현금 지급기에서 돈을 찾으려고 비밀번호를 (임금, 입력)했다.
(2) 이 문제는 답은 하나이지만 두 가지 방법으로 (풀이), 완성 할 수 있다.
(3) 혼합 계산에서는 앞에서부터 차례대로 계산했을 때와 (괄호, 따옴표) 안을 먼저 계산했을 때 계산결과가 다르다.

해설 | (1) 현금 지급기에서 돈을 찾으려면 비밀번호를 '입력'해야 합니다. '임금'은 일한 대가로 주는 돈을 말합니다. (2) 문제가 요구하는 결과를 얻어 내는 풀이를 '완성'할 수 있습니다. (3) 혼합 계산을 할 때에는 '따옴표' 안이 아니라 '괄호' 안의 식을 먼저 계산해야 합니다.

4 빈칸에 들어갈 알맞은 낱말은 무엇인가요? (②)

우리 반 여학생 12명에게 연필을 선물하려고 연필 한 □을/를 샀다.

① 벌 ② 타 ③ 채 ④ 척 ⑤ 권

해설 | 12명에게 줄 연필이므로 물건 열두 개를 묶어 한 단위로 세는 말인 '타'가 알맞습니다. 벌은 옷을, 채는 집을, 척은 배를, 권은 책이나 공책 따위의 물건을 세는 단위를 나타내는 말입니다.

26~27쪽에서 공부한 낱말을 떠올리며 문제를 풀어 보세요.

5 낱말의 뜻을 보기에서 찾아 사다리를 타고 내려간 곳에 기호를 쓰세요.

보기
㉠ 어떤 두 수의 공통된 약수. - 공약수
㉡ 어떤 수를 1배, 2배, 3배…… 한 수. - 배수
㉢ 어떤 수를 나머지가 0이 되도록 나누어 떨어지게 하는 수. - 약수

공약수 / 배수 / 약수
㉠ / ㉢ / ㉡

해설 | 약수, 배수, 공약수의 뜻을 찾아 사다리를 타고 내려간 곳에 기호를 씁니다.

6 낱말의 뜻은 무엇인지 ( )안에서 알맞은 낱말을 골라 ○표 하세요.

(1)	최대공약수	공약수 중에서 가장 (큰, 작은) 수.
(2)	수 배열표	(글자, 숫자)를 일정한 차례나 간격에 따라 벌여 놓은 표.

해설 | 최대공약수는 '공약수 중에서 가장 큰 수,' 수 배열표는 '숫자를 일정한 차례나 간격에 따라 벌여 놓은 표'입니다.

7 빈칸에 들어갈 낱말로 알맞지 않은 것을 두 가지 고르세요. (③ , ④)

도둑이 귀중품을 [   ] 훔쳐 가서 금고가 텅 비었다.

① 몽땅 ② 모조리 ③ 아무리 ④ 차라리 ⑤ 남김없이

해설 | 도둑이 귀중품을 훔쳐 가서 금고가 텅 빈 상황이므로 '몽땅', '모조리', '남김없이'가 빈칸에 들어갈 낱말이 알맞습니다.

8 ( )안에서 알맞은 낱말을 골라 ○표 하세요.

(1) 나눗셈식을 이용하여 15의 (분수, 약수) 1, 3, 5, 15를 찾아보았다.
(2) 두 수의 (자연수, 공약수)를 구하려면 먼저 각 수의 약수를 구해야 한다.
(3) 모둠 친구들과 3의 (배수, 나머지)인 3, 6, 9번째에 숫자를 말하는 대신 박수를 치는 놀이를 했다.

해설 | (1) '15÷1=15, 15÷3=5, 15÷5=3, 15÷15=1'과 같이 나눗셈식을 이용하여 나눗셈식을 0으로 나타낼 수 있는 약수 1, 3, 5, 15를 찾을 수 있습니다.
(2) '공약수'는 어떤 두 수의 공통된 약수이므로, 공약수를 구하려면 각 수의 약수를 먼저 구해야 합니다. (3) 3, 6, 9는 3의 배수입니다.

과학 교과서 어휘

다음 중 낱말의 뜻을 잘 알고 있는 것에 ✓ 하세요.

□ 문제 인식　□ 변인 통제　□ 자료 변환　□ 자료 해석　□ 결론 도출　□ 안전 수칙

수록 교과서 과학 5-1
1. 과학자는 어떻게 탐구할까요?

> 과학자가 실험을 하는 사진이야. 과학자는 자연 현상에 대해 궁금한 점이 생기면 이를 해결하기 위해 탐구하고 실험을 해. 나와 공부를 통해 과학자가 탐구하는 과정을 알아보자.

낱말을 읽고, ▬▬ 부분에 답들을 그으면서 낱말 공부를 해 보세요.

문제 인식
問 물을 문 + 題 제목 제 + 認 알 인 + 識 알 식

뜻 탐구할 문제를 찾아 명확하게 나타내는 것.

예 문제 인식에서 탐구 문제를 정할 때에는 탐구하고 싶은 내용이 분명하게 드러나고, 탐구 범위가 좁고 구체적이어야 한다.

Tip 문제 인식 단계에서 탐구 문제를 정할 때에는 스스로 탐구할 수 있는 문제인지 확인해요.

변인 통제
變 변할 변 + 因 인할 인 + 統 거느릴 통 + 制 절제할 제

뜻 실험에서 다르게 해야 할 조건과 같게 해야 할 조건을 확인하고 통제하는 것.

예 실험 계획을 세울 때 변인 통제를 해야 실험 결과에 영향을 미치는 조건이 무엇인지 확인할 수 있다.

> '변인'은 상황이나 무엇이 변하는 원인을 뜻하고, '통제'는 어떤 방침이나 목적에 따라 행위를 제한하거나 제약함을 뜻해.

자료 변환
資 재물 자 + 料 헤아릴 료 + 變 변할 변 + 換 바꿀 환

뜻 실험 결과를 표나 그래프의 형태로 바꾸어 나타내는 것.

예 자료 변환을 하면 자료의 특징을 한눈에 비교하기 쉽고, 실험 결과의 특징을 이해하기 쉽다.

이것만은 꼭!

> 실험 결과를 표로 변환했어. '변환'은 다르게 하여 바꾼다는 뜻이야.

■ 사인펜의 색깔에 따라 분리된 색소

사인펜 색깔 / 분리된 색소	검은색	빨간색	파란색
보라색	○	×	○
진분홍색	×	○	×
분홍색	○	○	○
하늘색	○	×	○
노란색	×	○	×

Tip 검은색, 빨간색, 파란색 사인펜이 섞여 있는 색소가 무엇인지 알아보려고 색소를 분리하는 실험을 한 거예요.

자료 해석
資 재물 자 + 料 헤아릴 료 + 解 풀 해 + 釋 풀 석

뜻 실험 결과를 통해 알 수 있는 점을 생각하고 자료 사이의 관계나 규칙을 찾아내는 과정.

예 자료 해석을 할 때에는 실험에서 다르게 한 조건에 따른 결과를 비교하고, 실험 과정에 문제가 있었는지도 도움이 된다.

결론 도출
結 맺을 결 + 論 논할 론 + 導 이끌 도 + 出 드러낼 출

뜻 실험 결과와 자료 해석을 바탕으로 결론을 이끌어 내는 과정.

예 문제의 모둠은 실험 결과에서 '사인펜의 색깔에 따라 섞여 있는 색소는' 이라고 결론 도출을 했다.

Tip 실험에서 '결론'이란 실험 결과를 해석하여 어느 탐구 문제에 대한 답을 말해요.

안전 수칙
安 편안 안 + 全 온전할 전 + 守 지킬 수 + 則 법칙 칙

뜻 위험이 생기거나 사고가 나지 않도록 행동이나 절차에서 지켜야 할 사항을 정한 규칙.

예 실험을 하면서 안전 수칙을 생각하며 안전한 실험 계획을 세웠다.

관련 어휘 **안전모, 안전띠**

'안전모'는 '안전'에 모자의 뜻을 더해 주는 '-모'가 합쳐진 낱말로, 공장이나 작업장 또는 운동 경기 등에서 머리를 보호하기 위해 쓰는 모자를 말해. '안전띠'는 '안전'에 '띠'가 합쳐진 낱말로, 사고가 났을 때 다치지 않도록 몸을 좌석에 붙들어 매는 띠를 따.

과학 교과서 어휘

다음 중 낱말의 뜻을 잘 알고 있는 것에 ✓ 하세요.

□ 체온 □ 이동 □ 전도 □ 대류 □ 접촉 □ 난방

수록 교과서: 과학 5-1 / 2. 온도와 열

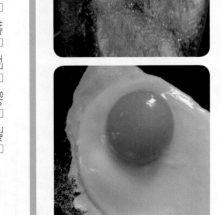

프라이팬에서 닿은 달걀 프라이가 익고, 뜨거운 기름에 둥지가 싱싱하게 튀겨지고 있어. 열이 어떻게 이동해서 음식을 익히는지 가까운 온도와 열을 배울 때 나오는 낱말들을 공부해 보자.

낱말을 읽고, ▨ 부분에 밑줄을 그으면서 낱말 공부를 해 보세요.

체온
體 몸 체 + 溫 온도 온

뜻: 몸의 온도.

예: 병원에서 환자의 체온을 잴 때는 정확하게 측정해야 한다.

관련 어휘: 수온, 기온
'수온'은 물의 온도, '기온'은 공기의 온도를 뜻해. 차갑거나 따뜻한 정도인 온도는 숫자에 단위 '℃(섭씨온도)'를 붙여 나타내.

이동
移 옮길 이 + 動 움직일 동

뜻: 움직여 옮김. 또는 움직여 자리를 바꿈.

예: 열은 온도가 높은 물질에서 낮은 물질로 이동한다.

비슷한말: 전이
'전이'는 자리나 위치 등을 다른 곳으로 옮긴다는 뜻이며, "청결한 환경을 유지하면 세균의 전이를 막을 수 있다."와 같이 쓰여.

열의 이동은 물질의 온도를 변하게 하는 원인이야.

정답과 해설 ▶ 12쪽

이것만은 꼭!

전도
傳 전할 전 + 導 인도할 도

뜻: 고체에서 열이 온도가 높은 곳에서 낮은 곳으로 고체 물질을 따라 이동하는 것.

예: 불 위에 올려놓은 주전자의 몸체는 시간이 지나면 열의 전도가 일어나서 뜨거워진다.

관련 어휘: 단열
'단열'은 두 물질 사이에서 열의 이동을 줄이는 것을 말해. 겨울에 집 안의 열이 밖으로 빠져나가지 않도록 집 지을 때 벽 사이에 단열이 되는 재료를 넣는 것도 단열의 한 예야.

대류
對 섞들 대 + 流 흐를 류

뜻: 액체나 기체에서 온도가 높아진 물질이 위로 올라가고, 위에 있던 물질이 아래로 밀려 내려오는 현상.

예: 액체에서는 대류를 통해 열이 이동한다.

Tip: 물을 끓일 때 대류를 통해 물 전체가 따뜻해져요.

[image] ▲ 물의 대류

접촉
接 이을 접 + 觸 닿을 촉

뜻: 서로 맞닿음.

예: 온도가 다른 두 물질이 접촉하면 따뜻한 물질의 온도는 점점 낮아지고 차가운 물질의 온도는 점점 높아진다.

여러 가지 뜻을 가진 낱말 접촉
'접촉'에는 가까이 대하고 사귄다라는 뜻도 있어. "이웃과 접촉이 많다."와 같이 쓰이지.

난방
暖 따뜻할 난 + 房 방 방

뜻: 실내의 온도를 높여 따뜻하게 하는 일.

예: 난방 기구를 한 곳에만 켜 두어도 공기가 대류하면서 집 안 전체의 공기가 따뜻해진다.

난방 기구를 낮은 곳에 설치하면 온도가 높아진 공기는 올라가고, 위쪽에 있던 차가운 공기는 아래로 밀려 내려 오면서 빨리 따뜻해져.

확인 문제

✏ 30~31쪽에서 공부한 낱말을 떠올리며 문제를 풀어 보세요.

1 낱말의 뜻을 보기에서 찾아 사다리를 타고 내려간 곳에 기호를 쓰세요.

보기
㉠ 탐구할 문제를 찾아 명확하게 나타내는 것. - 문제 인식
㉡ 실험 결과를 표나 그래프의 형태로 바꾸어 나타내는 것. - 자료 변환
㉢ 실험 결과와 자료 해석을 바탕으로 결론을 이끌어 내는 과정. - 결론 도출
㉣ 실험에서 다르게 해야 할 조건과 같게 해야 할 조건을 확인하고 통제하는 것. - 변인 통제

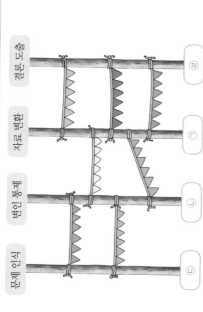

문제 인식	변인 통제	자료 변환	결론 도출
㉢	㉡	㉠	㉣

해설 | 과학 탐구를 하는 과정에서 문제 인식: 변인 통제, 자료 변환, 결론 도출을 순서대로 찾습니다.

2 ( )안에서 알맞은 낱말을 골라 ○표 하세요.

(1)
자전거를 탈 때
머리를 보호하기 위해서 꼭
(안전모, 안전띠)를 써야 해.

(2)
자동차의 앞좌석뿐만 아니라
뒷자석에 탄 사람도 모두
(안전모, 안전띠)를 매어 해.

해설 | (1) 자전거를 탈 때 머리를 보호하기 위해 써야 하는 것은 '안전모'입니다.
(2) 자동차를 탈 때에는 앞좌석과 뒷좌석 모두 '안전띠'를 매야 합니다.

3 ( )안에 알맞은 말을 보기에서 찾아 쓰세요.

보기
변인 통제   자료 해석   안전 수칙

(1) 모든 친구들이 실험 결과를 정리한 표를 보고 (자료 해석)을/를 했다.
(2) 이번 실험은 유리로 된 실험 기구와 알코올램프를 사용하니 (안전 수칙)을/를 잘 지켜야 한다.
(3) 실험에서 (변인 통제)을/를 할 때에는 한 가지 조건만 다르게 하고, 나머지 조건은 모두 같게 해야 한다.

해설 | (1) 실험 결과를 정리한 표를 보고 하는 것은 자료 해석입니다. (2) 실험을 할 때에는 사고가 나지 않도록 행동이 나 장치에서 지켜야 할 사항을 정한 규칙인 '안전 수칙'을 잘 지켜야 합니다. (3) 실험에서 다르게 해야 할 조건을 확인하는 것은 변인 통제입니다.

✏ 32~33쪽에서 공부한 낱말을 떠올리며 문제를 풀어 보세요.

4 뜻에 알맞은 낱말을 글자 카드에서 찾아 쓰세요.

축	도	전
냉	난	방

(1) 고체에서 열이 온도가 높은 곳에서 낮은 곳으로 고체 물질을 따라 이동 하는 것. (전도)
(2) 실내의 온도를 높여 따뜻하게 하는 일. (난방)

해설 | 고체에서 열이 이동하는 것은 '전도', '실내의 온도를 높여 따 뜻하게 하는 일'은 '난방'의 뜻입니다.

5 어떤 낱말의 뜻인지 ( )안에서 알맞은 낱말을 골라 ○표 하세요.

액체나 기체에서 온도가 높아진 물질이 위로 올라가고, 위에 있던
물질이 아래로 밀려 내려오는 현상. (전도, **대류**, 단열)

해설 | 액체나 기체에서 열이 이동하는 과정인 '대류'의 뜻입니다. 전도는 고체에서 열이 이동하는 것을 뜻합니다.

6 다음 상황에서 무엇을 측정해야 하는지 보기에서 찾아 기호를 쓰세요.

보기
㉠ 수온   ㉡ 기온   ㉢ 체온

(1) 아기가 열이 날 때: (㉢)
(2) 식물이 잘 자라도록 온실 내부의 온도를 측정할 때: (㉡)
(3) 어항 속 물의 온도가 물고기가 살기에 적절한지 확인할 때: (㉠)

해설 | (1) 아기가 열이 날 때는 몸의 온도인 체온을 측정해야 합니다. (2) 온실 내부의 온도는 공기의 온도인 기온을 측 정해야 할 수 있습니다. (3) 어항 속 물의 온도는 물의 온도인 수온을 측정해야 합니다.

7 밑줄 친 낱말의 쓰임이 알맞으면 ○표, 알맞지 않으면 ✕표 하세요.

(1) 온유: 난로를 켜서 <u>냉방</u>을 했으므로 이제 곧 따뜻해질 거야. (✕)
(2) 형준: 고체 물질은 <u>대류</u>를 통해 열이 있으므로 열이 전도는 잘 일어나지 않아. (○)
(3) 선아: 무더운 날에는 몸을 <u>축축</u>하게 했더니 땀이 말라 덥게 느껴져 않아. (✕)
(4) 소미: 단열부 층을 요리할 때 <u>프라이팬</u>에서 온도가 낮은 <u>단열</u>로 온도가 이동해서 단열 이 먹는 거야. ( )

해설 | (1) 난로를 켰다고 했으므로 '실내의 온도를 높여 따뜻하게 하는 일'인 '난방'으로 써야 합니다. '냉방'은 '실내의 온 도를 낮게 하는 것'을 뜻합니다. (3) 무더운 날에는 몸체로부터 땀이 나 옷이 빨리 마르도록 재촉합니다.

어휘가 문해력이다

1주차 5회 한자 어휘

食 (식)이 들어간 낱말

✏ '食(식)'이 들어간 낱말을 읽고, ■ 부분에 말들을 그으면서 낱말 공부를 해 보세요.

食 먹을 식

뚜껑이 있는 그릇 안에 밥이 담겨 있네. '식(食)'은 음식을 담는 그릇을 본떠 만든 글자야. 그래서 '밥'이라는 뜻을 갖게 되었어. 낱말에서 '식(食)'은 '먹다, 음식'의 뜻을 나타내.

약육강식 · 식후 · 한식 · 급식

음식 食

한식 韓 한국 한 + 食 음식 식
- 뜻 한국 고유의 음식.
- 예 불고기, 비빔밥 등 한식을 좋아하는 외국인이 늘고 있다.
- 관련 어휘 양식

급식 給 줄 급 + 食 음식 식
- 뜻 끼니로 먹는 음식을 줌. 또는 그 식사.
- 예 오늘 급식으로 내가 좋아하는 반찬인 소고기 장조림이 나왔다.

먹다 食

약육강식 弱 약할 약 + 肉 고기 육 + 強 강할 강 + 食 먹을 식
- 뜻 약한 것은 강한 것에게 먹히는 자연계의 법칙. 또는 사회에서 약한 자가 강한 자에게 눌려 먹혀 멸망함을 이르는 말.
- 예 할아버지께서는 약육강식의 세계에서 살아남으려면 공부를 열심히 해야 한다고 말씀하셨다.

식후 食 먹을 식 + 後 뒤 후
- 뜻 밥을 먹은 뒤.
- 예 이 약은 식후 30분에 먹어야 한다.
- 반대말 식전

重 (중)이 들어간 낱말

✏ '重(중)'이 들어간 낱말을 읽고, ■ 부분에 말들을 그으면서 낱말 공부를 해 보세요.

重 무거울 중

'중(重)'은 사람이 등에 짐을 지고 있는 모습을 표현한 글자야. 그래서 '무겁다'는 뜻을 갖게 되었어. 낱말에서 '중(重)'은 '무겁다'는 뜻을 나타내며, '소중하다'의 뜻을 나타낼 때도 있어.

중형 · 중태 · 애지중지 · 귀중품

무겁다 重

중형 重 무거울 중 + 刑 형벌 형
- 뜻 아주 무거운 형벌.
- 예 어린아이를 몹시 괴롭힌 사람들에게 중형이 내려졌다.
- 반대말 경형

중태 重 무거울 중 + 態 상태 태
- 뜻 병이 심하여 위험한 상태.
- 예 병에 걸려 오랜 노인이 오늘 아침에 의식을 잃고 중태에 빠졌다.

소중하다 重

Tip '지(之)'는 사람이나 을 가리키는 대상으로 쓰였어요.

애지중지 愛 사랑 애 + 之 이것 지 + 重 소중할 중 + 之 이것 지
- 뜻 매우 사랑하고 소중히 여기는 모양.
- 예 이 게임기는 내가 애지중지 여기는 것이어서 아무에게도 빌려줄 수 없다.
- Tip 속담 '쥐면 꺼질까 넣으면 쌀까' 를 '애지중지'와 비슷한 뜻으로 쓰이요.

귀중품 貴 귀할 귀 + 重 소중할 중 + 品 물건 품
- 뜻 귀하고 소중한 물건.
- 예 한 영업은 금과 보석 등 값나가는 귀중품을 금고에 넣어 보관한다.
- 뜻을 더해 주는 말 -품

확인 문제

✏️ 36쪽에서 공부한 낱말을 떠올리며 문제를 풀어 보세요.

1 뜻에 알맞은 낱말을 빈칸에 쓰세요.

(1)
❷한	식
❶급	

❶ 끼니로 먹는 음식을 줌.
❷ 한국 고유의 음식.

(2)
| | ❶식 | 후 |
| | 전 | |

가로 열쇠 ❶ 밥을 먹은 뒤.
세로 열쇠 ❶ 밥을 먹기 전.

해설 | '식(食)'이 들어간 낱말인 '급식', '한식', '식후', '식전'을 빈칸에 알맞게 쓰도록 합니다.

2 친구가 말한 뜻을 가진 낱말은 무엇인지 빈칸에 알맞게 쓰세요.

약한 것은 강한 것에게 먹히는 자연계의 약육강식(弱肉強食)의 뜻을 담고 있습니다.

약한 것은 강한 것에게 먹히는 자연계의 법칙. 또는 사회에서 약한 자가 강한 자에게 끝내 영향됨을 이르는 말이야.

| | | 약 |
| 육 | 강 | 식 |

해설 | 친구는 약육강식(弱肉強食)의 뜻을 말하고 있습니다.

3 뜻이 반대인 낱말끼리 묶은 것을 골라 ○표 하세요.

(1) 급식 – 양식   (2) 한식 – 소식
( )   ( )

(3) 식후 – 식전
(○)

해설 | '밥을 먹은 뒤, 밥을 먹기 전'을 뜻하는 '식후'와 '식전'이 서로 반대인 낱말입니다.

4 ( ) 안에 알맞은 낱말을 보기에서 찾아 쓰세요.

보기
급식
식후
한식
약육강식

(1) (식후)에 바로 누우면 소화가 잘 안된다.
(2) 할머니 생신 때 우리 가족은 (한식) 식당에서 외식을 했다.
(3) 우리 학교도 6학년이 1학년에게 점심 (급식)을/를 해 준다.
(4) 사슴이 표범에게 잡아먹히는 것은 (약육강식)의 세계에서는 자연스러운 일이다.

해설 | (1) 밥을 먹은 뒤인 '식후'에 바로 누우면 소화가 잘되지 않습니다. (2) 한국 고유의 음식인 '한식'을 파는 식당에서 외식을 할 것입니다. (3) 6학년이 1학년에게 점심을 주는 '급식'을 해 줍니다. (4) 사슴이 표범에게 잡아먹히는 것은 약육강식의 세계에서는 당연한 일입니다.

어휘가 문해력이다

✏️ 37쪽에서 공부한 낱말을 떠올리며 문제를 풀어 보세요.

5 낱말과 그 뜻을 알맞게 선으로 이으세요.

(1) 중태   •   • 아주 무거운 형벌.
(2) 귀중품   •   • 병이 심하여 위험한 상태.
(3) 중형   •   • 매우 사랑하고 소중히 여기는 모양.
(4) 애지중지 •   • 귀하고 소중한 물건.

해설 | '중(重)'이 들어간 낱말인 '중태', '귀중품', '중형', '애지중지'에서 '중(重)'이 어떤 뜻으로 쓰였는지 생각하며 알맞은 뜻을 찾도록 합니다.

6 밑줄 친 '몸'의 뜻이 다른 것은 무엇인가요? (①)

① 엄마 품속이 포근하다.
② 여행을 가서 기념품을 샀다.
③ 언니는 화장품에 관심이 많다.
④ 이 선풍기는 불량품이니 바꾸어 주네.
⑤ 박물관에서 아름다운 예술품을 감상했다.

해설 | '귀중품'에서 '품'은 '물품' 또는 '작품'의 뜻을 더하는 말로 '기념품, 화장품, 불량품, 예술품'이 이 '품'과 뜻이 같습니다. '품속'의 '품'은 두 팔을 벌려서 안을 때의 가슴을 뜻하는 말입니다.

귀중품

7 이야기의 흐름을 생각하며 ( ) 안에 알맞은 낱말을 보기에서 찾아 쓰세요.

보기
중형   중태   귀중품   애지중지

옛날에 가난한 부부가 외둥딸을 (1)(애지중지) 키우며 살았어.

어느 날 아버지가 큰 병에 걸려 (2)(중태)에 빠졌어.

딸은 아버지의 병을 치료할 약을 사려고 부잣집에서 (3)(귀중품)을/를 훔치려 했어. 하지만 딸이

붙잡힌 딸은 옥에 갇혀 될 부잣집의 창 엄청난 (4)(중형)을/를 내려 달라고 했어.

해설 | 이 이야기의 흐름에 어울리는 낱말을 보기에서 찾아 문맥에 알맞게 넣습니다. '애지중지 기르다', '중태에 빠지다', '귀중품을 훔치다', '중형을 내리다' 등과 같이 쓰이는 낱말입니다.

초등 5학년 1학기

1주차 어휘력 테스트

1주차 1~5회에서 공부한 낱말을 떠올리며 문제를 풀어 보세요.

낱말 뜻

1 뜻에 알맞은 낱말을 보기에서 찾아 기호를 쓰세요.

보기
ㄱ 조인   ㄴ 입력   ㄷ 명칭   ㄹ 영역   ㅁ 난방

(1) 사람이나 사물 등을 일컫는 이름. (ㄷ)
(2) 실내의 온도를 높여 따뜻하게 하는 일. (ㅁ)
(3) 문자나 숫자를 컴퓨터가 기억하게 하는 일. (ㄴ)
(4) 도움이 되는 많아나 물건이 물렸던 것을 깨우쳐 주는 말. (ㄱ)
(5) 한 나라의 주권이 미치는 범위를 말하며 영토, 영해, 영공으로 이루어짐. (ㄹ)

해설 | 국어, 사회, 수학, 과학에서 배운 각각의 낱말 뜻을 떠올리며 해당하는 낱말의 기호를 씁니다.

비슷한말

2 밑줄 친 낱말과 뜻이 비슷한 낱말은 무엇인가요? (③)

두 사람이 서로에게 하는 말과 행동을 보면 둘의 관계를 추론할 수 있다.

① 열기   ② 위치   ③ 추리   ④ 대부   ⑤ 중형

해설 | '추론'은 느러나지 않은 것을 미루어 생각함을 뜻합니다. 이와 뜻이 비슷한 낱말은 알고 있는 것을 바탕으로 알지 못하는 것을 미루어 생각함을 뜻하는 '추리'입니다.

여러 가지 뜻을 가진 낱말

3 밑줄 친 낱말이 다음 문장과 다른 뜻으로 쓰인 것에 ○표 하세요.

접촉한 두 물질의 온도가 변하는
까닭은 열이 온도가 높은 쪽에서 낮
은 쪽으로 이동하기 때문이다.

(1) 그는 이웃과의 접촉을 피한다. (○)
(2) 도로에서 자동차 접촉 사고가 났다. ( )
(3) 이 병은 피부 접촉으로 전염될 수 있다. ( )

해설 | 제시된 문장과 (2)와 (3)에서 '접촉'은 '서로 맞닿음'을 뜻하는 말로 쓰였습니다. (1)에서 '접촉'은 '가까이 대하고 사귐'의 뜻으로 쓰였습니다.

낱말 활용

4~5 ( ) 안에서 알맞은 낱말을 골라 ○표 하세요.

4 놀이 기구를 탈 때에는 (변인 통제 , (안전 수칙))을/를 잘 지켜야 한다.

해설 | 놀이 기구를 탈 때 지켜야 할 것은 '위험이 생기거나 사고가 나지 않도록 행동이나 절차에서 지켜야 할 사항'을 뜻하는 '안전 수칙'입니다. '변인 통제'는 '실험에서 다르게 해야 할 조건과 같게 해야 할 조건을 확인하고 통제하는 것'을 뜻합니다.

5 아영이는 친한 친구의 지수에게 ((고민) , 공감)을 털어놓았다.

해설 | 이영이는 지수에게 '걱정거리가 있어 마음속으로 괴로워하고 속을 태움'을 뜻하는 '고민'을 털어놓았습니다. '공감'

---

6 빈칸에 공통으로 들어갈 낱말은 무엇인가요? (④)

• 이 산에서 숨는 생물은 [   ](으)로 유명하다.
• 8을 나누어떨어지게 하는 수인 1, 2, 4, 8이 8의 [   ]이다.

① 위도   ② 세부   ③ 이동
④ 약수   ⑤ 수순

해설 | '약수'는 '어떤 수를 나머지가 0이 되도록 나누어떨어지게 하는 수'를 뜻합니다. 8을 나누어떨어지게 하는 수는 '약수'와 어떤 약을 담그거나 하면 약효가 있는 샘물'이라는 뜻입니다.

한자 성어

7 밑줄 친 낱말을 바르게 사용한 친구에게 ○표 하세요.

(1) 아침 자동에 힘을 합쳐 저 재물를 말하면역 약 강식의 법칙도 바꿀 수 있어. ( )

(2) 늦잠을 잤는데 헤지중지로 베개가 아파서 지각을 하고 말았어. ( )

해설 | '약육강식'은 '약한 것은 강한 것에게 먹히는 자연계의 법칙, 또는 사회에서 약한 자가 강한 자에게 눌레 떠맴됨을 이르는 말'을 뜻하며, '애지중지'는 '매우 사랑하고 소중히 여기는 모양'을 뜻합니다.

낱말 활용

8~10 ( ) 안에 알맞은 낱말을 보기에서 찾아 쓰세요.

보기
요약   터전   타전   귀중품

8 한반도는 우리나라 사람들이 살고 있는 (터전)이다.

해설 | 한반도는 우리나라 사람들에게 생활의 근거지가 되는 곳이기 때문에 '터전'이 알맞습니다.

9 재미있는 동화책의 내용을 (요약)한 줄거리를 동생에게 들려주었다.

해설 | 동화책의 줄거리를 동생에게 들려주었다고 했으므로 동화책의 내용을 '요약'한 것이 알맞습니다.

10 어머니께서는 값나가는 (귀중품)을/를 항상 장롱 깊숙한 곳에 감추어 두셨다.

해설 | '값나가는'이라는 말이 나오므로 '귀중품'이 들어가는 것이 알맞습니다. '값나가는'은 '어떤 사물의 값이 많은 액수에 이르다.'를 뜻합니다.

어휘가
문해력
이다

초등 5학년 1학기

2주차 정답과 해설

국어 교과서 어휘

수록 교과서 **국어 5-1 ㉮**
4. 글쓰기의 과정

다음 중 낱말의 뜻을 잘 알고 있는 것에 ✓하세요.
□ 문장 성분 □ 주어 □ 서술어 □ 목적어 □ 호응 □ 들르다

낱말을 읽고, 부분에 알맞은 글자를 그으면서 낱말 공부를 해 보세요.

문장 성분
文 글월 문 + 章 글 장 + 成 이룰 성 + 分 나눌 분

이것만은 꼭!
뜻 주어, 서술어, 목적어 등과 같이 문장을 구성하는 부분.
예 문장에서 반드시 있어야 할 문장 성분이 빠지면 문장의 뜻을 완성할 수 없다.

> 문장은 완결된 생각을 표현하는 단위로, 문장을 이루려면 꼭 필요한 요소들이 있어.

나는 + 책을 + 읽는다
주어   서술어
↓
나는 책을 읽는다.
문장

주어
主 주인 주 + 語 말씀 어
예 '주(主)'의 대표 뜻은 '임금'이야.

Tip 주어가 없으면 누구 또는 무엇에 대한 설명인지 알 수 없어요.
뜻 문장에서 동작이나 상태의 주체가 되는 말.
예 "동생이 밥을 먹는다."의 '동생이', "꽃이 예쁘다."의 '꽃이'가 문장에서 '누가'나 '무엇'에 해당하는 주어이다.

어법 **주어를 만드는 방법**
'누구'나 '무엇'에 해당하는 말에 '이/가/께서/에서'와 같은 말을 붙여서 주어를 만들어. '은/는'이 붙거나 "너, 밥 먹었어?"처럼 붙는 말이 생략되기도 해.

서술어
敍 펼 서 + 述 서술할 술 + 語 말씀 어
예 '술(述)'의 대표 뜻은 '펴다'이야.

뜻 문장에서 주어의 움직임, 상태, 성질 따위를 풀이하는 말.
예 "언니가 책을 읽는다."의 '읽는다', "아기가 귀엽다."의 '귀엽다'가 문장에서 '어 찌하다'나 '어떠하다'에 해당하는 서술어이다.

어법 **서술어의 종류 – 어찌하다, 어떠하다, 무엇이다**
"서우가 밥을 먹는다."에서 '먹는다'는 동작을 나타내는 '어찌하다', "하늘이 파랗다."에서 '파랗다'는 상태를 나타내는 '어떠하다'에 해당해. 그리고 "이것은 책이다."의 '책이다'는 '무엇이다'에 해당하지.

목적어
目 눈 목 + 的 목표 적 + 語 말씀 어
예 '목(目)'의 대표 뜻은 '적(的)'의 대표 뜻은 '과녁'이야.

Tip 목적어가 없으면 서술어의 대상이 되는 말.
뜻 문장에서 동작의 대상이 되는 말.
예 "나는 떡볶이를 좋아한다."의 '떡볶이를', "이슬이가 친구를 기다린다."의 '친구 를'이 문장에서 '무엇을'이나 '누구를'에 해당하는 목적어이다.

어법 **목적어를 만드는 방법**
"지우가 공부를 한다."의 '공부를'처럼 '을/를'을 붙여 목적어를 만들 수 있다.

호응
呼 부를 호 + 應 응응할 응

뜻 문장에서 앞에 어떤 말이 오면 이 말과 짝이 되는 말이 뒤따라오는 것.
예 문장에서 호응이 되지 않으면 문장이 어색해지거나 전달하려는 뜻이 잘못 전 해질 수 있다.

어법 **'결코', '만약'과 호응하는 말**
문장에서 앞에 '결코'가 오면 뒤에 '않다', '아니다', '-지 않다', '와 같이 부정의 뜻을 가진 말이 와야 해. 또 '만약' 뒤에는 가정의 뜻을 나타내는 '-면'이 와야 바른 문장이 돼.

들르다
뜻 지나는 길에 잠깐 들어가 머무르다.
예 집으로 가는 길에 시장에 들러 여러 가지 과일을 샀다.

헷갈리는 말 **들르다**
'들르다'는 소리가 비슷해 '들어가다'와 '들리다'를 헷갈리지 않도록 주의해. "한곳에 새가 고양이 울음소 리가 들린다.'와 같이 쓰여. '들르다'와 '들리다'를 헷갈리지 않도록 주의해.

재미있는 우리말

표현하기 '등잔 밑이 (밝다 , **어둡다**)'는 가까이 있는 것이 도리어 잘 알기 어렵다는 말입니다.

정답과 해설 ▶ 18쪽

2주차 1회
국어 교과서 어휘

다음 중 낱말의 뜻을 잘 알고 있는 것에 ✓하세요.
□ 동형어 □ 주장 □ 근거 □ 해석 □ 찬반 □ 설득력

낱말을 읽고, 틀린 부분에 밑줄을 그으면서 낱말 공부를 해 보세요.

수록 교과서 국어 5-1 ㉮
5. 글쓴이의 주장

동형어
同 한가지 동 + 形 모양 형 + 語 말씀 어
⤷ '동(同)'의 대표 뜻은 '같다'

뜻 형태는 같지만 뜻이 서로 다른 말.
예 사람이나 동물의 몸통 아래에 붙어 있는 신체 부위인 '다리'와 물을 건너갈 수 있도록 양쪽을 잇는 '다리'는 동형어이다.
'다리'는 여러 가지 뜻을 가진 낱말이야. '일어나다'에는 "누웠다가 앉거나 일어서다.", "잠에서 깨어나다.", "어떤 일이 생기다." 등 여러 가지 뜻이 있어. 이처럼 한 낱말이 여러 가지 뜻을 가진 경우에 그 낱말을 '다의어'라고 해.
Tip 동형어와 다의어의 정확한 뜻을 알아보려면 국어사전을 찾아보세요.
관련 어휘 다의어

주장
主 주인 주 + 張 드러낼 장
⤷ '주(主)'의 대표 뜻은 '임금, 주인'
⤷ '장(張)'의 대표 뜻은 '베풀다'

이것만은 꼭!
뜻 자신의 생각을 굳게 내세움.
예 각 문단의 중심 내용을 확인하면 글쓴이가 글에서 내세우는 주장을 파악할 수 있다.
'의견'은 어떤 대상에 대하여 가지는 생각을 뜻해. '주장'은 그 의견을 내세우는 것을 말하지.
예 아버지께서는 바닷가로 여름 휴가를 가자는 내 의견을 받아들이셨다.
관련 어휘 의견

근거
根 뿌리 근 + 據 근거 거
⤷ '근(根)'의 대표 뜻은 '뿌리'

뜻 어떤 일이나 주장이 옳음을 뒷받침하는 내용.
예 글쓴이는 "쓰기 윤리를 지키자"라는 주장을 뒷받침하려고 "쓰기 윤리를 지키지 않는 것은 문화 발전을 막는 일이다."라는 근거를 들었다.
Tip 근거는 의견이나 주장과 관련이 있어야 해요.
적절한 근거가 많을수록 글쓴이의 주장이 더 힘을 얻을 수 있어.
근거에는 생활이나 활동 등의 근본이 되는 곳이라는 뜻도 있어. "신속대 활동의 근거로 삼다."와 같이 쓰여.
여러 가지 뜻을 가진 낱말 근거

해석
解 풀 해 + 釋 풀 석

뜻 말이나 글 따위의 의미를 이해하고 판단함.
예 여러 가지 뜻으로 해석되는 낱말의 정확한 뜻을 확인하려고 국어사전을 찾아보았다.
속담 꿈보다 해몽이 좋다
'꿈보다 해몽이 좋다'는 하찮거나 언짢은 일을 그럴듯하게 둘러 생각하여 좋게 풀이함을 비유적으로 이르는 말이야. 이 속담에서 '해몽'은 꿈에 나타난 일을 풀어서 좋고 나쁨을 판단함을 뜻하는 말이지.

찬반
贊 도울 찬 + 反 반대할 반
⤷ '반(反)'의 대표 뜻은 '돌이키다'

뜻 찬성과 반대를 아울러 이르는 말.
예 모든 친구들과 '학교에서 스마트폰을 사용할 수 있도록 해야 한다.'는 주장에 대해 찬반으로 나누어 토론을 했다.

설득력
說 말씀 설 + 得 깨달을 득 + 力 힘 력
⤷ '득(得)'의 대표 뜻은 '얻다'

뜻 상대편이 이쪽 편의 이야기를 따르도록 하는 힘.
예 글에서 제시한 근거가 적절해야 글쓴이의 주장이 설득력을 갖게 된다.
뜻을 더해 주는 말 -력
'-력'은 일부 낱말 뒤에 붙어 '능력' 또는 '힘'이 뜻을 더해 주는 말이야. '생명'에 어떤 일을 해내려는 정신적인 힘이 '정신력', 지금까지 없던 새로운 것을 생각해 내는 능력인 '창의력' 등이 '-력'이 들어간 낱말이야.

꼭! 알아야 할 관용어

빈칸 채우기

확인 문제

낱말의 뜻을 보기 에서 찾아 사다리를 타고 내려간 곳에 기호를 쓰세요.

1 44~45쪽에서 공부한 낱말을 떠올리며 문제를 풀어 보세요.

보기
㉠ 문장에서 동작의 대상이 되는 말. - 목적어
㉡ 문장에서 동작이나 상태의 주체가 되는 말. - 주어
㉢ 문장에서 주어의 움직임, 상태, 성질 따위를 풀이하는 말. - 서술어

	주어	목적어	서술어
	㉠	㉡	㉢

해설 | 주어는 문장에서 동작이나 상태의 주체가 되는 말이고, 목적어는 문장에서 동작의 대상이 되는 말이며, '서술어'는 문장에서 주어의 움직임, 상태, 성질 따위를 풀이하는 말입니다.

2 밑줄 친 낱말이 바르게 쓰인 문장에 ◯표 하세요.

(1) 사람들이 말소리가 들도록 목을 숨겼다. ( )

(2) 선생님께서 베풀어 주신 은혜를 결코 잊겠습니다. ( )

(3) 만약 내일 비가 오면 현장 체험학습은 취소됩니다. (◯)

해설 | (1) 말소리는 귀를 통해 알아차려지는 것이므로 '들리도록'으로 고쳐야 합니다. (2) '결코'와 호응하려면 '잊겠습니다'를 '잊지 않겠습니다'로 고쳐야 합니다.

3 ( ) 안에 알맞은 낱말을 보기 에서 찾아 쓰세요.

보기

호응	들려	들려	목적어	문장 성분

(1) 아버지께서는 주유소에 (들려) 자동차에 기름을 넣으셨다.

(2) "안나는 좋아한다. (목적어)이/가 없어서 안나가 무엇을 좋아하는지 알 수 없다.

(3) "나는 어제 빵을 막 먹었다."는 시간을 나타내는 말과 서술어의 (호응) 관계가 알맞지 않다.

(4) "예쁜 꽃이 피었다."에서 꼭 필요한 (문장 성분)은/는 '꽃'와 '피었다'이다.

해설 | (1) 주유소에 잠깐 들어가 머무른다는 기름을 넣는 것이므로 '들러'가 알맞습니다. (2) 목적어가 없어서 안나가 무엇을 좋아하는지 알 수 없습니다. (3) 김과일이 과거를 나타내는 말 '어제'는 과거를 나타내므로 서술어가 '먹었다'가 되어야 합니다. (4) 꽃이를 꾸미는 모든 필요한 문장 성분이 아닙니다.

46~47쪽에서 공부한 낱말을 떠올리며 문제를 풀어 보세요.

4 뜻에 알맞은 낱말이 되도록 보기 에서 글자를 찾아 쓰세요.

보기

장	행	어	득	주	동	력

(1) 자신의 생각을 굳게 내세움. → 주 장

(2) 형태는 같지만 뜻이 서로 다른 낱말. → 동 형 어

(3) 상대편이 이쪽 편의 이야기를 따르도록 깨우치는 힘. → 설 득 력

해설 | (1) 자신의 생각을 굳게 내세움.'을 뜻하는 낱말은 '주장'이고, (2) '형태는 같지만 뜻이 서로 다른 낱말.'은 '동형어'입니다. (3) '상대편이 이쪽 편의 이야기를 따르도록 깨우치는 힘.'을 뜻하는 낱말은 '설득력'입니다.

5 ( ) 안에서 알맞은 낱말을 골라 ◯표 하세요.

선우: 국어사전을 찾아보니 '떡'에는 "음식을 임을 통해 배 속에 들여보내다.", "마음이나 감정을 품다.", "어떤 나이가 되거나 나이를 더하다.", 등 뜻이 여러 개 있더라.

미소: 그럼 '먹다'는 (동음어, (다의어), 다형어)구나.

해설 | 다의어는 여러 가지 뜻을 가진 낱말을 말합니다. 선우가 국어사전을 통해 알아본 것처럼 '먹다'에는 여러 가지 뜻이 있으므로 '먹다'는 다의어입니다.

6 빈칸에 공통으로 들어갈 알맞은 말은 무엇인가요? (④)

생( )명	정( )신	( )가	창의( )

① 묘 ② 군 ③ 가 ④ 력 ⑤ 이

해설 | '능력' 또는 '힘'의 뜻을 더해 주는 말인 '-력'을 넣어 '생명력', '정신력', '창의력'으로 써야 알맞습니다.

7 ( ) 안에서 알맞은 낱말을 골라 ◯표 하세요.

(1) 그는 (기억력, (설득력)) 있는 연설로 사람들의 마음을 움직였다.

(2) 내 주장에 막무가내로 내세우지 말고 타당한 ((근거) , 주제)를 제시해 봐.

(3) 시에서는 시민들에게 김고양이 급식소 설치에 대한 (문답, (찬반)) 의견을 물었다.

(4) "쓰면 음수~는 숲이 지워집니다."라는 광고 문구에서 '쓰다'는 '사용하다'의 뜻으로 (해결 , (해석))할 수 있다.

해설 | (1) 설득력 있는 연설이 사람들의 마음을 움직일 수 있습니다. (2) 타당한 근거를 제시하면서 주장을 내세울 수 있습니다. (3) 김고양이 급식소 설치를 찬성하는지, 반대하는지를 대답이 나의 주장을 받아들일 수 있습니다. (4) 여러 가지 뜻으로 해석되는 '쓰다'를 이 광고 문구에서는 '사용하다'의 뜻으로 사용했습니다.

산지 (山 메 산 + 地 땅 지)

뜻 산이 많은 지역.

예 우리나라는 국토의 약 70퍼센트가 산지로, 높고 험한 산은 대부분 북쪽과 동쪽에 많다.

관련 어휘 하천, 평야

예 하천은 빗물과 지하수가 낮은 곳으로 흘러가면서 만드는 크고 작은 물줄기를 말해. 평야는 평평하고 넓은 땅을 말해. 하천 주변에 있는 평야는 농사짓기 좋아서 옛날부터 사람들이 많이 모여 살았어.

Tip 하천에 물줄기가 흐르면서 땅을 깎아 여러 모습을 바꾸어요.

기후 (氣 기운 기 + 候 기후 후)

└ 기(氣)의 대표 뜻은 '기운'이야.

뜻 오랜 시간 한 지역에 나타나는 평균적인 대기 상태.

예 우리나라 기후의 특징은 사계절이 있고, 계절별로 기온과 강수량의 차이가 크다.

등온선 (等 같을 등 + 溫 따뜻할 온 + 線 줄 선)

└ 온(溫)의 대표 뜻은 '따뜻하다'야.

뜻 기온이 같은 곳을 연결한 선.

예 기후도의 등온선을 살펴보면 남쪽으로 갈수록 기온이 높아지는 것을 알 수 있다.

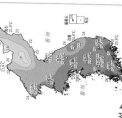

▲ 8월 평균 기온을 나타낸 기후도의 등온선

자연재해 (自 스스로 자 + 然 그럴 연 + 災 재앙 재 + 害 해할 해)

뜻 피할 수 없는 자연 현상으로 일어나는 피해.

예 우리나라에서 발생하는 자연재해에는 황사, 가뭄, 폭염, 홍수, 태풍, 폭설, 한파 등이 있다.

비슷한말 천재, 천재지변

'천재'는 자연의 변화로 일어나는 재앙을 뜻해. '천재지변'도 '자연 현상으로 인한 재앙'을 뜻하지.

2주차 2회

사회 교과서 어휘

수록 교과서 사회 5-1
1. 국토와 우리 생활

다음 중 낱말의 뜻을 잘 알고 있는 것에 ☑ 하세요.

☐ 지형 ☐ 해안 ☐ 산지 ☐ 기후 ☐ 등온선 ☐ 자연재해

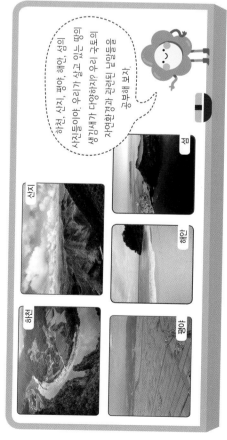

하천, 산지, 평야, 해안, 섬의 사진들이야. 우리가 살고 있는 땅의 생김새이란 우리나라 국토의 자연환경과 관련한 낱말들을 공부해 보자.

낱말을 읽고, 부분에 알맞은 낱말을 그으면서 낱말 공부를 해 보세요.

지형 (地 땅 지 + 形 모양 형)

뜻 땅의 생김새.

예 우리나라에는 산지, 하천, 평야, 해안, 섬 등 다양한 지형이 있다.

이것만은 꼭!

우리나라 지형의 특징은 산이 많고, 삼면이 바다로 둘러싸여 있으며, 동쪽은 높고 서쪽은 낮아.

Tip 우리나라는 높고 험한 산이 동쪽에 많아 동쪽이 높고 서쪽이 낮으므로 하천도 동쪽에서 서쪽으로 흘러.

해안 (海 바다 해 + 岸 언덕 안)

뜻 바다와 맞닿은 육지 부분.

예 해안 지역에는 갯벌이나 모래사장이 나타나고 항구 도시가 발달하기도 한다.

관련 어휘 동해안, 서해안, 남해안

'동해안'은 우리나라 동쪽에 있는 해안으로, 해안선이 단조롭고 모래사장이 넓어서 해수욕장이 발달했어. '서해안'은 우리나라 서쪽에 있는 해안으로, 해안선이 복잡하고 갯벌이 넓어. '남해안'은 우리나라 남쪽에 있는 해안으로, 크고 작은 섬이 많고 해안선이 복잡해.

2주차 2회

사회 교과서 어휘

수록 교과서 사회 5-1
1. 국토와 우리 생활

다음 중 낱말의 뜻을 잘 알고 있는 것에 ☑ 하세요.

□ 인구 □ 분포 □ 분산 □ 교통 □ 생활권 □ 개통

와, 넓은 도로에 차도 많고 높은 건물이 많네. 우리나라에서 가장 큰 도시인 서울의 모습이야. 서울에는 많고 교통도 발달했지. '우리 국토의 인구와 환경'을 배울 때 이어야 할 낱말들을 고부해 보자.

밑줄을 읽고, 밑줄에 알맞은 낱말을 그으면서 낱말 공부를 해 보세요.

인구
人 사람 인 + 口 인구 구
「'구미'의 대표 뜻은 '입'이야.」

뜻 한 나라 또는 일정한 지역에 사는 사람의 수.

예 우리나라는 전체 인구에서 65세 이상의 노년층이 차지하는 비율이 늘고 있다.

관련 어휘 인구 밀도
'인구 밀도'는 일정한 넓이(1제곱킬로미터) 안에 거주하는 인구의 밀집 정도를 나타내. 인구 밀도가 높으면 사람들이 빽빽하게 많이 모여 사는 것을 뜻해. 우리나라에서 인구 밀도가 높은 지역은 서울이고, 인구 밀도가 가장 낮은 지역은 강원도라고 해.

Tip 인구 밀도가 높으면 주택 부족, 교통 혼잡, 환경 오염 등이 문제가 나타나요.

분포
分 나눌 분 + 布 분포할 포
「'포(布)'의 대표 뜻은 '베'야.」

뜻 일정한 범위에 흩어져 퍼져 있음.

예 도시 분포를 나타낸 지도를 보니 1960년대에 비해 2015년에 도시의 수가 크게 늘어났다.

우리나라 인구 분포의 특징은 산업이 발달한 수도권과 대도시에 인구가 밀집되어 있다는 거야!

분산
分 나눌 분 + 散 흩을 산

뜻 갈라져 흩어짐. 또는 갈라져 흩어지게 함.

예 정부는 공공 기관을 지방으로 옮겨 수도권 인구를 분산하려고 노력한다.

반대말 집중
갈라져 흩어지는 '분산'과 반대로 '집중'은 한곳을 중심으로 해서 모임, 또는 그렇게 모음을 뜻하는 말이야. '시선 집중', '인구 집중', '집중 공격' 등과 같이 쓰이지.

Tip 대도시 주변에 신도시를 건설하는 것도 인구 분산의 방법 중 하나예요.

교통
交 오고갈 교 + 通 통할 통
「'교(交)'의 대표 뜻은 '사귀다'야.」

뜻 자동차, 기차, 비행기 등이 탈것을 이용하여 사람이나 짐이 이동하는 것.

예 교통이 발달로 사람과 물자의 이동이 활발해지고 지역 간 이동 시간이 줄어들었다.

관련 어휘 통신
이것만은 꼭! '통신'은 소식을 전함이라는 뜻으로, 교통이 발달과 함께 통신 수단이 발달하면서 사람들의 생활 모습이 크게 바뀌었어. 통신의 발달로 시간과 장소에 상관없이 원하는 정보를 얻고, 사람들과 소통할 수 있게 되었지.

생활권
生 살 생 + 活 살 활 + 圈 범위 권
「'생(生)'의 대표 뜻은 '나다', '권(圈)'의 대표 뜻은 '우리'야.」

뜻 통학, 통근 등 사람이 일상생활을 할 때 활동하는 범위.

예 우리나라는 고속 열차와 고속 국도의 발달로 전국이 1일 생활권이다.

교통이 발달하면서 사람들의 일상생활이 점점 넓어지게 돼.

개통
開 열 개 + 通 통할 통

뜻 길, 다리, 철로, 전화 따위를 완성하거나 이어 이용할 수 있게 함.

예 예전에는 서울에서 부산을 가려면 5시간이 넘게 걸렸지만 지금은 고속 철도의 개통으로 3시간이면 갈 수 있다.

반대말 불통
'불통'은 길, 다리, 철도, 전화, 전신 따위가 서로 통하지 아니함이라는 뜻이야. "철도 보수 공사를 하느라 한동안 철도가 불통이 되었다."와 같이 쓰여.

교통이 발달하면서 사람들의 생활이 편리하게 넓어지게 돼.

확인 문제

50~51쪽에서 공부한 낱말을 떠올리며 문제를 풀어 보세요.

1 뜻에 알맞은 낱말을 빈칸에 쓰세요.

(1)
산	지
형	

→ ① 산이 많은 지역.
② 땅의 생김새.

(2)
자		
	재	해
		안

해설 | (1) '산이 많은 지역'은 '산지'이고, '땅의 생김새'는 '지형'입니다. (2) '피할 수 없는 자연 현상으로 일어나는 피해'는 '자연재해'이고, '바다와 맞닿은 육지 부분'은 '해안'입니다.

2 친구들이 말하는 '이것'은 무엇인지 알맞은 낱말에 ○표 하세요.

(1)
이것은 평평하고 넓은 땅이에요. 사람들이 이곳에서 농사를 지으며 모여 살아요.
(산지 , 하천 , 평야)

(2)
이것은 빗물과 지하수가 낮은 곳으로 흘러가면서 만드는 크고 작은 물줄기를 말해. 신지에서 시작되어 바다로 흘러가.
(해안 , 하천 , 평야)

해설 | (1)에서 말한 '이것'은 평평하고 넓은 땅인 '평야'이고, (2)에서 말한 빗물과 지하수가 낮은 곳으로 흘러가면서 만드는 크고 작은 물줄기는 '하천'입니다.

3 ( ) 안에서 알맞은 낱말을 골라 ○표 하세요.

(1) 지구 온난화의 영향으로 평균 기온이 높아지는 등 전 세계적으로 (기후 , 문화)가 변화하고 있다.
(2) 디지털 영상 지도로 우리 고장의 (인구 , 지형)을/를 살펴보았더니 높은 산봉우리들이 많이 보였다.
(3) 1월 평균 기온을 나타낸 (강수량 , 순은신)을 보고 겨울에는 이 지역이 서울보다 따뜻하다는 것을 알았다.
(4) 기상청에서는 (자연재해 , 교통 혼잡)이/가 예상될 때 미리 대처해 피해를 줄일 수 있도록 기상 특보를 발령한다.

해설 | (1) 평균 기온이 높아지는 것은 '기후' 현상입니다. (2) 디지털 영상 지도로 땅의 생김새인 '지형'을 살펴본 것입니다. (3) 동해안이 서울보다 따뜻하다는 것은 강수량이 아니라 '순은신'을 통해 알 수 있습니다. (4) 기상 특보는 자연재해가 예상될 때 미리 대처할 수 있도록 발령합니다.

52~53쪽에서 공부한 낱말을 떠올리며 문제를 풀어 보세요.

4 뜻에 알맞은 낱말을 글자판에서 찾아 묶으세요. (낱말은 가로(—), 세로(│), 대각선(＼) 방향에 숨어 있어요.)

강	마	장	① 분	수
다	다	④ 교	산	③ 직
② 개	하	표	포	④ 통
소	식	② 분	소	

① 갑자게 줄어짐. 또는 갑자게 줄어지게 함.
② 길, 다리, 철도, 전화 따위를 완성하거나 이어 이용할 수 있게 함.
③ 일정한 범위에 흩어져 퍼져 있음.
④ 자동차, 기차, 비행기 등의 탈것을 이용하여 사람이나 짐이 이동하는 것.

해설 | ①은 '개통'의 이동한 것. ②는 일정한 범위에 흩어져 퍼져 있음은 '분포', 자동차, 기차, 비행기 등이 탈것을 이용하여 사람이나 짐이 이동하는 것은 '교통'의 뜻입니다.

5 뜻에 알맞은 낱말을 ( ) 안에서 골라 ○표 하세요.

(1) 한곳을 중심으로 하여 모임. 또는 그렇게 모음.
(협동 , 개통 , 집중)

(2) 일정한 넓이 안에 거주하는 인구로 인구의 밀집 정도를 나타냄.
(인구수 , 인구 밀도 , 인구 구성)

해설 | (1) 한곳을 중심으로 하여 모이는 것은 '집중'이 타내는 것은 '인구 밀도'입니다. (2) 일정한 넓이 안에 거주하는 인구로 인구의 밀집 정도를 나타내는 것은 '인구 밀도'입니다.

6 빈칸에 들어갈 낱말은 무엇인가요? ( )

자가용이 생긴 삼촌은 _____ 이 넓어졌다.

① 생활권 ② 수도권 ③ 상품권 ④ 최인권 ⑤ 투표권

해설 | 자가용이 생겨서 넓은 곳을 빠르게 이동할 수 있게 된 삼촌은 일상생활을 할 때 활동하는 범위인 '생활권'이 넓어졌습니다.

7 ( ) 안에 알맞은 낱말을 보기에서 찾아 쓰세요.

보기
인구	개통	분포	교통

(1) 섬과 육지를 잇는 다리가 (개통)된 뒤 섬을 찾는 관광객이 늘었다.
(2) 이 지역은 최근 (인구)이/가 늘어나면서 주택 부족, 교통 혼잡 등이 문제가 생겼다.
(3) 오늘날에는 철도, 고속 국도, 공항 등 (교통)시설이 국토의 구석구석을 그물망처럼 연결하고 있다.
(4) 도시는 인구가 너무 많고, 촌락은 인구가 적은 것을 보고 인구 (분포)이/가 지역적으로 고르지 않다는 것을 알 수 있었다.

해설 | (1) 섬과 육지를 잇는 다리를 이용할 수 있게 되었으므로 '개통'이 알맞습니다. (2) 주택 부족이나 교통 혼잡은 지역에서 '인구'가 늘어남에 따라 생기는 문제이므로 '인구'가 알맞습니다. (3) 철도, 고속 국도, 공항 등은 '교통' 시설입니다. (4) 도시는 인구가 많고, 촌락은 인구가 적은 것은 인구 분포가 고르지 않다는 것을 의미합니다.

간격 (間 사이 간 + 隔 사이 뜰 격)

- 뜻 두 대상 사이의 거리.
- 예 목장 가장자리에 일정한 간격으로 말뚝을 박을 때 최소로 필요한 말뚝의 수를 최대공약수를 이용해 구했다.
- 여러 가지 뜻을 가진 낱말 간격
  '간격'은 어떤 상황과 상황, 또는 일과 일 사이의 시간적인 거리라는 뜻과 사람들의 관계가 멀어진 정도의 뜻으로 쓰이기도 해.

십간 (十 열 십 + 干 십간 간)

- 뜻 해나 수의 차례를 매길 때 쓰는 글자로 갑, 을, 병, 정, 무, 기, 경, 신, 임, 계의 10가지임.
- 예 십간은 10년마다 반복된다.

십이지 (十 열 십 + 二 두 이 + 支 십이지 지)

- 뜻 해나 수의 차례를 매길 때 쓰는 글자로 자, 축, 인, 묘, 진, 사, 오, 미, 신, 유, 술, 해의 12가지임.
- 예 십이지는 12년마다 반복된다.
- 관련 어휘 간지 Tip 하나의 간지가 다시 돌아오는 데 60년이 걸려요.

> '십이지'의 '자'는 쥐, '축'은 소, '인'은 호랑이, '묘'는 토끼, '진'은 용, '사'는 뱀, '오'는 말, '미'는 양, '신'은 원숭이, '유'는 닭, '술'은 개, '해'는 돼지를 뜻해.

'간지'는 십간과 십이지를 차례대로 조합한 것으로 '육십갑자'라고도 해. 60간지로 조합하여 배열한 간지의 순서에 따라 연도의 이름을 붙여. 무술년, 경인년 이런 식으로 말이야.

연도 (年 해 연 + 度 법도 도)

- 뜻 어떤 일이 일어난 해, 또는 편의상 구분한 일 년 동안의 기간.
- 예 우리 조상들은 연도를 나타낼 때 10을 못하는 십간과 12종류의 동물을 못하는 십이지를 사용했다.

2주차 3회
수학 교과서 어휘

수록 교과서 수학 5-1
2. 약수와 배수

다음 중 낱말의 뜻을 잘 읽고 있는 것에 ✓ 하세요.

□ 공배수 □ 최소공배수 □ 간격 □ 십간 □ 십이지 □ 연도

> 친구가 궁금해하는 걸 알려면 공배수, 최소공배수, 십간, 십이지 등이 무엇인지 이해해야 해. '약수와 배수' 단원을 배울 때 알아야 하는 낱말들을 이어서 더 공부해 보자.

> 조선 시대에 임진왜란이 일어난 1592년은 신미년이었고, 내가 태어난 해도 신미년이라는데...... 해의 이름은 어떻게 짓는 걸까?

낱말을 읽고, [ ] 부분에 밑줄을 그으면서 낱말 공부를 해 보세요.

공배수 (公 공평할 공 + 倍 곱 배 + 數 셈 수)

- 뜻 어떤 두 수의 공통된 배수.
- 예 2와 3의 공통된 배수 6, 12, 18 등을 2와 3의 공배수라 고 한다.

  이것만은 꼭!
  2의 배수: 2, 4, 6, 8, 10, 12, 14, 16, 18......
  3의 배수: 3, 6, 9, 12, 15, 18......

> 두 수의 공배수는 셀 수 없이 많을 정도로 많아.

최소공배수 (最 가장 최 + 小 작을 소 + 公 공평할 공 + 倍 곱 배 + 數 셈 수)

- 뜻 공배수 중에서 가장 작은 수.
- 예 2와 3의 공배수 6, 12, 18......중에서 가장 작은 수인 6은 2와 3의 최소공배수이다.

> 2와 3의 최소공배수인 6의 배수는 2와 3의 공배수와 같아. (6, 12, 18, 24......)

수학 교과서 어휘

수록 교과서 수학 5-1 3. 규칙과 대응

다음 중 낱말의 뜻을 잘 알고 있는 것에 ✓ 하세요.

□ 대응 □ 일정하다 □ 추측 □ 기호 □ 나열 □ 조립

초코 과자와 과자 상자, 드론과 날개, 의자와 팔걸이, 이렇게 두 양이 서로 일정하게 관계를 이으로 나타낼 때, 변하는 관계는 수학적으로 중요한 개념이야. '규칙과 대응' 단원에 나오는 낱말을 공부해 볼까?

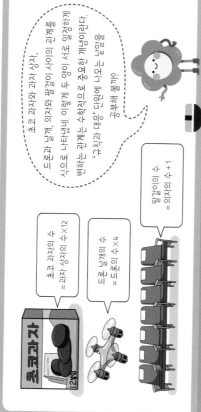

초코 과자의 수
= 과자 상자의 수×12

드론 날개의 수
= 드론의 수×4

팔걸이의 수
= 의자의 수＋1

초코과자 12봉

낱말을 읽고, [이것만은 꼭!] 부분에 밑줄을 그으면서 낱말 공부를 해 보세요.

대응

對 짝 지을 대 + 應 응할 응
〈예〉'대(對)'의 대표 뜻은 '대하다'야.

[이것만은 꼭!]
뜻 어떤 두 대상이 주어진 관계에 의하여 서로 짝이 되는 일.
예 한 양이 변할 때 다른 양이 그에 따라 일정하게 변하는 관계가 대응 관계이다.

[여러 가지 뜻을 가진 낱말] 대응
'대응'에는 어떤 일이나 상황에 맞추어 행동을 한다는 뜻도 있어. "신속하게 대응했다.", "적절한 대응을 해줬다."와 같이 쓰이지.

일정하다

一 한 일 + 定 정할 정 + 하다
〈예〉'정(定)'의 대표 뜻은 '정하다'야.

뜻 질서가 있거나 규칙적이다.
예 자동차의 수가 1씩 늘어나면 자동차 바퀴의 수는 일정하게 변하는 4씩 늘어난다.
자동차의 수×4=바퀴의 수
Tip 두 대상의 관계를 식으로 나타낼 때에는 규칙을 찾는 것이 중요해요.

자동차 수가 1일 때 바퀴의 수는 4, 자동차 수가 2일 때 바퀴의 수는 8, 자동차 수가 3일 때 바퀴의 수는 12…… 자동차의 수와 바퀴의 수가 일정하게 늘어나네?

추측

推 헤아릴 추 + 測 헤아릴 측
〈예〉'추(推)'의 대표 뜻은 '밀다'야.

뜻 미루어 생각하여 헤아림.
예 배열 순서에 따라 모양 조각의 수가 어떻게 변하는지 정리한 표를 살펴보면 어떤 배열 관계가 있는지 추측할 수 있다.

기호

記 표시할 기 + 號 부호 호
〈예〉'기(記)'의 대표 뜻은 '기록하다', '호(號)'의 대표 뜻은 '이름'이야.

뜻 어떤 뜻을 나타내기 위해 쓰는 그림, 문자 등 여러 가지 표시.
예 두 양 사이의 대응 관계를 식으로 나타낼 때에는 각 양을 ○, □, ☆ 등과 같은 기호를 사용하여 표현하면 좋다.
☆×4=△
Tip ☆는 모둠의 수를, △는 학생의 수를 나타내고, 하나의 모둠은 4명으로 이루어져 있음을 알 수 있어요.

모둠의 수와 학생의 수 사이의 대응 관계를 기호를 사용하여 간단하게 나타낸 식이야.

나열

羅 벌일 나 + 列 벌일 렬
〈예〉'열(列)'의 대표 뜻은 '줄'이야.

뜻 죽 벌여 놓음.
예 숫자 카드와 연산 카드를 나열하여 알맞은 식을 만들어 보았다.

[비슷한말] 진열
'진열'도 물건을 죽 벌여 놓는다는 뜻이 있지만, 여러 사람에게 보이기 위하여 물건을 죽 벌여 놓는다는 점에서 '나열'과 차이가 있어. "가게에 상품이 진열되어 있다."와 같이 쓰여.

조립

組 짤 조 + 立 이루어질 립
〈예〉'립(立)'의 대표 뜻은 '서다'야.

뜻 여러 부품을 하나의 구조물로 짜 맞춤.
예 상자에 모둠의 여러 가지 부품을 사용하여 로봇을 조립하면서 로봇이 원리를 알아보았다.

[반대말] 분해
'분해'는 여러 부분이 결합되어 이루어진 것을 그 낱낱으로 나누는 것을 뜻해. "자동차를 분해했다.", "고장 난 컴퓨터를 수리하려고 분해했다."와 같이 쓰이지.

58~59쪽에서 공부한 낱말을 떠올리며 문제를 풀어 보세요.

5 뜻에 알맞은 낱말을 글자판에서 찾아 묶으세요. (낱말은 가로(ㅡ), 세로(|), 대각선(\) 방향에 숨어 있어요.)

❶ 죽 벌여 놓음.
❷ 절차가 있거나 규칙적이다.
❸ 어떤 두 대상이 이어지는 관계에 의하여 서로 짝이 되는 일.
❹ 어떤 뜻을 나타내기 위해 쓰는 그림, 문자 등 여러 가지 표시.

일	측	정	대	응
회	정	영	기	호
조	열	하	합	다
람	열	나		

해설 | 죽 벌여 놓음은 '나열'이 나열일 뜻이고, '절차가 있거나 규칙적이다'는 '일정하다'의 뜻입니다. '어떤 두 대상이 주어진 관계에 의하여 서로 짝이 되는 일'은 '대응', '어떤 뜻을 나타내기 위해 쓰는 그림, 문자 등 여러 가지 표시'는 '기호'의 뜻입니다.

6 밑줄 친 낱말과 뜻이 반대인 낱말을 골라 ○표 하세요.

선호는 모형 비행기를 조립하느라 시간 가는 줄 몰랐다.

(혼합 , **분해** , 완성)

해설 | '조립'은 '여러 부품을 하나의 구조물로 짜 맞춤.'을 뜻합니다. 이와 뜻이 반대인 낱말은 '여러 부분이 경험되어 이루어진 것을 그 낱낱으로 나눔.'을 뜻하는 '분해'입니다. '혼합'은 '여러 가지를 뒤섞어 한데 합함.', '완성'은 '완전히 다 이룸.'을 뜻합니다.

7 빈칸에 알맞은 낱말을 글자 카드에서 찾아 쓰세요.

(1) '+', '-', '×', '÷'는 각각 덧셈, 뺄셈, 곱셈, 나눗셈의 [기호]이다.

(기호)

(2) 일기는 사실만 쓰는 것보다 느낌과 생각을 함께 쓰는 것이 좋다.

[표 열 나] → (나열)

(3) 내 [ ](으)로는 서하가 순영이를 좋아하는 것 같아.

[주 반 생 측] → (추측)

(4) 크리스마스트리를 장식한 전구의 불빛이 하게 깜박거린다.

[정 화 일 장] → (일정)

해설 | (1) '+', '-', '×', '÷'는 어떤 뜻을 나타내는 '기호'입니다. (2) 일기는 그날 있었던 사실만 '나열하는 것'보다 느낌과 생각을 함께 쓰는 것이 좋습니다. (3) 사하가 순영이를 좋아하는 것 같다고 정확하고 있으므로 '추측'이 알맞습니다. (4) 전구의 불빛이 규칙적으로 일정하게 깜박거린다는 것이 알맞습니다.

확인 문제

56~57쪽에서 공부한 낱말을 떠올리며 문제를 풀어 보세요.

1 뜻에 알맞은 낱말이 되도록 보기 에서 글자를 찾아 쓰세요.

보기
배 연 십 도 간

(1) 어떤 일이 일어난 해. → [연 도]
(2) 어떤 두 수의 공통된 배수. → [공 배 수]
(3) 하나의 수의 차례를 매길 때 쓰는 글자로 갑, 을, 병, 정, 무, 기, 경, 신, 임, 계의 10가지임. → [십 간]

해설 | (1) '어떤 일이 일어난 해'는 '연도', (2) '어떤 두 수의 공통된 배수'는 '공배수', (3) '하나의 수의 차례를 매길 때 쓰는 글자로 갑, 을, 병, 정, 무, 기, 경, 신, 임, 계의 10가지임'은 '십간'의 뜻입니다.

2 ( )안에 알맞은 말을 골라 ○표 하세요.

십간과 십이지를 차례대로 조합한 것을 (섬지 , 지간 , **간지**)(이)라고 한다.

해설 | '십간'과 '간지'를 차례로 딴 '간지'가 '십간과 십이지를 차례대로 조합한 것'입니다. 간지는 '육십갑자'라고도 합니다.

3 '간격'이 가진 뜻으로 알맞지 않은 것에 ✗표 하세요.

(1) 두 대상 사이의 거리. ( )
(2) 둘레나 끝에 해당되는 부분. (✗)
(3) 사람들의 관계가 벌어진 정도. ( )
(4) 어떤 상황과 상황, 또는 일과 일 사이의 시간적인 거리. ( )

해설 | '간격'은 여러 가지 뜻을 가진 다의어로, (1), (3), (4)가 간격의 뜻입니다. (2)는 '가장자리'의 뜻입니다.

4 ( )안에 알맞은 말을 보기 에서 찾아 쓰세요.

보기
간격 십이지 연도 최소공배수

(1) 평창 동계 올림픽 정가가 열린 (연도)는/은 2018년이다.
(2) 간지는 10과 12의 (최소공배수)인 60년마다 반복된다.
(3) 사람을 보려고 교실 좌상과 좌상 사이의 (간격)을/를 넓혔다.
(4) 내가 태어난 갑오년의 (십이지)이/가 '오'니까 난 말띠란다.

해설 | (1) 어떤 일이 일어난 해를 뜻하는 '연도'가 알맞습니다. (2) 간지는 10년마다 반복되는 십간과 12년마다 반복되는 십이지가 처음으로 다시 만나는 60년마다 반복됩니다. (3) 사람을 보려면 책상 사이의 간격이 넓어야 합니다. (4) 태어난 해의 십이지가 뜻하는 동물이 자신의 띠가 됩니다.

과학 교과서 어휘

수록 교과서 과학 5-1
3. 태양계와 별

다음 중 낱말의 뜻을 잘 알고 있는 것에 ✓ 하세요.

□ 태양계　□ 천체　□ 행성　□ 위성　□ 별　□ 별자리

> 밤하늘의 별이 쏟아질 것 같아! 텐트 속 사람들은 아름다운 별빛을 바라보고 이제747자 저 별들이 있는 우주에는 무엇이 있을까? '태양계와 별'과 관련된 낱말들을 공부하며 우주에 대한 지식을 쌓아 보자.

낱말을 읽고, 　　부분에 밑줄을 그으면서 낱말 공부를 해 보세요.

이것만은 꼭!

태양계
太클 태 + 陽볕 양 + 系 이어맬 계
→ '양(陽)'의 대표 뜻은 '볕'. 계(系)의 대표 뜻은 '이어매다'야.

뜻 태양과 태양의 영향을 받는 천체들을 그리고 그 공간.
예 태양계는 태양, 행성, 위성, 소행성, 혜성 등으로 구성된다.

> 태양이 지구에 여러 가지 영향을 미치며, 우리가 살아가는 데 필요한 대부분의 에너지는 태양에서 얻어.

천체
天하늘 천 + 體몸 체
→ '체(體)'의 대표 뜻은 '몸'이다.

뜻 별, 행성, 위성, 소행성 등 우주에 있는 모든 물체.
예 태양계에 있는 여러 천체들은 색깔이 서로 다르고 모양도 달라서 신기했다.

관련 어휘 천체, 인공 천체
우주를 형성하고 있는 태양, 행성, 위성, 달, 혜성, 소행성 등을 '천체'라고 하고, 인공위성이나 인공 행성을 '인공 천체'라고 해.

정답과 해설 ▶ 27쪽

행성
行다닐 행 + 星별 성

뜻 태양의 주위를 도는 둥그런 천체.
예 태양계 행성에는 수성, 금성, 지구, 화성, 목성, 토성, 천왕성, 해왕성이 있다.
Tip 수성, 금성, 지구, 화성의 표면에 땅이 있고, 목성, 토성, 천왕성, 해왕성은 표면이 기체로 되어 있어요.

▲ 태양 주위를 도는 여덟 개의 행성

위성
衛지킬 위 + 星별 성

뜻 행성의 주위를 도는 천체.
예 달은 지구의 주위를 도는 위성이다.

관련 어휘 소행성, 혜성
태양계에는 행성, 위성 외에 소행성과 혜성도 있어. 소행성은 태양 주위를 도는 암석체로 상대적으로 크기가 작아. 혜성은 가스 상태의 빛나는 꼬리를 끌고 태양 주위를 도는 천체야. 소행성과 크기가 비슷하지. 소행성과 혜성이 작은 조각이 지구로 떨어지는 게 유성, 즉 별똥별이야.

별
뜻 태양처럼 스스로 빛을 내는 천체.
예 별은 매우 먼 거리에 있어서 밤하늘에서 반짝이는 밝은 점으로 보인다.

속담 하늘의 별 따기
'하늘의 별 따기'는 무엇을 얻거나 성취하기가 매우 어려운 경우를 비유적으로 이르는 말이야. 아주 멀리서 반짝이는 별은 찾고 싶어도 따는 건 불가능한 일이기에 이런 속담이 생겼겠지?

> '별 = 항성'이라고도 해

별자리
뜻 밤하늘에 보이는 별이 무리를 구분해 이름을 붙인 것.
예 옛날 사람들은 밤하늘에 무리 지어 있는 별들을 연결해 사람이나 동물, 물건의 모습을 떠올려 별자리의 이름을 붙였다.
Tip 북두칠성, 작은곰자리, 카시오페이아자리 등은 북쪽 밤하늘에서 볼 수 있는 별자리예요.

2주차 4회

과학 교과서 어휘

수록 교과서 과학 5-1
3. 태양계와 별

다음 중 낱말의 뜻을 잘 알고 있는 것에 ✓ 하세요.

□ 관측 □ 방위 □ 북극성 □ 떠돌다 □ 진해물 □ 정밀

> 우리는 밤하늘로 방향을 찾고 있었던 경우도 별을 관측하기도 해. 이젠 우주선을 타고 우주에 갈 수 있는 시대가 되었어. 우주에 호기심을 가지고 '태양계와 별' 단원에 나오는 낱말들을 이어서 공부해 보자.

 낱말을 읽고, [ ] 부분에 알맞은 그림을 그려서 낱말 공부를 해 보세요.

이것만은 꼭!

관측 觀 볼 관 + 測 헤아릴 측

뜻 눈이나 기계로 천체나 기상 등의 자연 현상을 관찰하여 측정하는 일.

예 여러 날 동안 같은 밤하늘을 관측하면 별의 위치가 거의 변하지 않지만 행성은 위치가 조금씩 변하는 것을 알 수 있다.

관련 어휘 **천문대**

천문대는 천체 현상을 관측하고 연구하는 곳으로, 천체 관측을 위한 망원경과 고성능 컴퓨터 등이 갖추어져 있어. 경주에 있는 첨성대는 동양에서 가장 오래된 천문대야.

↳ '측(測)'의 대표 뜻은 '헤아리다'야.

방위 方 방위 방 + 位 자리 위

뜻 동서남북을 기준으로 한 어떤 쪽의 위치.

예 나침반이나 지도를 사용하지 않고 별자리를 이용해 방위를 찾을 수 있다.

글자는 같지만 뜻이 다른 낱말 **방어**

"독도를 방어하다.", "철통 같은 방어 태세"와 같은 표현을 들어 본 적 있지? 이때 '방어'는 적의 공격이나 침략을 막아서 지킴이라는 뜻이야.

↳ '방(方)'의 대표 뜻은 '모'야.

북극성 北 북녘 북 + 極 북극성 극 + 星 별 성

뜻 작은곰자리에서 가장 밝은 별로 북극 가까이에 있고 위치가 거의 변하지 않음.

예 북쪽 밤하늘에서 북두칠성과 카시오페이아자리를 찾으면 북극성을 쉽게 찾을 수 있다.

Tip 북극성은 밤하늘에서 위치가 변하지 않아 옛날 사람들은 북극성을 보며 밤에 길을 찾았어요.

↳ '극(極)'의 대표 뜻은 '극진하다'야.

떠돌다

뜻 공중이나 물 위에 떠서 이리저리 움직이다.

예 달 표면에 있는 구덩이는 우주를 떠돌던 돌덩이가 달 표면에 충돌하여 만들어졌다.

여러 가지 뜻을 가진 낱말 **떠돌다**

'떠돌다'에는 어떤 말이나 소문이 널리 퍼진다는 뜻도 있어. "이상한 소문이 학교에 떠돌았다.", "떠도는 말을 무조건 믿으면 안 돼." 등과 같이 쓰이지.

진해물 殘 남을 잔 + 骸 뼈 해 + 物 물건 물

뜻 부서지거나 못 쓰게 되어 남아 있는 물체.

예 우주에 버려진 인공위성이나 진해들 같은 인공 물체들이 지구와 충돌할 위험이 있다.

관련 어휘 **우주 진해물**

우주에서 떠돌고 있는 수명을 다한 우주선, 소모된 로켓 파편, 분리된 인조 장치, 사고로 인한 폭발물 등의 물체를 통틀어 이르는 말이야. 이런 우주 진해물은 우주 쓰레기가 될 뿐만 아니라 추락, 충돌의 가능성이 있어 지구에 위험이 되기도 해.

↳ '진(殘)'의 대표 뜻은 '전하다'야.

정밀 精 정할 정 + 密 빽빽할 밀

뜻 아주 정확하고 꼼꼼하여 빈틈이 없고 자세함.

예 과학자들은 여러 관측 장비를 사용하여 낙하물 위험을 정밀하게 감시한다.

↳ '정(精)'의 대표 뜻은 '정하다', '밀(密)'의 대표 뜻은 '빽빽하다'야.

확인 문제

🔲 62~63쪽에서 공부한 낱말을 떠올리며 문제를 풀어 보세요.

1 뜻에 알맞은 낱말을 글자판에서 찾아 묶으세요. (낱말은 가로(ㅡ), 세로(丨), 대각선(˅) 방향에 숨어 있어요.)

❶ 별, 행성, 위성, 소행성 등 우주에 있는 모든 물체.
❷ 태양과 태양의 영향을 받는 천체를 그리고 그 공간.
❸ 밤하늘에 보이는 별이 여러 무리를 지어 이름을 붙인 것.

해설 | 별, 행성, 위성, 소행성 등 우주에 있는 모든 물체는 '천체'의 뜻이고, '태양과 태양의 영향을 받는 천체를 그리고 그 공간'은 '태양계'의 뜻입니다. '밤하늘에 보이는 별이 여러 무리를 지어 이름을 붙인 것'은 '별자리'의 뜻입니다.

2 낱말의 뜻은 무엇인지 ( )안에서 알맞은 낱말을 골라 ○표 하세요.

(1) 위성 ___ (태양 · 행성)의 주위를 도는 천체.

(2) 별 ___ (태양 · 행성)처럼 스스로 빛을 내는 천체.

해설 | (1) '위성'은 달처럼 행성의 주위를 도는 천체입니다. (2) '별'은 태양처럼 빛을 내는 천체입니다.

3 밑줄 친 낱말을 바르게 사용한 친구에게 ○표 하세요.

해설 | 하늘의 별 가운데 또는 근처 매진 도이어서 예매하기가 하늘의 별 따기인듯이어렵다

4 빈칸에 알맞은 낱말을 완성하세요.

(1) 태양계의 행 성 중에서 가장 작은 것은 수성이고, 가장 큰 것은 목성이다.

(2) 천문학자는 밤하늘의 천 체 을/를 관측하고 우주의 온갖 현상을 연구한다.

(3) 근일점, 쌍둥이자리 등 별 자 리 에는 재미있는 이야기가 전해 온다.

해설 | (1) 수성과 목성은 태양의 주위를 도는 '행성'입니다. (2) 천문학자는 별, 행성, 위성, 소행성 등의 천체를 관측하고 연구합니다. (3) 근일점, 쌍둥이자리는 별자리의 이름입니다.

🔲 64~65쪽에서 공부한 낱말을 떠올리며 문제를 풀어 보세요.

5 낱말의 뜻을 보기에서 찾아 사다리를 타고 내려간 곳에 기호를 쓰세요.

보기
㉠ 부서지거나 못 쓰게 되어 남아 있는 물체.
㉡ 아주 성화하고 꼼꼼하여 빈틈이 없고 자세함.
㉢ 눈이나 기계로 천체나 기상 등의 자연 현상을 관찰하여 측정하는 일.

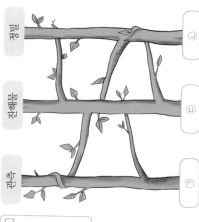

관측 — 잔해물 — 정밀

해설 | '관측'의 뜻은 '눈이나 기계로 천체나 기상 등의 자연 현상을 관찰하여 측정하는 일.'이므로 ㉢입니다. '정밀'의 뜻은 '아주 정화하고 꼼꼼하여 빈틈이 없고 자세함.'입니다. '잔해물'의 뜻은 '부서지거나 못 쓰게 되어 남아 있는 물체.'입니다.

6 친구들이 설명하고 있는 낱말은 무엇인지 쓰세요.

성 ○ 목 극

해설 | 직선공자리에서 가장 밝은 별로 북두 가까이에 ( ) 있고 위치가 거의 변하지 않는 별을 '북극성'이라고 합니다. 이 별은 '북극 방향'에 있어 방위를 알 수 있게 해 줍니다.

7 밑줄 친 낱말의 뜻이 다른 하나를 골라 ○표 하세요.

(1) 낙엽이 호수 위를 방방 떠돌고 있다. ( )

(2) 이 옷은 집에 귀신이 나왔다는 이야기가 떠돈다. ( )

(3) 떠도는 소문에 새로 오신 선생님께서 아주 무섭다던데 사실일까? ( )

해설 | (1)에서 '떠돌다'는 '공중이나 물 위에 떠서 이리저리 움직이다.'라는 뜻으로 쓰였고, (2)와 (3)에서 '떠돌다'는 '어떤 말이나 소문이 널리 퍼지다.'라는 뜻으로 쓰였습니다.

8 ( )에 알맞은 낱말을 보기에서 찾아 쓰세요.

보기
정밀
방위
관측

(1) 주변의 탁 트인 곳에서 북극 방향의 별자리를 (관측)했다.

(2) 옛날 사람들은 밤에 별을 보고 (방위)을/를 알 수 있었다.

(3) 이번에 우리 병원에 들여온 수술용 기계는 아주 (정밀)한 기계이다.

해설 | (1)에는 눈이나 기계로 천체나 기상 등의 자연 현상을 관찰하여 측정하는 '관측'이, (2)에는 동서남북을 기준으로 한 어느 쪽의 위치를 의미하는 '방위'가, (3)에는 아주 정화하고 꼼꼼하여 빈틈이 없고 자세함을 뜻하는 '정밀'이 들어가는 것이 알맞습니다.

2주차 5회 한자 어휘

先 (선)이 들어간 낱말

先견지명　先물　先두　先사 시대

'先(선)'이 들어간 낱말을 읽고, ██ 부분에 밑줄을 그으면서 낱말 공부를 해 보세요.

先
먼저 선

'선(先)'은 사람보다 발이 앞서 나가는 모습을 표현한 글자야. 그래서 '먼저'라는 뜻을 갖게 되었어. 낱말에서 '선(先)'은 '먼저'라는 뜻을 나타내. 또 '앞', '이전' 등의 뜻을 나타낼 때도 있어.

앞·이전 先

선두
先 앞 선 + 頭 머리 두
〈'두(頭)'의 대표 뜻은 '머리'야.〉

뜻 줄이나 행렬, 활동 등에서 맨 앞.
예 결승선 바로 앞에서 우리나라 선수가 선두로 나서며 역전했다.
비슷한말 앞장

선사 시대
先 이전 선 + 史 역사 사 + 時 때 시 + 代 시대 대
〈'사(史)'의 대표 뜻은 '역사'야.〉

뜻 역사 시대 이전의 시대. 문헌적 사료가 없는 석기 시대, 청동기 시대를 이름.
예 선사 시대는 남겨진 물건이나 건축물 등의 흔적을 통해 생활 모습을 짐작할 수 있다.
Tip 역사 시대는 역사상의 시대 구분이 하나로 선사 시대와는 달리 문자로 쓰여진 기록이나 문헌에 의거가 있는 시대를 말해요.

먼저 先

선견지명
先 먼저 선 + 見 볼 견 + 之 ~에 있어서 지 + 明 밝을 명
〈'지(之)'의 대표 뜻은 '가다'야.〉

뜻 다가올 일을 미리 내다보고 아는 지혜.
예 선견지명을 가진 장군은 미리 군사들을 산길에 숨어 있게 해 그 길로 지나오는 적군을 무찔렀다.

선물
先 먼저 선 + 物 물건 물
〈'물(物)'의 대표 뜻은 '물건'야.〉

뜻 일이 끝나기 전이나 물건을 받기 전에 미리 도움을 남.
예 전하는 매주 월요일에 한 주의 운동을 선물로 받는다.
반대말 후불

후불: '후불'은 물건을 먼저 받거나 일을 마친 뒤에 돈을 치름을 뜻하는 낱말이야.

68 어휘가 문해력이다

초등 5학년 1학기 69

失 (실)이 들어간 낱말

소탐대失　분失　失수　失패

'失(실)'이 들어간 낱말을 읽고, ██ 부분에 밑줄을 그으면서 낱말 공부를 해 보세요.

失
잃을 실

'실(失)'은 손에서 무엇인가 떨어지는 모습을 표현한 글자야. 손에서 떨어뜨려 잃어버리는 것이라서 '잃다'라는 뜻을 갖게 되었어. 낱말에서 '실(失)'은 '잃다', '잘못하다' 등의 뜻을 나타내.

잃다 失

소탐대실
小 작을 소 + 貪 탐낼 탐 + 大 큰 대 + 失 잃을 실

뜻 작은 것을 탐하려다가 오히려 큰 것을 잃음.
예 노인은 젊은이에게 눈앞의 이익을 얻으려다 오랜 친구를 잃는 것은 소탐대실이라고 충고했다.

분실
紛 어지러울 분 + 失 잃을 실

뜻 자기도 모르는 사이에 물건을 잃어버림.
예 엄마께서 신용 카드를 잃어버렸다고 카드 회사에 분실 신고를 하셨다.
반대말 습득

습득: '습득'은 주워서 얻음을 뜻하는 말이야. 만약 길에서 누군가 분실한 지갑을 습득한다면 지금의 주인을 찾아 주어야겠지?

잘못하다 失

실수
失 잘못할 실 + 手 손 수

뜻 조심하지 않아서 잘못함.
예 친구는 국어 시험에서 실수로 아는 문제를 틀렸다.
속담 원숭이도 나무에서 떨어진다

아무리 익숙하고 잘하는 사람이라도 간혹 실수할 때가 있음을 비유적으로 이르는 말이야.

실패
失 잘못할 실 + 敗 패할 패

뜻 일을 잘못해 뜻한 대로 되지 않거나 그르침.
예 김 박사는 실패를 거듭해도 포기하지 않고 실험이 성공할 때까지 계속 노력하였다.

정답과 해설 ▶ 30쪽

초등 5학년 1학기 30 2주차 5회_정답과 해설

확인 문제

68쪽에서 공부한 낱말을 떠올리며 문제를 풀어 보세요.

1 친구가 설명한 낱말이 무엇인지 빈칸에 쓰세요.

(1) "조심하지 않아서 잘못함"을 뜻하는 낱말이야. 사람에서 이것을 하면 정말 속상할 거야.

실	수

(2) "자기가 모르는 사이에 물건을 잃어버리는 뜻이야. 휴대 전화를 이거 하면 누군가 주워야 하니까."

분	실

(3) "일을 잘못해 딴쪽 어기나 그르침"을 뜻하는 낱말이야. 이것은 성공의 어머니라는 말도 있어.

실	패

(4) "잘못 탐하다가 오히려 큰 것을 잃음"을 뜻하고 우리는 이것을 하지 않도록 주의해야 해.

소	탐	대	실

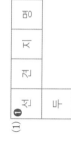

2 다음 속담과 관련 있는 낱말에 ○표 하세요.

원숭이도 나무에서 떨어진다

(실수) (분실) (실득)

3 ( ) 안에서 알맞은 낱말을 골라 ○표 하세요.

(1) 은행을 털려는 계획은 (실패 , 실례)하고 도둑들은 모두 경찰에 잡혔다.

(2) 가게 주인은 (실수 , 실망)(으)로 손님에게 거스름돈을 더 많이 주었다.

(3) 빨리 지갑을 (분단 , 분실)하신 아파트 주민께서는 경비실로 찾으러 오시길 바랍니다.

(4) 물건을 비싸게 팔면 당장은 이익을 많이 보지만 나중에 손님이 오지 않으니 결국 (실석 , 소탐대실)(이)야.

70 어휘가 문해력이다

---

4 뜻에 알맞은 낱말을 빈칸에 쓰세요.

선	건	지	명
두			

가로 열쇠 ❶ 다가올 일을 미리 내다보고 아는 지혜.
세로 열쇠 ❶ 줄이나 행렬, 활동 등에서 맨 앞.

(2)

	❷선
❶불	
후	

가로 열쇠 ❶ 물건을 먼저 받거나 일을 모두 마친 뒤에 돈을 치름.
세로 열쇠 ❶ 일이 끝나기 전이나 물건을 받기 전에 미리 돈을 냄.

5 뜻이 비슷한 낱말끼리 짝 지어진 것을 골라 ○표 하세요.

(1) 선불 - 후불 (2) 선두 - 앞장 (3) 선사 시대 - 역사 시대

( ) (○) ( )

6 빈칸에 알맞은 낱말을 완성하세요.

우리 식당은 예약을 받지 않고 선착순으로 입장하며 음식없은 | 신 | 불 |로 받습니다.

7 ( ) 안에 알맞은 낱말을 보기에서 찾아 쓰세요.

보기
선두
선견지명
선사 시대

(1) 구석기 시대는 역사상의 시대 구분에서 (선사 시대)에 속한다.

(2) 축제 때 소화는 마법사 복장을 하고 행렬의 (선두)에 서서 걸었다.

(3) 내가 (선견지명)이/가 있어서 어제 교실에 우산을 두고 간 거야. 이봐, 비 소나기가 쓰이지 중 않았다니까.

2주차 5회_정답과 해설

초등 5학년 1학기 | 71

2주차 어휘력 테스트

2주차 1~5회에서 공부한 낱말을 떠올리며 문제를 풀어 보세요.

낱말 뜻

1 낱말과 그 뜻이 바르게 짝 지어지지 않은 것은 무엇인가요? (③)

① 등온선 – 기온이 같은 곳을 연결한 선.
② 행성 – 태양의 주위를 도는 둥근 천체.
③ 개통 – 일정한 범위에 흩어져 퍼져 있음.
④ 분실 – 자기도 모르는 사이에 물건을 잃어버림.
⑤ 대응 – 어떤 두 대상이 주어진 관계에 의하여 서로 짝이 되는 일.

해설 | '개통'의 뜻은 '길, 다리, 철도, 전화 따위를 완성하거나 이어 이용할 수 있게 함.'입니다. '일정한 범위에 흩어져 퍼져 있음.'을 뜻하는 낱말은 '분포'입니다.

헷갈리는 말

2 ( )안에서 알맞은 낱말을 골라 ○표 하세요.

이 버스는 서울에서 전주까지 가는 동안 휴게소에 한 번 (들른다 , 들린다).

해설 | '들르다'는 지나는 길에 잠깐 들어가 머무르다.'를 뜻하는 낱말이고, '들리다'는 '소리가 귀를 통해 알아차려지다.' 를 뜻하는 낱말입니다. 버스가 휴게소에 한 번 들어가 머무르다의 뜻이므로 '들른다'가 알맞습니다.

여러 가지 뜻을 가진 낱말

3 밑줄 친 낱말이 다음 문장과 다른 뜻으로 쓰인 것에 ○표 하세요.

우리 반 사물함 위에는 일정한 간격으로 예쁜 꽃 화분이 놓여 있다.

(1) 우리 집 앞으로 마을버스가 20분 간격으로 지나간다. (○)
(2) 현지는 5학년이 되면서도 친구와 넓은 간격을 사용한다. ( )
(3) 뒤쪽에 사람들이 더 앉을 수 있도록 간격을 더 좁혀 주세요. ( )

해설 | 제시된 문장과 (2), (3)에서 '간격'은 '두 대상 사이의 거리.'라는 뜻으로 쓰였습니다. (1)에서 '간격'은 '어떤 상황과 상황 또는 일과 일 사이의 시간적인 거리.'라는 뜻으로 쓰였습니다.

반대말

4~5 밑줄 친 낱말의 반대말을 문장에서 찾아 쓰세요.

4 우리 학교는 수업이 선물이 아니고 후불이나 한 단수업을 마친 뒤 수업료를 내시면 됩니다.

(후불)

해설 | '선불'은 '일이 끝나기 전이나 물건을 받기 전에 미리 돈을 냄.'을 뜻하는 말입니다. 이와 반대되는 뜻인 물건을 먼저 받거나 일을 모두 마친 뒤에 돈을 치름.'을 뜻하는 '후불'입니다.

5 한 지역에 인구가 집중되면 여러 문제가 생기기 때문에 교통이나 환경을 개선하여 다른 지역으로 인구를 분산시킨다.

(집중)

해설 | '분산'은 '갈라져 흩어짐.'을 뜻하는 낱말입니다. 이와 반대되는 뜻인 '한 곳을 중심으로 하여 모임.'을 뜻하는 집중'이 중심입니다.

속담

6 속담에 알맞은 뜻을 보기에서 찾아 기호를 쓰세요.

> **보기**
> ㉠ 무엇을 얻거나 성취하기가 매우 어려운 경우를 비유적으로 이르는 말.
> ㉡ 아무리 익숙하고 잘하는 사람이라도 간혹 실수할 때가 있음을 비유적으로 이르는 말.
> ㉢ 하찮거나 언짢은 일을 그럴듯하게 둘러대어 좋게 생각하여 좋게 함을 비유적으로 이르는 말.

(1) 하늘의 별 따기: (㉠)
(2) 꿈보다 해몽이 좋다: (㉢)
(3) 원숭이도 나무에서 떨어진다: (㉡)

해설 | (1) '하늘의 별 따기'는 무엇을 얻거나 성취하기가 매우 어려운 경우를 이르는 말입니다. (2) '꿈보다 해몽이 좋다'는 하찮거나 언짢은 일을 그럴듯하게 둘러 생각하여 좋게 함을 비유적으로 이르는 말입니다. (3) '원숭이도 나무에서 떨어진다'는 아무리 익숙하고 잘하는 사람이라도 간혹 실수할 때가 있음을 비유적으로 이르는 말입니다.

낱말 활용

7 밑줄 친 낱말을 잘못 사용한 친구에게 ✕표 하세요.

(1)

연도 갯 점 이미상이니가, 저를 회장으로 뽑아 주시면 우리 반을 위해 여산히 일하겠습니다.
(✕)

(2)

나는 가장 성득력 있게 의견을 발표한 진 후 보에게 투표를 할 거야.

해설 | '연도'는 '어떤 일이 일어난 해'를 뜻하므로 (1)의 친구는 연도를 알맞게 사용하지 못했습니다.

8~10 ( )안에 들어갈 낱말을 보기에서 찾아 쓰세요.

> **보기**
> 관측   해안   관측   별똥
>   해안   분실

8 전체 방향으로 받아정들의 담과 별똥 (관측)했다.

해설 | '관측'은 '맨눈이나 기구로 눈이나 기상 따위의 자연 현상을 관찰하여 측정하는 일.'을 뜻하므로 관측이 알맞습니다.

9 지하철 안에 가방을 두고 내려서 (분실) 신고를 하였다.

해설 | '기방을 잘못하여 잃어버린 상황이므로 자기도 모르는 사이에 물건을 잃어버림.'을 뜻하는 '분실'이 알맞습니다.

10 내가 사는 고장은 (해안)지역으로, 우리 집 앞은 해수욕장 근처에서 사당을 한다.

해설 | 해수욕장 근처라는 말이 나오므로 '바다와 맞닿은 육지 부분.'을 뜻하는 '해안'이 들어가야 뜻이 통하는 문장이 됨 니다.

어휘가 문해력이다

초등 5학년 1학기

3주차 정답과 해설

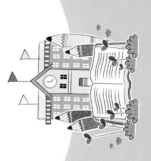

3주차

1회

국어 교과서 어휘

수록 교과서 국어 5-1 ⓐ
6. 토의하여 해결해요

다음 중 낱말의 뜻을 잘 알고 있는 것에 ✓ 하세요.

☐ 토의　☐ 참여　☐ 장단점　☐ 기준　☐ 소수　☐ 마련

▸ 낱말을 읽고, **부분에 맞춤을 그으면서 낱말 공부를 해 보세요.**

토의

討 칠 토 + 議 의논할 의
ⓐ '토(討)'의 대표 뜻은 '치다'야.

이것만은 꼭!
뜻 어떤 문제를 여러 사람이 협력하여 의논함.
예 토의를 하면 여러 사람이 문제 해결에 직접 참여할 수 있어요.

Tip 토의를 하면 여러 사람이 문제 해결을 위한 적절한 방법을 찾을 수 있다.

닮은말 **머리를 맞대다**
'머리를 맞대다'는 어떤 일을 의논하거나 결정하기 위하여 서로 마주 대한다는 뜻이야. 토의 역시 어떤 문제를 해결할 방법을 찾기 위해 여러 사람이 머리를 맞대는 일이지.

토론과 찬성과 반대로 나누어 자기의 주장을 내세우며 상대를 설득하는 말하기야.

토론과 토의는 여러 사람이 함께 가장 좋은 결론을 내기 위해 이야기를 나눈다는 점에서 비슷하지.

참여

參 참여할 참 + 與 더불 여
ⓐ 참여하다 = 관계하다

뜻 어떤 일에 끼어들어 함께함.
예 가족회의에 우리 가족이 모두 참여하여 가족 여행 장소를 결정했다.

비슷한말 **참가**
'참가'는 모임이나 단체 또는 일에 관계하여 들어감을 뜻하는 말이야. '참가 대상', "대회에 참가하다."와 같이 쓰여.

장단점

長 길 장 + 短 짧을 단 + 點 점 점

뜻 좋은 점과 나쁜 점.
예 슬기네 모둠 친구들은 토의에서 의견을 주고받은 다음에 각 의견의 장단점이 무엇인지 찾아보았다.

'장점'은 좋거나 잘하거나 긍정적인 점이고, '단점'은 잘못되고 모자라는 점이야. 장단점은 이 둘을 아울러 이르는 말이지.

76 어휘가 문해력이다

기준

基 터 기 + 準 준할 준
ⓐ '기(基)'의 대표 뜻은 '터'야.

뜻 구별하거나 정도를 판단하기 위해 정한 대상이나 잣대.
예 친구들의 의견이 알맞은지 판단하려면 토의 주제에 맞는 내용인지, 실천할 수 있는지와 같은 기준을 세워야 한다.

Tip 토의 절차에서 의견을 결정할 때 기준에 따라 가장 알맞은 의견으로 결정해요.

소수

少 적을 소 + 數 셈 수

뜻 적은 수.
예 토의에서 의견을 결정할 때 소수 의견이라도 도움이 되면 받아들일 수 있다.

반대말 **다수**
'다수'는 많은 수를 뜻하는 말이야. "회의에서 다수의 의견에 따라 의사 결정을 하는 것을 다수결의 원칙이라고 한다."와 같이 쓰여.

마련

뜻 준비하거나 헤아려 갖춤.
예 토의 절차는 토의 주제 정하기 - 의견 마련하기 - 의견 모으기 - 의견 결정하기야.

꼭! 알아야 할 속담

'(믿는) 도끼에 발등 찍힌다'는 잘되리라고 믿고 있던 일이 어긋나거나 믿고 있던 사람이 배반하여 오히려 해를 입게 됨을 이르는 말입니다.

3주차 1회

국어 교과서 어휘

수록 교과서 국어 5-1 ㉯
7. 기행문을 써요

낱말을 읽고, 다음 중 낱말의 뜻을 잘 알고 있는 것에 ✓하세요.
□ 기행문 □ 여정 □ 견문 □ 감상 □ 여행지 □ 풍광

부분에 알맞은 그림을 그려면서 낱말 공부를 해 보세요.

기행문
紀 적을 기 + 行 다닐 행 + 文 글월 문

뜻 여행하면서 보고, 듣고, 느끼고, 겪은 것을 적은 글.
예 현지는 가족과 즐겁게 서울 여행을 다녀온 뒤 기행문을 썼다.

이것만은 꼭!
'문'은 '글'이라는 뜻을 더해 주는 말이야. '논설문'은 주제에 대한 자신의 생각이나 주장을 쓴 글, '설명문'은 무엇을 읽기 쉽게 설명하는 글, '사과문'은 잘못을 사과하는 글, '발표문'은 발표하는 내용을 쓴 글이지.

뜻을 더해 주는 말 -문

Tip '예리'는 그룹 이름 펜 큰
음악(樂)의 대표 뜻은 '예리'야.
'예리'는 그룹 이름이나 큰 음악
은 좋아나 되는 즐거리를
말해요.

여정
旅 여행할 여 + 程 길 정

뜻 여행의 과정이나 일정.
예 여정에는 주로 시간과 장소를 나타내는 표현이 쓰인다.

이른 아침이 한대 변화와
옛 문화가 어우러진 인사동
에 도착했다.

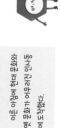

'이른 아침'이라는 시간을 나타낼 때에는 '-을/를'이 아니고, '인사동'은 여행을 한 장소야. '-에 도착했다'는 장소를 나타내는 표현이야.

견문
見 볼 견 + 聞 들을 문

뜻 보거나 들어서 앎. 또는 그렇게 얻은 것.
예 글쓴이가 제주도에 도착하여 풀어 낸지 듣고 것을 나타내 때에는 쓴 부분은 견문에 해당한다.

기행문에서 본 것을 나타낼 때에는 '-을/를 보다', '-이/가 이다라고 쓰고, 들은 것을 나타낼 때에는 '-을/를 듣다', '-(이)라고 한다', '-라는 마음 사용해
라는 마음 들을 사용해.

감상
感 느낄 감 + 想 생각 상

뜻 여행하며 든 생각이나 느낌.
예 기행문에는 여정을 적고 여행으로 얻은 견문과 감상을 쓴다.

무령왕릉을 내부로 보는 동안
머리카락이 쭈뼛 서는 듯한
감동이 밀려왔다.

무령왕릉을 보며
느낀 점을
적은 감상이야.

Tip 감상을 쓸 때 비유적인 표현을 사용하면 실감 나게 표현할 수 있어요.

여행지
旅 여행할 여 + 行 다닐 행 + 地 땅 지

뜻 여행하는 곳.
예 솔이는 친구들에게 소개하고 싶은 여행지로 불국사가 있는 경주를 골랐다.

풍광
風 바람 풍 + 光 빛 광

뜻 산이나 들, 강, 바다 따위의 자연이나 지역의 모습.
예 제주도의 풍광은 계절과 날씨에 따라 다르지만 언제나 아름답다.

비슷한말 경치, 풍경

'경치'와 '풍경'은 모두 '풍광'과 뜻이 비슷한 말이야. 세 낱말은 모두 아름다운 자연의 모습을 뜻하지. 그런데 '풍경'은 '점심시간 교실 풍경'처럼 어떤 장면의 모습을 뜻하기도 하지만, '경치, 풍광'과 같은 표현은 잘 쓰지 않아.

관용어 배우기

발

빈칸
채우기

□ 발 □을 끊다는 오가지 않거나 관계를 끊는다는 뜻입니다.

확인 문제

76~77쪽에서 공부한 낱말을 떠올리며 문제를 풀어 보세요.

1 뜻에 알맞은 낱말을 글자판에서 찾아 묶으세요.
(낱말은 가로(—), 세로(|), 대각선(\) 방향에 숨어 있어요.)

소	수	기	단	정	❶참
❷마			성	여	정
❹토				의	
		론			

❶ 좋은 점과 나쁜 점.
❷ 준비하거나 헤아려 갖춤.
❸ 어떤 일에 끼어들어 관계함.
❹ 어떤 문제를 여러 사람이 협력하여 의논함.

해설 | ❶ '좋은 점과 나쁜 점'은 '장단점'의 뜻이고, ❷ '준비하거나 헤아려 갖춤.'은 '마련'의 뜻입니다. ❸ '어떤 일에 끼어들어 관계함.'은 '참여'의 뜻이고, ❹ '어떤 문제를 여러 사람이 협력하여 의논함.'은 '토론'의 뜻입니다.

2 빈칸에 들어갈 관용어로 알맞은 것에 ○표 하세요.

우리는 [____] 이 문제를 어떻게 해결하면 좋을지 토의했다.

(1) 머리를 굴리고 ( )　(2) 머리를 식히고 ( )　(3) 머리를 맞대고 (○)

해설 | (1) '머리를 굴리다'는 '골똘히 생각하거나 좋은 생각을 해내려고 몹시 애쓰다.', (2) '머리를 식히다'는 '흥분되거나 긴장된 마음을 가라앉히다.'라는 뜻입니다. '머리를 맞대다'는 '어떤 일을 의논하거나 결정하기 위하여 서로 마주 대하다.'라는 관용어입니다. 문장의 내용으로 보아 빈칸에는 '어떤 일을 의논하기 위해 서로 모이다'라는 뜻의 '머리를 맞대고'가 들어가야 합니다.

3 밑줄 친 낱말과 바꾸어 쓸 수 있는 낱말을 골라 ○표 하세요.

저는 개교기념일에 학생들이 쉽게 참여할 수 있는 행사를 하는 것이 좋다고 생각합니다.

(참고 , (참가) , 참견)

해설 | '어떤 일에 끼어들어 관계함.'을 뜻하는 '참여'와 비슷한 뜻을 가진 낱말은 '참가'입니다. '참고'는 '살펴서 도움이 될 만한 자료로 삼음.', '참견'은 '자기와 관계없는 일에 끼어들어 나서거나 아는 체하거나 간섭함.'을 뜻합니다.

4 ( ) 안에 들어갈 알맞은 낱말을 보기 에서 찾아 쓰세요.

보기 | 기준　소수　마련　장단점

(1) 아름다움을 판단하는 (기준)은/는 사람마다 다르다.
(2) 엄마께서는 물건을 살 때 여러 제품의 (장단점)을/를 꼼꼼히 비교하신다.
(3) 다수가 아니라 (소수)의 희망을 당연해야 한다는 생각도 과연 옳을까?
(4) 초등학생들의 학교 앞 교통사고를 줄일 수 있는 대책을 (마련)하여 구청에 전달했다.

해설 | (1) '아름다움을 판단하는 잣대가 사람마다 다르다는 내용으로 '기준'이 알맞습니다. (2) 여러 제품의 좋은 점과 나쁜 점을 꼼꼼히 비교한다는 내용으로 '장단점'이 알맞습니다. (3) 다수와 맞서 반대되는 낱말이 들어가야 하므로 '소수'가 알맞습니다. (4) 교통사고를 줄일 수 있는 대책을 준비하는 내용이므로 '마련'이 알맞습니다.

78~79쪽에서 공부한 낱말을 떠올리며 문제를 풀어 보세요.

5 뜻에 알맞은 낱말을 빈칸에 쓰세요.

여	행	정	
	지	❸건	문
		❷기	

가로 열쇠
❶ 여행하는 곳.
❷ 여행하면서 보고, 듣고, 느끼고, 겪은 것을 적은 글.

세로 열쇠
❶ 여행의 과정이나 일정.
❸ 여행하며 보거나 들은 것.

해설 | ❶ 여행하는 곳은 '여행지'의 뜻이고, '여행의 과정이나 일정.'은 '여정'을 뜻합니다. '여행하면서 보고, 듣고, 느끼고, 겪은 것을 적은 글은 '기행문'이고, '여행하며 보거나 들은 것'은 '견문'입니다.

6 낱말의 뜻은 무엇인지 빈칸에 알맞은 낱말을 완성하세요.

(1) 감상 : 여행하며 든 [생][각] 이나 [느] [낌].
(2) 풍광 : 산이나 들, 강, 바다 따위의 자[연] 이나 지역의 [모][습].

해설 | (1) '감상'의 뜻은 '여행하며 든 생각이나 느낌.'이고, (2) '풍광'의 뜻은 '산이나 들, 강, 바다 따위의 자연이나 지역의 모습입니다.

7 밑줄 친 말의 공통된 뜻은 무엇인가요? (②)

논설문　설명문　발표문　사과문

① 집　② 글　③ 여행　④ 물건　⑤ 사람

해설 | 기행문, 논설문, 설명문, 발표문, 사과문에 쓰인 '─문'은 글이라는 뜻을 더해 주는 말입니다.

8 밑줄 친 낱말을 알맞게 사용한 친구에게 ○표, 알맞게 사용하지 못한 친구에게 ×표 하세요.

(1) 동진: 여행을 다니면 견문을 넓힐 수 있어서 좋아. (○)
(2) 현영: 강수량을 심어 땅의 모습을 관찰하여 기행문을 썼어. (×)
(3) 주하: 해 질 녘에 맞춘네 윤리가 노을에 물든 풍광을 바라보니 절로 감탄이 나왔어. (○)
(4) 재희: 석굴암을 보고 우리 선조의 지혜가 자랑스럽게 느껴졌다는 여정을 글에 써야지. (×)

해설 | (1) '견문'은 여행하며 보거나 들은 것을 뜻하므로 알맞게 사용되었습니다. (2) 강수량을 심어 땅의 모습을 관찰하는 것은 기행문과 관계없는 내용입니다. (3) 해 질 녘에 노을에 물든 지역의 모습을 바라보았으므로 '풍광'을 바르게 사용하였습니다. (4) 석굴암을 보고 우리 선조의 지혜가 자랑스럽게 느껴졌다는 것은 '감상'이므로 '여정'을 사용한 것은 알맞지 않습니다.

3주차 2회
사회 교과서 어휘

수록 교과서 사회 5-1
2. 인권 존중과 정의로운 사회

다음 중 낱말의 뜻을 잘 알고 있는 것에 ☑ 하세요.
□ 인권 □ 정의롭다 □ 신장 □ 침해 □ 보장 □ 호소

차별 없는 세상에 살고 있나요?

국가인권위원회에서 인권의 중요성을 알리는 카드 뉴스야. 누구나 인권을 차별받지 않고 한쪽에 보장되며 인권은 존중받아야 해. '인권을 존중하는 삶'에 나오는 낱말들을 공부해 보자.

'평등, 헌법이 우리 힘법이 해심 힘법이다.

낱말을 읽고, 부분에 밑줄을 그어 가면서 낱말 공부를 해 보세요.

인권
人 사람 인 + 權 권리 권
〈人權해〉의 대표 뜻은 '저울'이야.

이것만은 꼭!
뜻 사람이기 때문에 당연히 가지는 권리.
예 인권은 태어날 때부터 모든 사람에게 평등하게 주어지며 다른 사람이 함부로 빼앗을 수 없다.
Tip 인권은 한쪽에서 기본권으로 보장하며, 기본권은 헌법에서 한쪽에서 국가의 구성원에게 보장하는 기본적인 권리예요

모든 사람은 태어날 때부터 인간답게 살 권리가 있고, 모든 사람은 인간의 인간이 있으므로 모든 사람의 인간의 권리를 존중해야 해.

정의롭다
正 바를 정 + 義 옳을 의 + 롭다
뜻 올바르고 바른 도리에 벗어남이 없다.
예 헌법이는 나이, 성별, 신체 조건 등에 따라 차별받지 않고 누구나 노력하면 성공하는 사회가 정의로운 사회라고 생각한다.

신장
伸 펼 신 + 張 넓힐 장
〈伸張신〉의 대표 뜻은 '베풀다'야.
뜻 세력이나 권리 따위가 늘어남.
예 방정환은 어린이가 무시당하던 시대에 어린이의 인권 신장을 위해 노력했다.

글자는 같지만 뜻이 다른 낱말 **신장**
'신장'과 글자는 같지만 뜻이 다른 낱말로, 사람이나 동물이 똑바로 섰을 때의 발바닥에서 머리끝까지의 길이를 뜻하는 '신장'이 있어. '평균 신장', '신장이 크다.' '와 같이 쓰여요.
Tip 키의 한자어가 신장身長 몸 신 + 長 길 장이에요.

침해
侵 침노할 침 + 害 해할 해
뜻 남의 땅이나 권리, 재산 등을 범하여 해를 끼침.
예 친구의 누리 사랑방에 나쁜 댓글을 다는 것은 사이버 폭력으로, 인권을 침해하는 일이다.

친구의 이름 대신 친구가 싫어하는 별명을 부르거나 친구의 일기를 몰래 읽는 것도 인권 침해야.

보장
保 지킬 보 + 障 막을 장
뜻 어떤 일이 어려움 없이 이루어지도록 보호하거나 뒷받침함.
예 국가에서는 장애인의 인권을 보장하기 위해 시각 장애인용 점자 안내도나 점자 블록 등 편의 시설을 설치한다.

▲ 숫자 아래 점자가 쓰여 있는 거도 엘리베이터 버튼

호소
呼 부르짖을 호 + 訴 호소할 소
〈呼소(訴)〉의 대표 뜻은 '부르다'야.
뜻 억울하거나 딱한 사정을 남에게 간절히 알림.
예 옛날에는 억울한 일을 당한 백성이 임금에게 억울함을 호소할 수 있는 제도가 있었다.

비슷한말 **하소연**
하소연은 억울한 일이나 잘못된 일, 딱한 사정 따위를 말함을 뜻해. '하소연을 늘어놓다.' '와 같이 쓰이지.

적용
適 맞을 적 + 用 쓸 용

뜻 알맞게 이용하거나 맞추어 씀.

예 놀이터에 있는 시소, 미끄럼틀은 '어린이 놀이 시설 안전 관리법'의 적용을 받아 안전하게 만들고 관리된다.

헷갈리는 말 작용
'작용'은 어떤 현상이나 행동을 일으키거나 영향을 줌을 뜻하는 말이야. "위에서 나오는 소화액은 소화 작용을 돕는다."와 같이 써어. '작용'과 구분해서 상황에 따라 알맞게 써야 해.

분쟁
紛 어지러울 분 + 爭 다툴 쟁

뜻 말썽을 일으켜 시끄럽게 다툼.

예 개인 간에 발생한 분쟁은 재판에 의해 법에 따라 해결할 수 있다.

Tip 그 사람이 정말로 죄를 지었는지 확인하고, 사회 질서를 바로잡으며, 법을 어긴 행동을 책임지게 하기 위하여 재판이 필요해요.

법은 개인 간의 분쟁을 해결하면서 개인의 생명·재산·정보 등을 보호해요.

유지
維 유지할 유 + 持 지킬 지

뜻 어떤 상태나 상황 등을 그대로 이어 나감.

예 개인의 권리를 보장하고 안정된 사회 질서를 유지하기 위해 법이 필요하다.

반대말 중지
'중지'는 하던 일을 중간에 멈추거나 그만둠을 뜻해. "폭우 때문에 야구 경기가 중지되었다."와 같이 써.

~'유지'의 대표 뜻은 '버리', '지키다', '지키다'의 대표 뜻이 '가지다'야.

준수
遵 좇을 준 + 守 지킬 수

뜻 명령이나 규칙, 법률 등을 좇아서 지킴.

예 법을 준수하지 않으면 다른 사람에게 피해를 주고 사람들 사이에 갈등을 일으킨다.

반대말 위반
'위반'은 법, 명령 약속 등을 지키지 않고 어김을 뜻하는 말이야. "신호 위반", "법을 위반하다." 등과 같이 써.

법을 준수하지 않고 위반하면 다른 사람의 권리를 침해하고, 사람들 간에 갈등을 일으킬 수 있어.

3주차 2회
사회 교과서 어휘

수록 교과서 사회 5-1
2. 인권 존중과 정의로운 사회

다음 중 낱말의 뜻을 잘 알고 있는 것에 ✓ 하세요.
□법 □제재 □적용 □분쟁 □유지 □준수

정의의 여신상 두 눈은 가린 채 한 손에는 천칭, 다른 한 손에는 칼을 들고 있어. 눈을 누구에게나 공정한 판결을 내린다는 것을 상징한단다. 천칭 천칭은 법이 정의롭게 집행되는 것을, 칼은 법을 공부하며 법의 엄격과 의미를 생각해 보자.

낱말을 읽고, ✏ 아랫부분에 낱말을 그으면서 낱말 공부를 해 보세요.

법
法 법 법

뜻 국가가 만들고 강제성이 있는 규칙.

예 법이 사회와 시대에 변화에 맞지 않으면 바꾸거나 다시 만들 수 있다.

관련 어휘 도덕
'도덕'은 사회의 구성원들이 양심 등에 비추어 스스로 마땅히 지켜야 할 규범을 말해. 어른께 인사하기, 버스를 탈 때 줄 서기 등이 여기에 해당하지. 사람들이 지켜야 할 규범이라는 점에서 강제성이 있는 법과 차이가 있어.

이것만은 꼭!

제재
制 금할 제 + 裁 마를 재

뜻 규칙이나 관습을 지키지 않는 것을 제한하거나 금지함.

예 사회생활에서 지켜야 할 행동 기준인 법을 어겼을 때는 제재를 받는다.

글자는 같지만 뜻이 다른 낱말 제재
'제재'는 예술 작품이나 이야기 연구의 바탕이 되는 재료를 뜻하는 말이야. "이 화가는 십 년 동안 등꽃을 제재로 그림을 그렸다."와 같이 써.

Tip '마르다'는 옷을 수지에 맞게 자르는 뜻이에요.

확인 문제

82~83쪽에서 공부한 낱말을 떠올리며 문제를 풀어 보세요.

1 뜻에 알맞은 낱말이 되도록 보기에서 글자를 찾아 쓰세요.

보기: 의 권 정 보 장 인 다 름

(1) 옳고 바른 도리에 벗어남이 없다. → 정의롭다
(2) 사람이기 때문에 당연히 가지는 권리. → 인권
(3) 어떤 일이 어려움 없이 이루어지도록 보호하거나 뒷받침함. → 보장

해설 | (1) '옳고 바른 도리에 벗어남이 없다'는 '정의롭다'의 뜻이고, (2) '사람이기 때문에 당연히 가지는 권리'는 '인권'의 뜻입니다. (3) '어떤 일이 어려움 없이 이루어지도록 보호하거나 뒷받침함'은 '보장'의 뜻입니다.

2 뜻에 알맞은 낱말을 골라 ○표 하세요.

(1) 어렵거나 억울한 사정을 남에게 간절히 알림. ((호소), 평양)
(2) 남의 땅이나 권리, 재산 등을 범하여 해를 끼침. (침자, (침해))

해설 | (1) 어렵거나 억울한 사정을 남에게 간절히 알리는 것은 '호소'입니다. '평양'은 북한의 도시입니다. (2) 남의 땅이나 권리, 재산 등을 범하여 해를 끼치는 것은 '침해'입니다. '침자'는 동의어로 사전에는 없는 말입니다.

3 밑줄 친 낱말의 뜻을 보기에서 찾아 기호를 쓰세요.

보기:
㉠ 세력이나 권리 따위가 늘어남.
㉡ 사람이나 동물이 똑바로 섰을 때에 발바닥에서 머리끝까지의 길이.

(1) 승기는 신체검사에서 체중과 신장을 쟀다. (㉡)
(2) 인권 신장이란 인간을 존중하는 의식이 점차 확대되고 성장하는 것을 말한다. (㉠)

해설 | (1) 신체검사에서 키를 잰다는 뜻이므로 '신장'이 ㉡의 뜻으로 쓰였습니다. (2) 인권 신장의 의미로 보아 ㉠이 알맞습니다.

4 ( ) 안에서 알맞은 낱말을 골라 ○표 하세요.

(1) 내 일기장을 몰래 보다니, 이건 사생활 ((침해), 보장)(이)야!
(2) 누나는 (정다운, (정의로운)) 성격이어서 옳지 못한 것을 보면 그냥 지나치지 못한다.
(3) 청소년들이 아름답게에 기후 변화 문제를 해결해 달라고 ((호소), 약속)했다.
(4) '유엔 아동 권리 협약'은 어린이의 ((인권), 상상력)을 보호하기 위해 세계 여러 나라가 모여 만들었다.

해설 | (1) 일기장을 보는 것은 사생활을 범하여 해를 끼치는 것이므로 '침해'가 알맞습니다. (2) 옳지 못한 것을 그냥 지나치지 못한다는 뜻이므로 '정의로운'이 알맞습니다. (3) 기후 변화 문제를 해결해 달라고 간절히 알리는 것이므로 '호소'가 알맞습니다. (4) '아동 권리'라는 말로 보아 어린이의 '인권'을 보호하기 위한 협약임을 알 수 있습니다.

84~85쪽에서 공부한 낱말을 떠올리며 문제를 풀어 보세요.

5 낱말의 뜻은 무엇인지 ( ) 안에서 알맞은 말을 골라 ○표 하세요.

(1) 법 – (개인, (국가))이/가 만든 강제성이 있는 규칙.
(2) 명령 – 말썽을 일으켜 ((시끄럽게 다툼), 따로 빼어 냄).
(3) 유지 – 어떤 상태나 상황 등을 (서툴러 바꿈, (그대로 이어 나감)).
(4) 준수 – 명령이나 규칙, 법률 등을 ((좋아서 지킴), 지키지 않고 어김).

해설 | (1) 법은 국가가 만든 강제성이 있는 규칙입니다. (2) '명령'은 따로 빼어 낸다는 뜻을 뜻합니다. (3) '유지'는 바꾸지 않고 그대로 이어 나감을 뜻합니다. (4) '준수'는 명령이나 규칙, 법률을 좋아서 지킴을 뜻합니다.

6 빈칸에 들어갈 알맞은 낱말을 골라 ○표 하세요.

[숯은 정화]을 하여 나쁜 냄새를 없애 준다. (적용 · (사용))

해설 | 숯이 나쁜 냄새를 없애 주는 것은 정화 작용 때문이므로 '어떤 현상이나 행동을 일으키거나 영향을 줌을 뜻하는 '작용'이 알맞습니다. '적용'은 알맞게 이용하거나 맞추어 쓴다는 뜻을 뜻합니다.

7 빈칸에 알맞은 낱말을 글자 카드에서 찾아 쓰세요.

글자 카드: 용 적 법 직 정 반 준 수 고 효

(1) 최첨단 기술이 [ ]된 휴대 전화가 새로 나왔다. ( )
(2) 모든 국민은 법을 [ ]해야 할 의무가 있다. ( )
(3) 두 나라 사이의 오랜 [ ]이 끝나고 드디어 평화가 찾아왔다. ( )
(4) 운전 중에 교통 신호를 위반한 사람에게 [ ]이/가 필요하다. ( )

해설 | (1) 최첨단 기술이 ... 휴대 전화이므로 '적용'이 알맞습니다. (2) 모든 국민은 법을 지킬 의무가 있으므로 '준수'가 알맞습니다. (3) 싸움이 끝나고 평화가 찾아왔다는 내용이므로 '분쟁'이 알맞습니다. (4) 교통 신호를 위반한 사람에게 필요한 것이므로 '제재'가 알맞습니다.

수학 교과서 어휘

수록 교과서 수학 5-1
3. 규칙과 대응
4. 약분과 통분

다음 중 낱말의 뜻을 잘 알고 있는 것에 ✓하세요.
□ 열량 □ 소모 □ 실행 □ 계획서 □ 약분 □ 기약분수

- 젤리가 모두 24개인데 그중 내가 좋아하는 포도 맛이 6개 들어 있어.
- 전체 젤리의 6/24이 포도 맛이야! 약분하면 1/4.
- 6/24보다 1/4이라고 하니까 젤리 한 봉지에 포도 맛 젤리가 얼마만큼 들어 있는지 더 쉽게 알 수 있잖아? 약분은 분수를 더 간단하게 나타내는 거구나!

낱말을 읽고, ▨ 부분에 알맞은 그으면서 낱말 공부를 해 보세요.

열량
熱 더울 열 + 量 헤아릴 량

뜻 음식이나 연료 등으로 얻을 수 있는 에너지의 양.
예 아빠께서는 체중을 줄이기 위해 열량이 낮은 음식을 먹고 운동을 매일 열심히 하신다.
어별 'cal', 'kcal' 표기
분량이나 수량을 나타내는 말인 'cal'은 앞말에 붙여 써. 열량이 한자이면 '열량', '작', 열량처럼 '앙'으로 쓰고, 열량이 외래어이면 '구룡앙', '에너지앙'처럼 '앙'으로 쓰지.

➔ '열(熱)'의 대표 뜻은 '덥다(더울)'이야.

소모
消 사라질 소 + 耗 소모할 모

뜻 써서 없앰.
예 줄넘기한 시간과 소모된 열량 사이의 대응 관계를 표를 이용해 알아보았다.

시간(분)	1	2	6	10	……
열량(kcal)	11	22	66	110	……

➔ '소(消)'의 대표 뜻은 '사라지다'야.

- 1분에 열량이 11킬로칼로리씩 소모된다는 것을 알 수 있어.

실행
實 열매 실 + 行 행할 행

뜻 실제로 해함.
예 성우는 '넓은 양을 ÷100=(나오는 양)'의 규칙을 실행하는 미래 로봇을 만들면 미세먼지를 줄일 수 있겠다고 생각했다.
비슷한말 실천 실시
'실행'과 뜻이 비슷한 말에는 '실천'과 '실시'가 있어. '실천'은 계획이나 생각한 것을 실제로 행함을 뜻하고, '실시'는 어떤 일이나 법, 제도 등을 실제로 행함을 뜻해.

➔ '실(實)'의 대표 뜻은 '열매', '행(行)'의 대표 뜻은 '다니다'야.

계획서
計 셀 계 + 劃 계획할 획 + 書 글 서

뜻 계획한 내용을 적은 문서.
예 만들고 싶은 로봇을 설계하여 로봇의 이름, 만드는 방법, 활용 방법 등을 계획서에 써 보았다.

➔ '계(計)'의 대표 뜻은 '세다', '획(劃)'의 대표 뜻은 '긋다'야.

- '계획'은 앞으로 할 일을 미리 생각하여 정하는 것을 의미해. 이러한 계획을 세우는 것을 '설계'라고 하지.

이것만은 꼭!

약분
約 나눗셈할 약 + 分 나눌 분

뜻 분모와 분자를 공약수로 나누어 간단한 분수로 만드는 것.
예 $\frac{4}{12}$의 분모와 분자를 최대공약수 4로 각각 나누어 약분했더니 $\frac{1}{3}$이 됐다.

$$\frac{4}{12} = \frac{4÷4}{12÷4} = \frac{1}{3}$$

Tip 약분할 때 최대공약수로 나누면 더 이상 나눌 필요가 없는 기약분수가 돼요.

➔ '약(約)'의 대표 뜻은 '약속하다'야.

- 약분을 하는 이유는 계산을 편리하게 하기 위해서지.

기약분수
既 다할 기 + 約 나눗셈할 약 + 分 나눌 분 + 數 셀 수

뜻 분모와 분자의 공약수가 1뿐인 수.
예 기약분수는 더 이상 약분이 되지 않는 분수여서, 크기가 같은 분수 중 가장 간단한 형태이다.
Tip 기약분수는 약분하기 전의 분수보다 분모와 분자의 수가 작아지는 것이지, 분수의 크기가 작아지는 것은 아니에요.

➔ '기(既)'의 대표 뜻은 '이미'야.

수학 교과서 어휘

수록 교과서 수학 5-1
4. 약분과 통분 ~
5. 분수의 덧셈과 뺄셈

다음 중 낱말의 뜻을 잘 알고 있는 것에 ✓ 하세요.

□ 통분　□ 공통분모　□ 채우다　□ 저금　□ 선택　□ 가치다

용돈 2만 원의 3/4 이나 저금했어.

나는 2만 원의 4/5 를 저금했지.

누가 더 많이 저금한 거야? 통분해서 다시 해 봐.

두 친구 중 누가 더 많이 저금했는지 알려면 분수의 크기를 쉽게 비교하려면 분수를 통분을 해야 하나 봐. 분수를 계산할 때 꼭 알고 있어야 할 통분을 공부해 보자.

낱말을 읽고, ㅁ부분에 알맞은 ㄹ받침을 그으면서 낱말 공부를 해 보세요.

통분

뜻 분모가 다른 둘 이상의 분수나 분수식에서 분모를 같게 하는 것.
예 두 분수의 분모가 다를 경우 통분하여 분모를 같게 같게 만들면 분수의 크기를 쉽게 비교할 수 있다.

이것만은 꼭!

通 통할 통 + 分 나눌 분

공통분모

뜻 통분한 분모.
예 분모가 작을 때는 두 분모의 곱을 공통분모로, 분모가 클 때는 두 분모의 최소공배수를 공통분모로 하는 것이 좋다.

共 한가지 공 + 通 통할 통 + 分 나눌 분 + 母 어미 모

6과 9의 최소공배수인 18을 공통분모로 통분해야. 최소공배수로 통분하면 분모가 공통분모 중에 가장 작은 수가 되니까 나중에 계산이 편리해.

$$\left(\frac{5}{6}, \frac{4}{9}\right) \rightarrow \left(\frac{5 \times 3}{6 \times 3}, \frac{4 \times 2}{9 \times 2}\right) \rightarrow \left(\frac{15}{18}, \frac{8}{18}\right)$$

Tip 공통분모가 지나치게 커지면 최소공배수로 통분해야 문제를 풀어요.

정답과 해설 ▶ 41쪽

채우다

뜻 일정한 공간에 사람, 사물, 냄새 따위를 가득하게 하다.
예 크기가 같은 두 음향에 각각 $\frac{1}{3}$과 $\frac{2}{6}$만큼 물을 채울 때 두 음향 속 물의 양은 같다.

글자는 같지만 뜻이 다른 낱말 채우다

'채우다'와 글자는 같지만 뜻이 다른 낱말로, 자물쇠 등으로 잠가서 문이나 서랍 등을 열지 못하게 한다는 뜻을 가진 '채우다'가 있어. "자물쇠를 채우다."처럼 쓰이지. 또 "단추를 채우다."처럼 단추 등을 구멍 같은 데에 넣어 걸어 놓아서 풀어지지 않게 한다는 뜻을 가진 '채우다'도 있으니까 기억해 둬.

저금

뜻 돈을 모아 두거나 은행 등의 금융 기관에 맡김.
예 상수는 용돈으로 4천 원을 받아 $\frac{3}{4}$인 3천 원을 저금했다.

관련 어휘 적금

'저금'은 은행에 일정한 돈을 일정 기간 동안 낸 다음에 찾는 저금이야. 용돈을 모아 저금을 하면 나중에 큰돈을 찾을 수 있겠지?

貯 자축할 저 + 金 쇠 금
貯(저)의 대표 뜻은 '쌓다', 金(금)의 대표 뜻은 '쇠'야.

선택

뜻 여럿 가운데 어떤 것을 골라 뽑음.
예 대분수의 덧셈은 자연수는 자연수끼리, 분수는 분수끼리 더하는 방법과 대분수를 가분수로 나타내어 계산하는 방법 중 한 가지를 선택하여 할 수 있다.

選 가릴 선 + 擇 가릴 택
選(선)과 擇(택)의 대표 뜻은 모두 '가리다'야.

가치다

뜻 오가는 도중에 어디를 지나거나 들르다.
예 집에서 문구점을 거쳐 학교에 가는 거리보다, 집에서 학교로 바로 가는 거리가 더 가깝다.

여러 가지 뜻을 가진 낱말 가치다

'가치다'에는 '무엇에 걸리거나 막히다.'라는 뜻도 있어. "는 뜻, '걸음 것이 없다'라는 말이 있느냐, 여기에서 '가치다'가 "무엇에 걸리거나 막히다.'의 뜻으로 쓰이야.

확인 문제

◆ 88~89쪽에서 공부한 낱말을 떠올리며 문제를 풀어 보세요.

1 뜻에 알맞은 낱말을 글자 카드에서 찾아 쓰세요.

(1) 써서 없앰.

(2) 실제로 행함.

(3) 계획한 내용을 적은 문서.

해설 | (1) '써서 없앰'은 '소모'의 뜻이고, (2) '실제로 행함'은 '실행'의 뜻이며, (3) '계획한 내용을 적은 문서'를 뜻하는 낱말은 '계획서'입니다.

2 낱말의 뜻은 무엇인지 ( ) 안에서 알맞은 말을 골라 ○표 하세요.

약분
분모와 분자를 (공약수 , 공배수)로 나누어 간단한 분수로 만드는 것.

기약분수
분모와 분자의 공약수가 (1뿐 , 여러 개)인 수.

해설 | (1) '약분'은 분모와 분자를 두 수의 공약수로 나누는 것입니다. (2) '기약분수'는 분모와 분자의 공약수가 1뿐인 수입니다.

3 뜻이 서로 비슷한 낱말을 모두 고르세요. (② , ③ , ⑤)

① 실터 ② 실시 ③ 실행 ④ 실종 ⑤ 실천

해설 | '실시', '실행', '실천'은 모두 '실제로 행함'의 뜻을 가지고 있습니다.

4 ( ) 안에 들어갈 알맞은 낱말을 보기에서 찾아 쓰세요.

보기 열량 소모 실행 기약분수

(1) $\frac{12}{16}$ 를 (기약분수)(으)로 나타내면 $\frac{3}{4}$ 이다.
(2) 누나는 목표를 정하면 바로 (실행)에 옮긴다.
(3) 이 냉장고는 전력(소모)이/가 적은 절전형 제품이다.
(4) 학교 급식은 어린이 권장(열량)에 맞추어 영양소가 골고루 들어가도록 식단을 짠다.

◆ 90~91쪽에서 공부한 낱말을 떠올리며 문제를 풀어 보세요.

5 뜻에 알맞은 낱말을 빈칸에 쓰세요.

(1)

가로 열쇠 ❶	통분한 분모.
세로 열쇠 ❷	분모가 다른 둘 이상의 분수나 분수식에서 분모를 모두 같게 하는 일.

(2)

가로 열쇠 ❶	오가는 도중에 어디를 지나거나 들르다.
세로 열쇠 ❷	일정한 공간에 사람, 사물, 냄새 따위를 가득 하게 하다.

해설 | (1) '통분한 분모'는 '공통분모'의 뜻이고, '분모가 다른 둘 이상의 분수나 분수식에서 분모를 같게 하는 일'은 '통분'의 뜻입니다. (2) '오가는 도중에 어디를 지나거나 들르다'는 '거치다'의 뜻입니다.

6 뜻에 알맞은 낱말이 되도록 보기에서 글자를 찾아 쓰세요.

보기 택 금 지 선

(1) 여럿 가운데서 필요한 것을 골라 뽑음. → 선 택
(2) 돈을 모아 두거나 은행 등이 금융 기관에 맡김. → 저 금

해설 | (1) '여럿 가운데서 필요한 것을 골라 뽑음'은 '선택'의 뜻이고, (2) '돈을 모아 두거나 은행 등이 금융 기관에 맡김'은 '저금'의 뜻으로 '저금'으로 써요.

7 밑줄 친 낱말의 뜻이 다른 하나를 골라 ○표 하세요.

(1) 생선 굽는 냄새가 주방을 가득 채웠다. ( )
(2) 관중들이 경승관에 열리는 경기장을 꽉 채웠다. ( )
(3) 노인은 귀중품을 넣어 둔 금고에 자물쇠를 굳게 채웠다. (○)

해설 | (1), (2)에서 '채웠다'는 '일정한 공간을 많이나 사람 등을 넣게 하다'의 뜻으로 쓰였고, (3)에서 '채웠다'는 '자물쇠 등으로 잠가서 문이나 사람 등을 열지 못하게 했다'의 뜻으로 쓰였습니다.

8 ( ) 안에서 알맞은 낱말을 골라 ○표 하세요.

(1) 이 열차는 서울에서 전주를 (거쳐, 헤쳐) 여수까지 간다.
(2) 분수의 덧셈을 하려고 (새로, 통분) 하여 분모를 같게 만들었다.
(3) 컴퓨터를 사기 위해 이제부터 용돈을 모두 (저장, 저금) 할 거야.
(4) 마트나 가게에 있는 물건 다 마음에 들어서 무엇을 살지 (선택, 선거) 하기 어려웠다.

해설 | (1)에서 '어떤 곳을 지나거나 들른다는 뜻을 나타내므로 '거쳐'가 알맞습니다. (2) 분모를 같게 만든다는 뜻이므로 '통분'이 알맞습니다. (3)에서 은행에 돈을 저장한다는 표현은 '저금'이 알맞습니다. (4) 어린이가 음식을 먹고 어느 에너지이 양을 권장하는 정도이 맞추어서다는 뜻이므로 '열량'이 알맞습니다.

3주차 4회
과학 교과서 어휘

수록 교과서 **과학 5-1** · 4. 용해와 용액

다음 중 낱말의 뜻을 잘 알고 있는 것에 ✓ 하세요.
□ 용해 □ 용액 □ 용매 □ 용질 □ 색소 □ 짓다

분말주스가 물에 용해되고 있네. 비커에 담긴 파란색, 연두색 용액인 무언이 녹는 검깐 용애, 용매, 용매, 용질 등은 '용해와 용액' 단원에 나오는 낱말들이야. 정확하게 이해해야 해!

✏ 낱말을 읽고, ▨ 부분에 밑줄을 그으면서 낱말 공부를 해 보세요.

이것만은 꼭!

용해
溶 녹을 용 + 解 녹일 해
예 '용해(溶解)'의 대표 뜻은 '풀다'야.

뜻 어떤 물질이 다른 물질에 녹아 골고루 섞이는 현상.

예 소금과 설탕은 물에 용해되지만, 멸치 가루는 물에 녹지 않고 물 위에 뜨거나 바닥에 가라앉는다.

Tip 용매는 용질이 용매에 골고루 섞이는 현상을 말해요.

물에 녹아 음식이 간을 맞추는 것도 일상생활에서 쉽게 볼 수 있는 용해 현상이야.

물에 가루 약을 녹여 마신다거나 소금을 물에 녹여 소금물을 만들어.

용액
溶 녹을 용 + 液 진 액
예 '용액(溶液)'의 대표 뜻은 '풀다'야.

뜻 소금처럼 녹는 물질이 녹아 물질에 골고루 섞여 있는 물질.

예 일상생활에서 볼 수 있는 용액에는 이온 음료, 식초, 구강 청정제 등이 있다.

과일을 갈아서 만든 주스처럼 시간이 지나면 물 위에 웃잡이 뜨거나 가라 앉으면 용액이 아니야.

용매
溶 녹을 용 + 媒 매개 매
예 '용매(溶媒)'의 대표 뜻은 '중매'야.

뜻 소금물에서 물처럼 녹이는 물질.

예 소금이 물에 녹아지는 것이 아니라 용매인 물에 골고루 섞이는 것이다.

용액을 저을 때에 빠르기, 용매의 온도, 알갱이의 크기에 따라 용매에 녹는 속도가 달라져.

용질
溶 녹을 용 + 質 바탕 질
예 '용질(溶質)'의 대표 뜻은 '바탕'이야.

뜻 소금물에서 소금처럼 용매에 녹는 물질.

예 온도와 양이 같은 물에서 설탕, 소금, 베이킹 소다 등 각 용질마다 다 용해되는 양이 서로 다르다.

Tip 용질을 빨리 녹이려면 최대한 빨리 젓고, 물의 온도는 높을수록 좋아요, 용질의 입자가 작을수록 빨리 녹아요.

색소
色 빛 색 + 素 성질 소
예 '색소(色素)'의 대표 뜻은 '본디'야.

뜻 물체의 색깔이 나타나도록 해 주는 성분.

예 알록달록한 초콜릿 겉면을 감싼 색소가 물을 만나면 여러 빛깔로 퍼져나 관찰해 보았다.

짓다
뜻 액체나 가루 따위가 고르게 섞이도록 손이나 기구 등으로 이리저리 돌리다.

예 물에 넣은 각설탕이 완전히 녹아 보이지 않을 때까지 유리 막대로 저었다.

헷갈리는 말 짓다
'짓다'는 '물이 배어 축축하게 되다'를 뜻해. '짓다'와 '짓다'는 모두 [젇따]로 소리 나지만 서로 뜻이 전혀 다른 낱말이니까 받침 'ㅅ'과 'ㅈ'을 잘못 쓰지 않도록 주의해.

과학 교과서 어휘

수록 교과서 과학 5-1
4. 용해와 용액

다음 중 낱말의 뜻을 잘못 알고 있는 것에 ✓ 하세요.
□ 진하기 □ 걸보기 성질 □ 가라앉다 □ 사해 □ 금지 약물 □ 검출

> 악, 물 위에 둥둥 떠서 책을 보고 있잖아! 이 바다가 진하기가 무척 진해서 바다에 있어도 몸이 뜨는데, '용해와 용액' 단원에 나오는 낱말들을 이야기와 공부하며 용액의 진하기에 대한 내용을 알아보자.

✏ 낱말을 읽고, █████ 부분에 밑줄을 그으면서 낱말 공부를 해 보세요.

진하기
津 진할 진 + 하기
※'진하기'의 대표 뜻은 '나루'야.

뜻 액체에 들어 있는 성분의 진함과 묽음의 정도.
예 같은 양의 용매에 용해된 용질의 양이 많거나 적은 정도를 '용액의 진하기'라고 한다.
Tip 진하기가 다른 두 용액을 비교할 때 맛을 보면 쉽게 알 수 있지만, 실험실에서 만든 용액은 함부로 맛보면 안 돼요.

가라앉다

뜻 물 위에 떠 있거나 섞여 있는 것이 밑바닥으로 내려앉다.
예 투명한 용액에 용해되지 않는 물질을 넣으면 물질이 뜨고 가라앉는 정도로 비교할 수 있는데, 용액의 진하기가 높아질수록 물질이 높이 떠오른다.

여러 가지 뜻을 가진 낱말 가라앉다
'가라앉다'에는 '강한 감정이나 기운이 수그러들거나 사라지다.'라는 뜻도 있어. "흥분이 가라앉다.'와 같이 쓰이지. 또 '병으로 인한 증상이 나아지다.'라는 뜻도 있는데, 이때에는 '통증이 가라앉다.'처럼 쓰여.

이것만은 꼭!

걸보기 성질
걸보기 + 性 성질 성 + 質 바탕 질
※'성질'의 대표 뜻은 '성품'이야.

뜻 색, 모양, 냄새, 감촉과 같이 사람의 감각으로 쉽게 파악할 수 있는 물질의 성질.
예 색깔이나 맛과 같은 걸보기 성질을 이용해 황설탕 용액의 진하기를 비교해 보았다.

▲ 황설탕 한 숟가락을 녹인 용액
▼ 황설탕 열 숟가락을 녹인 용액
녹인 양

> 걸보기 성질이 생활로 황설탕 용액의 성질을 이용해 진하기를 쉽게 파악할 수 있어. 생각이 용액으로 진한 거야.

사해
死 죽을 사 + 海 바다 해

뜻 이스라엘과 요르단에 걸쳐 있는 호수로, 물에 포함된 소금이 바닷물의 다섯 배에 달함.
예 사해는 소금이 많이 포함되어 있어 사람이 가만히 있어도 물에 뜬다.

> 세균이나 일부 식물 외에는 생물이 살 수 없어서 죽은 바다, 즉 '사해'라고 해.

금지 약물
禁 금할 금 + 止 그칠 지 + 藥 약 약 + 物 물건 물

뜻 약물은 이 성분이 들어 있는 물질.
예 운동 선수들에게 경기 전에 복용하지 못하도록 하는 약물.
Tip 혈액이나 소변에 용해되어 있는 특정 성분을 분석하면 금지 약물을 이용했는지 알 수 있다.
관련 어휘 도핑 테스트
도핑 테스트는 운동선수가 경기에서 좋은 성적을 거두려고 금지 약물을 먹거나 주사를 맞았는지 알아보는 일을 말해.

검출
檢 검사할 검 + 出 날 출
※'출(出)'의 대표 뜻은 '나다'야.

뜻 주로 해로운 성분이나 요소 등을 검사하여 찾아냄.
예 현재의 기술로는 검출하기 어려운 금지 약물을 이용하는 선수가 있어서 연구원들은 새로운 도핑 테스트 기술을 끊임없이 연구한다.

확인 문제

94~95쪽에서 공부한 낱말을 떠올리며 문제를 풀어 보세요.

1 낱말의 뜻을 보기 에서 찾아 사다리를 타고 내려간 곳에 기호를 쓰세요.

보기
㉠ 소금물에서 물처럼 녹이는 물질. – 용매
㉡ 소금물에서 소금처럼 녹는 물질. – 용질
㉢ 어떤 물질에 다른 물질이 녹아 고르게 섞이는 현상. – 용해
㉣ 소금물처럼 녹는 물질이 녹이는 물질에 골고루 섞여 있는 물질. – 용액

용질 용매 용액 용해

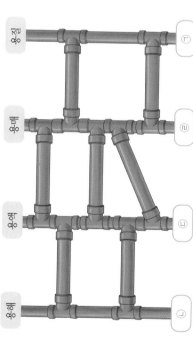

(1) ㉠
(2) ㉣

2 ( )안에서 알맞은 낱말을 골라 ○표 하세요.
(1) 비를 맞고 옷이 흠뻑 (젓다 , 젖다).
(2) 따뜻한 우유에 코코아 가루를 넣고 순가락으로 (젓다 , 젖다).

해설 | (1)은 물에 배어 축축하게 되다.를 뜻하는 '젖다'가, (2)는 '액체나 가루 따위가 고르게 섞이도록 손이나 기구 등으로 이리저리 돌리다.'를 뜻하는 '젓다'가 알맞습니다.

3 빈칸에 알맞은 낱말을 넣어 완성하세요.
(1) 용매의 온도가 높을수록 용질 이 더 많이 용해된다.
(2) 포도 맛 사탕을 먹었더니 사탕의 색소 때문에 혀가 보라색이 되었다.
(3) 물과 딸기 향기 같아 만든 딸기 맛 주스는 물에 딸기가 녹은 것이 아니므로 용액 이 아니다.

해설 | (1) 용매는 어떤 물질이 다른 물질에 녹아 고르게 섞이는 현상이며, 녹이는 물질은 용매이고, 녹는 물질은 용질입니다. (2) 혀가 보라색이 되었다고 하였으므로 색깔이 나타나도록 해 주는 물질인 색소가 빠진 것입니다. (3) 딸기가 물에 녹은 것이 아니라고 하였으므로 딸기가 녹아 있는 물질인 용액이 아닙니다.

96~97쪽에서 공부한 낱말을 떠올리며 문제를 풀어 보세요.

4 뜻에 알맞은 낱말을 글자판에서 찾아 묶으세요. (낱말은 가로(—), 세로(|), 대각선(\ /) 방향에 숨어 있어요.)

① 액체에 들어 있는 생물이 진함과 묽음의 정도.
② 주로 해로운 성분이나 요소 등을 검사하여 찾아냄.
③ 운동선수들에게 경기 전에 복용하지 못하도록 하는 약물.
④ 이스라엘과 요르단에 걸쳐 있는 호수로, 물에 포함된 소금이 바닷물의 다섯 배에 달함.

해설 | '액체에 들어 있는 생물이 진함과 묽음의 정도'는 진함기의 뜻이고, '주로 해로운 성분이나 요소 등을 검사하여 찾아냄'은 '검출'의 뜻이지 못합니다. 운동선수들에게 경기 전에 복용하지 못하도록 하는 약물'은 '금지 약물'이고, '이스라엘과 요르단에 걸쳐 있는 호수로, 물에 포함된 소금이 바닷물의 다섯 배에 달함'은 '사해'의 뜻입니다.

5 빈칸에 공통으로 들어갈 낱말을 골라 ○표 하세요.

(1) 숙구잤어 ( )
(2) 가라앉았어 (○)
(3) 과고들었어 ( )

해설 | '기러앉다'는 첫 번째 친구는 '공한 감정이나 기분이 수그러들거나 사라지다.'의 뜻으로 말했으나, 두 번째 친구는 '밑으로 내려가 바닥에 앉다.'의 뜻으로 말했습니다. 세 번째 친구는 물 위에서 섞여 있는 것이 밑바닥으로 내려앉다.'의 뜻으로 말했습니다.

6 ( )안에 알맞은 낱말을 보기 에서 찾아 쓰세요.

보기
검출 진단기 금지 약물 검보기 성질

(1) 약수에서 세균이 (검출)되었으니 주민들께서는 약수터 출입을 금지해 주십시오.
(2) 색깔과 냄새가 없는 투명한 용액이는 (검보기 성질)만으로 정확하게 비교할 수 없다.
(3) 이번 대회에서 감자기 성적이 향상된 ○○○ 선수는 (금지 약물)을 복용했다는 의심을 받았다.
(4) 너는 아는 정도 (진단기)의 과일 주스가 좋아? 난 과일을 많이 넣고 갈아서 진한 주스가 좋더라.

해설 | (1) 약수에서 세균이 나왔다는 의미이므로 '검출'이 알맞습니다. (2) 생깔과 냄새로 사람의 감각으로 쉽게 파악할 수 없는 물질의 성질이 '검보기 성질'입니다. (3) 운동선수가 '금지 약물'을 복용했다는 의미이므로 '금지 약물'이 알맞습니다. (4) '액체나 들어 있는 생물의 진함과 묽음의 정도'를 뜻하는 '진단기'가 알맞습니다.

어휘가 문해력이다 해 주는 물질 인 용질이 섞여 있는 물질인 '용액'이 아닙니다.

3주차 5회 한자 어휘

同 (동)이 들어간 낱말

'同(동)'이 들어간 낱말을 읽고, 부분에 미로를 그으면서 낱말 공부를 해 보세요.

동(同)은 '모두'를 뜻하는 큰 그릇과 '말하다'를 뜻하는 입이 결합한 모습을 표현한 글자야. 모두의 입에서 '한가지', 즉 '같다'는 뜻을 갖게 되었어. 낱말에서 '동(同)'은 '한가지', '함께하다', '함께하다' 등의 뜻을 나타내.

同 한가지 동

한가지 同
- 同병상련 동병상련
- 同시 동시

함께하다·함께하다 同
- 협同 협동
- 同고同락 동고동락

한가지 同

동병상련 同한가지 동 + 病병 병 + 相서로 상 + 憐불쌍히 여길 련
- 뜻 같은 병을 앓는 사람끼리 서로 가엾게 여긴다는 뜻으로, 어려운 처지에 있는 사람끼리 서로 가엾게 여김을 이르는 말.
- 예 엄마께 꾸중을 들은 상현이는 아버지께 꾸중을 든 형을 보고 동병상련을 느꼈다.

동시 同한가지 동 + 時때 시
- 뜻 같은 때나 시기.
- 예 선생님의 질문에 주화와 소영이는 동시에 답을 말했다.
- 글자는 같지만 뜻이 다른 낱말 동시
  동시는 어린이가 쓴 시, 또는 어린이 마음에 맞추어 쓴 시를 이르기도 해.

함께하다·함께하다 同

협동 協합할 협 + 同한가지 동
- 뜻 서로 마음과 힘을 합하여 하나로 합함.
- 예 우세네 모둠 친구들은 협동하여 반에서 가장 먼저 모둠 과제를 끝냈다.
- 속담 손이 많으면 일도 쉽다
  협동과 관련 있는 속담인 '손이 많으면 일도 쉽다'는 무슨 일이나 여러 사람이 같이 힘을 합하면 쉽게 잘 이룰 수 있다는 말이야.

동고동락 同한가지 동 + 苦괴로울 고 + 同함께할 동 + 樂즐거울 락
- 뜻 괴로움도 즐거움도 함께함.
- 예 유치원 때부터 동고동락한 단짝 친구가 먼 곳으로 이사를 가서 너무 슬펐다.

不 (불)이 들어간 낱말

'不(불)'이 들어간 낱말을 읽고, 부분에 미로를 그으면서 낱말 공부를 해 보세요.

'불(不)'은 땅속으로 뿌리를 내린 씨앗의 모습을 표현한 글자야. 아직 싹을 틔우지 못한 상태라는 점에서 '아니다'라는 뜻을 갖게 되었어. 낱말에서 '불(不)'은 '아니다', '없다'라는 뜻을 나타내.

不 아닐 불

아니다 不
- 행방不명 행방불명
- 不행 불행

없다 不
- 독不장군 독불장군
- 不치병 불치병

아니다 不

행방불명 行다닐 행 + 方방향 방 + 不아닐 불 + 明나타날 명
- 뜻 간 곳이나 방향을 모름.
- 예 행방불명된 이름을 찾기 위해 아버지는 전국 방방곡곡을 돌아다녔다.

불행 不아닐 불 + 幸다행 행
- 뜻 행복하지 않음. 또는 그런 일.
- 예 부자도 불행을 느끼는 걸 보면 돈이 많다고 늘 행복한 건 아닌가 봐.
- 관용어 불행 중 다행
  '불행 중 다행'은 불행한 가운데서 그나마 그만하여 다행임을 못하는 말이야. '교통사고가 났는데 크게 다치지 않았다니 참 불행 중 다행이야'와 같이 쓰여.

없다 不

독불장군 獨홀로 독 + 不아닐 불 + 將장수 장 + 軍군사 군
- Tip 그 외에도 '다른 사람에게 따돌림을 받는 외로운 사람'을 뜻하기도 해요.
- 뜻 혼자서는 장군이 될 수 없다는 뜻으로, 남과 의논하고 협조하여야 할 일을 이르는 말. 또는 무슨 일이든 자기 생각대로 혼자서 처리하는 사람.
- 예 수민이는 독불장군이라 친구들의 의견을 잘 귀담아듣지 않는다.

불치병 不아닐 불 + 治고칠 치 + 病병 병
- 뜻 고칠 수 없는 병.
- 예 주인공이 불치병에 걸리는 슬픈 영화를 보았다.
- 관련 어휘 난치병
  '난치병'은 고치기 어려운 병을 못해. '그는 난치병에 걸렸지만 끝까지 희망을 잃지 않았다.'와 같이 쓰여.

확인 문제

100쪽에서 공부한 낱말을 떠올리며 문제를 풀어 보세요.

1 낱말과 그 뜻을 알맞게 선으로 이으세요.

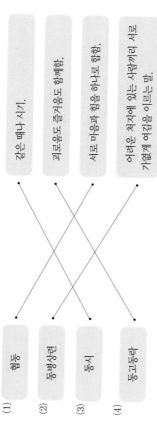

(1) 협동 — 같은 때나 시기.

(2) 동병상련 — 괴로움도 즐거움도 함께함.

(3) 동시 — 서로 마음과 힘을 하나로 합함.

(4) 동고동락 — 어려운 처지에 있는 사람끼리 서로 가엾게 여김을 이르는 말.

해설 | (1) '협동'은 서로 마음과 힘을 하나로 합함을 뜻하고, (2) '동병상련'은 어려운 처지에 있는 사람끼리 서로 가엾게 여김을 이르는 말입니다. (3) '동시'는 '같은 때나 시기'를 뜻하고, (4) '동고동락'은 '괴로움도 즐거움도 함께함'을 뜻하는 말입니다.

2 밑줄 친 속담을 바르게 사용한 친구에게 ○표 하세요.

(1) 손이 많으면 일도 쉽다더니, 온 가족이 함께 했더니 대청소가 빨리 끝났어.

(2) 가자 자기주장만 내세우다 결국 아무 결정도 못하고 싶다니까, 역시 사공이 많으면 배가 산으로 간다니까.

해설 | '손이 많으면 일도 쉽다'는 (1)과 같이 온 가족이 대청소를 함께 했더니 빨리 끝난 상황에서 사용하는 것이 알맞습니다. (2)에서는 주관하는 사람 없이 여러 사람이 자기주장만 내세우다 제대로 되기 어려움을 비유적으로 이르는 말인 '사공이 많으면 배가 산으로 간다'를 사용하는 것이 알맞습니다.

3 ( ) 안에서 알맞은 낱말을 골라 ○표 하세요.

(1) 마을 주민들은 군 장병들과 (운동 , 협동)하여 태풍 피해를 입은 마을 곳곳을 복구했다.

(2) 두 사건이 (동행 , 동시)에 일어났지만 그 사건들 사이에는 어떤 관련성도 찾을 수 없었다.

(3) 우리 외할머니와 외할아버지께서는 오랜 세월 (동고동락 , 비몽사몽)하며 사이좋게 지내신다.

(4) 최근에 키우던 강아지를 하늘나라로 보낸 동식이와 철우는 (동문서답 , 동병상련)의 마음을 느껴 부쩍 친해졌다.

해설 | (1) 힘을 합쳐 태풍 피해를 복구한 상황이므로 '협동'이 알맞습니다. (2) 두 사건이 같은 시기에 일어났지만 서로 관련성은 없었다는 의미이므로 '동시'가 알맞습니다. (3) 오랜 세월 사이좋게 지내셨다는 의미이므로 '동고동락'이 알맞습니다. (4) 같은 슬픔을 겪어 친해졌다는 의미이므로 '동병상련'이 알맞습니다.

101쪽에서 공부한 낱말을 떠올리며 문제를 풀어 보세요.

4 뜻에 알맞은 낱말을 빈칸에 쓰세요.

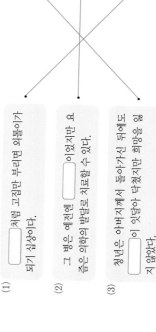

가로 열쇠
❶ 무슨 일이든 자기 생각대로 혼자서 처리하는 사람.
❸ 간 곳이나 방향을 모름.

세로 열쇠
❷ 행복하지 않음. 또는 좋지 않은 일을 당함.

❶독	불	장	군
불			
❸행	방	불	명

※ ❷불 행

해설 | 무슨 일이든 자기 생각대로 혼자서 처리하는 사람은 '독불장군'이고, 간 곳이나 방향을 모름은 '행방불명'입니다. '행복하지 않음. 또는 좋지 않은 일을 당함'은 '불행'입니다.

5 뜻에 알맞은 관용어는 무엇인지 ( ) 안에서 알맞은 낱말을 골라 ○표 하세요.

불행한 가운데서 그나마 그만하여 다행.
→ (불행) , 다행) 중 (불행 , (다행))

해설 | '불행한 가운데서 그나마 그만하여 다행'은 관용어 '불행 중 다행'이 알맞습니다. '불행'은 관용 표현 '불행 중 다행'이 알맞습니다.

6 빈칸에 들어갈 알맞은 낱말을 찾아 선으로 이으세요.

(1) 처럼 고집만 부리면 외톨이가 되기 십상이다.

(2) 그 병은 예전엔 이었지만 요즘은 의학의 발달로 치료할 수 있다.

(3) 청년은 아버지께서 돌아가신 뒤에도 이 잇닿아 닥쳤지만 희망을 잃지 않았다.

- 불행
- 불치병
- 독불장군

해설 | (1) '고집만 부리면'으로 보아 '독불장군'이 알맞습니다. (2) 예전엔 치료할 수 없었던 병이라는 의미이므로 '불치병'이 알맞습니다. (3) 아버지께서 돌아가신 일과 비슷한 일이 잇닿아 닥쳤다는 의미이므로 '불행'이 알맞습니다.

3주차 어휘력 테스트

3주차 1~5회에서 공부한 낱말을 떠올리며 문제를 풀어 보세요.

1 낱말의 뜻이 알맞은 것을 모두 고르세요. (① , ② , ④)

① 마련 – 준비하거나 헤아려 갖춤.
② 신장 – 세력이나 권리 따위가 늘어남.
③ 약분 – 분모가 다른 분수의 분모를 같게 하는 것.
④ 검출 – 주로 해로운 성분이나 요소 등을 검사하여 찾아냄.
⑤ 동고동락 – 어려운 처지에 있는 사람끼리 서로 가엾게 여김.

해설 | ③'약분'의 뜻은 '분모와 분자를 공약수로 나누어 간단한 분수로 만드는 것'입니다. ⑤'동고동락'의 뜻은 '괴로움도 즐거움도 함께함'입니다.

2 ( ) 안에서 알맞은 낱말을 골라 ○표 하세요.

(1) (용의 , (용해))는/은 어떤 물질이 다른 물질에 녹아 골고루 섞이는 현상이다.
(2) ((법) , 도덕)은 국가가 만든 강제성이 있는 규칙이다.
(3) 독불장군은 무슨 일이든 (다른 사람과 힘을 합쳐 , 자기 생각대로 혼자서) 처리하는 사람을 뜻한다.

해설 | (1) 용액은 녹는 물질이 녹이는 물질에 골고루 섞여 있는 물질입니다. (2) 도덕은 사회의 구성원들이 양심 등에 비추어 스스로 마땅히 지켜야 할 모든 규범으로, 강제성이 없다는 점에서 법과 다릅니다. (3) 독불장군은 남의 의견은 무시하고 혼자서 처리하는 사람을 이르는 말입니다.

3 두 문장의 빈칸에 공통으로 들어갈 낱말은 무엇인가요? (⑤)

• 밖에서 큰 소리가 나자 나와 언니는 ☐ 에 창밖을 쳐다보았다.
• 에는 선생님께서 숙제 검사를 하신가 봐 조마조마해 보는 아이의 마음이 나타나 있다.

① 염탐 ② 세손 ③ 기준 ④ 제재 ⑤ 동시

해설 | 첫 번째 문장에서는 같은 때나 시기를 뜻하는 동사가, 두 번째 문장에서는 '어린이가' 쓴 시, 또는 어린이 마음에 맞추어 쓴 시를 뜻하는 동사가 들어가는 것이 알맞습니다.

4 뜻이 비슷한 말을 보기에서 찾아 기호를 쓰세요.

보기
㉠ 정지   ㉡ 참가   ㉢ 하소연

(1) 참여: (㉡)   (2) 호소: (㉢)   (3) 포함: (㉠)

해설 | (1) 참여와 뜻이 비슷한 말은 '모임이나 단체 또는 일에 관계하여 들어감'을 뜻하는 참가입니다. (2) 호소와 뜻이 비슷한 말은 '억울한 일이나 딱한 사정 따위를 말함.'을 뜻하는 하소연입니다. (3) '포함'은 '산이나 들, 강, 바다 따위와 자연이나 지역의 모습'을 뜻하는 말로 비슷한 말이 경치입니다.

---

5 밑줄 친 낱말의 반대말을 찾아 두 글자로 쓰세요.

놀이 기구를 탈 때는 안전 수칙을 위반하지 말고 반드시 준수하세요!

(위반)

해설 | '준수'는 '명령이나 규칙, 법률 등을 좋아서 지킴.'을 뜻합니다. '준수'의 반대말은 '법, 명령, 약속 등을 지키지 않고 어김.'을 뜻하는 '위반'입니다.

6 ㉠과 ㉡에 들어갈 낱말이 알맞게 짝 지어진 것은 무엇인가요? (⑤)

㉠ 을/를 맞대다: 어떤 일을 의논하거나 결정하기 위하여 서로 마주하다.
㉡ 이/가 많으면 일도 쉽다: 무슨 일이나 여러 사람이 같이 힘을 합하면 쉽게 잘 이룰 수 있다.

① ㉠: 등, ㉡: 손   ② ㉠: 머리, ㉡: 눈   ③ ㉠: 어깨, ㉡: 발
④ ㉠: 이마, ㉡: 귀   ⑤ ㉠: 머리, ㉡: 손

해설 | 제시된 뜻에 알맞은 관용어와 속담은 각각 '머리를 맞대다'와 '손이 많으면 일도 쉽다'입니다.

7~10 ☐ 안에 알맞은 낱말을 보기에서 찾아 쓰세요.

보기   여정   불행   토의   유지

7 영화 속 주인공은 어린 시절에 부모님을 잃고 (불행) 속에 살았다.

해설 | 영화 속 주인공이 부모님을 잃어 행복하지 않은 상황이므로 '불행'이 알맞습니다.

8 이모께서는 건강을 (유지)하기 위해 매일 운동을 하고 채소를 많이 드신다.

해설 | 운동과 채소 섭취는 건강을 지키기 위한 방법이므로 어떤 상태나 상황 등을 그대로 이어 나감.'을 뜻하는 '유지'가 알맞습니다.

9 반 친구들과 운동장을 안전하게 사용하는 방법을 주제로 (토의)을/를 하였다.

해설 | 반 친구들과 어떤 주제를 주제로 의견을 나눈 상황이므로 어떤 문제를 여러 사람이 협력하여 의논함.'을 뜻하는 '토의'가 알맞습니다.

10 우리 가족은 여행을 떠나기 전에 어디를 어떤 순서로 갈지는 (여정)을/를 자세하게 짰다.

해설 | 여행에서 어디를 어떤 순서로 갈지는 여행의 과정이나 '여정'에 해당합니다.

어휘가
문해력
이다

초등 5학년 1학기

4주차 정답과 해설

국어 교과서 어휘

수록 교과서 국어 5–1 ④
8. 아는 것과 새롭게 안 것

다음 중 낱말의 뜻을 잘 알고 있는 것에 ✓ 하세요.
☐ 단일어　☐ 복합어　☐ 지식　☐ 새말　☐ 멸종　☐ 지표종

낱말을 읽고, 　 부분에 알맞은 낱말을 넣어 낱말 공부를 해 보세요.

이것만은 꼭!

뜻 '하늘'처럼 나누면 본디의 뜻이 없어져 더는 나눌 수 없는 낱말.
예 '구름'은 '구'와 '름'으로 나누면 뜻이 없어지므로 단일어이다.

단일어
單 홑 단 + 一 한 일 + 語 말씀 어

뜻 더해 주는 말 ｜ -어
'-어'는 낱말 뒤에 붙어 '말' 또는 '단어'의 뜻을 더해 줘. 한국인이 사용하는 언어인 '한국어', 한자에 기초하여 만들어진 말인 '한자어', 두 가지 이상의 뜻을 가진 단어인 '다의어' 등이 '-어'가 들어간 낱말이야.

복합어
複 겹칠 복 + 合 합할 합 + 語 말씀 어

뜻 '사과나무'처럼 뜻이 있는 두 낱말을 합한 낱말과, '잇달다', '덧신'처럼 뜻을 더해 주는 말과 뜻이 있는 낱말을 합한 낱말.
예 '바늘'과 '방석'을 합하면 복합어 '바늘방석'이 된다.

바늘 + 방석 → 바늘방석

'바늘방석'은 앉아 있기에 몹시 불안스러운 자리를 가리키는 말이야. 이처럼 낱말을 합해 새로운 낱말을 만들 수 있어.

Tip 낱말의 짜임을 알면 잘 모르는 낱말의 뜻을 짐작할 수 있어요.

지식
知 알 지 + 識 알 식

뜻 배우거나 직접 경험하여 알게 된 내용.
예 가상 화폐에 대해 아는 지식을 떠올리며 동전 없는 사회를 설명한 글을 읽었다.

아는 지식을 떠올리며 글을 읽으면 아는 내용과 비교하며 글을 읽을 수 있고, 글의 내용을 더 잘 이해할 수 있어.

정답과 해설 ▶ 50쪽

뜻 새로 생긴 말, 또는 새로 들어와 쓰이게 된 외래어.
예 '워터 파크'를 '물놀이 세상'이라는 새말로 바꾸어 사용합시다.

새말

Tip 새말을 '신어' 또는 '신조어'라고도 해요.

전에는 없던 새로운 것들을 표현하기 위해 새말을 만들어.

뜻 생물의 한 종류가 지구상에서 완전히 없어짐.
예 산양, 반달가슴곰, 점박이물범은 우리나라의 멸종 위기 동물이다.

멸종
滅 없어질 멸 + 種 씨 종
'멸(滅)'의 대표 뜻은 '꺼지다'야.

뜻 특정 지역의 환경 상태를 나타내는 생물.
예 깨끗한 물이 1급수에 사는 어름치, 열목어 등은 물의 등급을 알 수 있는 지표종이다.

관련 어휘 잣대종
'잣대종'은 어느 지역을 대표하는 생물들을 말해. 잣대종이 잘 보존된다면 그 지역의 생태계가 잘 유지된다고 볼 수 있지. 잣대종은 지표종과 함께 생물들이 살아가는 환경 상태를 측정하는 기준이 돼.

지표종
指 가리킬 지 + 標 나타낼 표 + 種 씨 종
'표(標)'의 대표 뜻은 '표하다'야.

꼭 알아야 할 속담

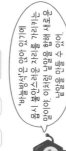

비 온 뒤에 땅이 굳어진다

'비' 온 뒤에, '땅' 이 굳어진다는 비에 젖어 질척거리던 흙도 마르면서 단단하게 굳어진다. 눈 뜻으로, 어려운 일을 겪은 뒤에 더 강해진다는 말입니다.

책갈피 채우기

등장인물
登 오를 등 + 場 마당 장 + 人 사람 인 + 物 사물 물
예 '정체'의 대표 뜻은 '마당', '물(物)'의 대표 뜻은 '물건'이야.

뜻 소설, 연극, 영화 등에서 어떤 일을 겪는 사람이나 사물.
예 일상생활의 경험을 이야기로 꾸며 쓸 때, 먼저 주제를 정하고 어떤 등장인물이 필요한지 생각해 본다.

관련 어휘 주인공
등장인물 중 소설, 연극, 영화 등에서 사건의 중심이 되는 인물을 '주인공'이라고 해. '등장인물'에서 주인공은 중심인물이지.

갈등
葛 칡 갈 + 藤 등나무 등

뜻 소설이나 희곡에서 등장인물 사이에 일어나는 대립과 충돌.
예 이야기의 흐름에서 등장인물의 갈등이 꼭대기에 이르는 단계가 가장 긴장감이 높고 흥미진진하다.

갈등을 통해 이야기가 긴장되고, 갈등을 해결하는 과정에서 재미와 감동을 느낄 수 있어.

실제로
實 열매 실 + 際 즈음 제 + 로
예 '실(實)'의 대표 뜻은 '열매'이야.

뜻 거짓이나 상상이 아니고 현실적으로.
예 준우는 실제로 자신이 겪은 일에 상상한 내용을 더해서 이야기를 꾸며 쓴다.

꼭 알아야 할 관용어

O표 하기: '(위, 간)에 기별도 안 가다'는 먹은 것이 너무 적어 먹으나 마나 하다는 뜻입니다.

4주차 1회

국어 교과서 어휘

수록 교과서 국어 5-1 ⑪
9. 여러 가지 방법으로 읽어요~
10. 주인공이 되어

다음 중 낱말의 뜻을 잘 알고 있는 것에 ✓ 하세요.
□ 설명하는 글 □ 주장하는 글 □ 훑다 □ 등장인물 □ 갈등 □ 실제로

낱말을 읽고, ___ 부분에 알맞을 글을 그으면서 낱말 공부를 해 보세요.

설명하는 글
說 말씀 설 + 明 밝을 명 + 글
예 '명(明)'의 대표 뜻은 '밝다'이야.

뜻 어떤 일이나 대상에 대해 읽는 이가 잘 이해할 수 있도록 밝혀 쓴 글.
예 설명하는 글을 효과적으로 읽으려면 무엇에 대해서 설명하는지 생각하고 설명하는 대상에 대해 이미 알고 있는 것을 떠올린다.

설명하는 글을 쓸 수는 무엇이나 정보를 읽으며, 생각이나 의견을 제외하고 사실을 바탕으로 써야 해.

주장하는 글
主 주장할 주 + 張 드러낼 장 + 글
예 '주(主)'의 대표 뜻은 '주장하다'이야.

뜻 읽는 이를 설득하기 위해 어떤 주제에 대한 자신의 생각이나 의견을 내세운 글.
예 주장하는 글을 읽을 때에는 글쓴이의 주장을 파악하고 주장을 뒷받침하는 근거가 타당한지 생각해야 한다.

비슷한말 논설문

이것만은 꼭!
논설문은 어떤 주제에 관하여 자기의 생각이나 주장을 체계적으로 밝혀 쓴 글을 말하며, 서론, 본론, 결론의 짜임으로 이루어져.

훑다

뜻 일정한 범위를 한쪽에서 다른 쪽으로 죽 더듬거나 살피다.
예 글을 읽는 목적에 따라 읽기 방법이 다른데, 글에 필요한 내용이 있는지 찾거나 짧은 시간 안에 중요한 내용을 찾을 때 훑어 읽기도 한다.

여러 가지 뜻을 가진 낱말 훑다
'훑다'에는 붙어 있는 것을 떼기 위하여 다른 물건의 틈에 끼워 죽 잡아당긴다는 뜻도 있어. "벼 이삭을 훑었더니 낱알들이 우수수 떨어졌다."와 같이 쓰여.

Tip 글을 읽기를 통해 필요한 내용을 찾은 뒤 중요한 내용에 밑줄을 그어 자세히 읽어야 해요.

확인 문제

108~109쪽에서 공부한 낱말을 떠올리며 문제를 풀어 보세요.

1 뜻에 알맞은 낱말을 빈칸에 쓰세요.

(1)

	❷복	
❶단	일	어
	함	

가로 열쇠 ❶ 나누면 본디의 뜻이 없어져 더는 나눌 수 없는 낱말.
세로 열쇠 ❷ 뜻이 있는 두 낱말을 합한 낱말과, 뜻을 더해 주는 말과 뜻이 있는 낱말을 합한 낱말.

(2)

	❷멸	
❶지	표	종

가로 열쇠 ❶ 특정 지역의 환경 상태를 나타내는 생물.
세로 열쇠 ❷ 생물의 한 종류가 지구상에서 완전히 없어짐.

해설 | (1) '나누면 본디의 뜻이 없어져 더는 나눌 수 없는 낱말'은 '단일어'입니다. '뜻이 있는 두 낱말을 합한 낱말과, 뜻을 더해 주는 말과 뜻이 있는 낱말을 합한 낱말'은 '복합어'입니다. (2) '특정 지역의 환경 상태를 나타내는 생물'은 '지표종'이고, '생물의 한 종류가 지구상에서 완전히 없어짐'은 '멸종'입니다.

2 빈칸에 들어갈 알맞은 낱말을 골라 ○표 하세요.

생태계의 상위, 숫자상의 하향을 다양함, 지리상의 빈약가능성을 그 지역을 대표하는 생물이 ___ 이야.

(위기종 · 희귀종 · 잣대종)

해설 | 어느 지역을 대표하는 생물은 '잣대종'입니다. '위기종'은 가까운 미래에 전부 또는 일부가 멸종 위기에 처할 가능성이 높은 생물이고, '희귀종'은 드물어서 매우 진귀한 생물을 말합니다.

3 ( ) 안에 알맞은 낱말을 <보기>에서 찾아 쓰세요.

보기: 세말 · 멸종 · 지시 · 단일어

(1) '아머니', '학교', '나무는 더는 나눌 수 없는 낱말이므로 (단일어)이다.
(2) 해진이는 자신이 쉽은 일이나 (지시)들을 활용해 우리나라 전통 악기를 설명한 글을 읽었다.
(3) 동물이 (멸종)하는 것을 막기 위해 위기에 처한 동물에 관심을 가울이고, 환경을 함부로 파괴하지 않아야 한다.
(4) 우리의 국어를 바르게 가꾸기 위해 '내비게이션'을 '길과 도우미'란 말이 '길 도우미'라는 (세말)( )으로 바꾸면 좋을 듯하다.

해설 | (1) '아머니', '학교', '나무'는 더 이상 나눌 수 없는 '단일어'입니다. (2) 자신이 알고 있는 것을 활용해 '멸종'합니다. (3) 환경을 파괴하지 않아야 동물이 지구상에서 완전히 없어지는 '멸종'을 막을 수 있습니다. (4) '내비게이션'을 새로운 말로 바꾸자는 의미이므로 '세말'이 알맞습니다.

110~111쪽에서 공부한 낱말을 떠올리며 문제를 풀어 보세요.

4 뜻에 알맞은 낱말을 글자판에서 찾아 묶으세요. (낱말은 가로(—), 세로(|), 대각선(\/) 방향에 숨어 있어요.)

설	명	소	다
출	강	등	로
주	등	인	물
		실	제

❶ 거짓이나 상상이 아니고 현실적으로.
❷ 일정한 범위를 한쪽에서 시작하여 죽 더듬거나 살피다.
❸ 소설, 연극, 영화 등에서 어떤 일을 겪는 사람이나 사물.
❹ 소설이나 희곡에서 등장인물 사이에 일어나는 대립과 충돌.

해설 | ❶은 '실제로'의 뜻이고, ❷는 '좋다'의 뜻입니다. ❸은 '등장인물'의 뜻이고, ❹는 '갈등'의 뜻입니다.

5 뜻에 알맞은 낱말은 무엇인지 빈칸에 쓰세요.

(1) 어떤 일이나 대상에 대해 알맞도록 이끄는 것이 잘 이해할 수 있도록 밝혀 쓴 글.

설 명 하는 글

(2) 어떤 일을 설득하기 위해 어떤 주제에 대한 자신의 생각이나 의견을 내세운 글.

주 장 하는 글

6 밑줄 친 낱말의 뜻이 다른 하나를 골라 ○표 하세요.

(1) 언니는 영신 머리카락을 빗으로 죽 훑어 내렸다. (○)
(2) 내가 관심 있는 내용이 있는지 빨리 죽 훑어 읽고 책을 샀어. ( )
(3) 매일 아침 아버지께서는 신문 기사의 제목을 죽 훑어 읽으신다. ( )

해설 | (1)에서 '훑다'는 '붙어 있는 것을 떼기 위하여 다른 물건의 틈에 끼워 죽 잡아당기다.'라는 뜻으로 쓰였고, (2)와 (3)에서 '훑다'는 '일정한 범위를 한쪽에서 시작하여 죽 더듬거나 살피다.'라는 뜻으로 쓰였습니다.

7 ( ) 안에서 알맞은 낱말을 골라 ○표 하세요.

(1) 너는 이 영화의 (등장인물, 줄거리) 중에서 누가 가장 좋아?
(2) 소설은 (실제로, 함부로) 일어나지는 않았지만 있음 직한 일을 꾸며 쓴 글이다.
(3) (설명, 주장)하는 글은 자신의 생각과 비교해 비판적인 태도로 읽는 것이 좋다.
(4) 이 소설에서는 (기쁨, 갈등)을 겪는 두 친구가 서로를 이해하고 화해하는 과정이 감동적으로 펼쳐진다.

해설 | (1) 누가 좋은지를 물었으므로 '등장인물'이 알맞습니다. (2) 소설은 '실제로' 일어나지 않은 일을 꾸며 쓴 글입니다. (3) 자신의 생각과 비교해 비판적인 태도로 읽는 것이 좋은 글은 주장하는 글이므로 '주장'이 알맞습니다. (4) 마침내 서로를 이해하고 화해하는 과정이 펼쳐지는 것이므로 '갈등'이 알맞습니다.

4주차 2회 사회 교과서 어휘

수록 교과서 사회 5-1
2. 인권 존중과 정의로운 사회

다음 중 낱말의 뜻을 잘 알고 있는 것에 ✓ 하세요.

□ 헌법 □ 국민 투표 □ 개정 □ 기본권 □ 참정권 □ 청구권

우리에게 헌법에 보장된 기본권이 있다는 거 알고 있니? 이날 헌법이나 기본권 같은 말이 어렵고 딱딱하게 느껴진다고? 우리는 대한민국 국민으로서 이런 말의 의미를 잘 알아야 해. '헌법과 인권 보장'을 배울 때 나오는 낱말들을 공부해 보자.

기본권: 평등권, 자유권, 참정권, 청구권, 사회권

낱말을 읽고, 뜻풀이 빈칸에 알맞은 낱말을 그으면서 낱말 공부를 해 보세요.

헌법 憲(헌) + 法(법)
뜻 우리나라 최고의 법이고 법 중에서 가장 기본이 되는 법.
예 헌법은 모든 국민이 존중하고 행복한 삶을 살아가는 데 필요한 내용을 담고 있다.
관련 어휘 헌법 재판소
헌법을 바탕으로 여러 법을 만들기 때문에 다른 법들이 헌법을 위반해서는 안 돼. 이를 두고 '헌법 재판소'는 법이 헌법에 어긋나는지, 국가 권력이 국민의 권리를 침해하는지 등을 심판하는 국가 기관이야.

이것만은 꼭!

국민 투표 國(나라 국) + 民(백성 민) + 投(던질 투) + 票(표 표)
뜻 국가의 중요한 일을 국민이 최종적으로 투표해 결정하는 제도.
예 헌법은 국가를 운영하는 데 가장 중요하고 기본적인 내용을 담고 있으므로 한 번씩 내용을 새로 정하거나 고칠 때는 국민 투표를 해야 한다.
Tip 헌법에는 국민의 권리와 의무, 국가 기관을 조직하고 운영하는 기본 원칙 등이 담겨 있어요.

개정 改(고칠 개) + 正(바를 정)
뜻 주로 문서의 내용 따위를 고쳐 바르게 함.
예 헌법 재판소에서 법이 국민의 인권을 침해한다고 결정이 나면 그 법은 개정되거나 폐지된다.
글자는 같지만 뜻이 다른 낱말 개정
'개정(開廷)'은 법정을 열어 재판을 시작하는 일을 뜻해. '개(開)'가 '연다'는 뜻이고, '정(廷)'은 관청을 뜻하지. 법정에서 재판장이 개정을 선언하면 시작돼. 고쳐 바르게 함을 뜻하는 '개정'과 글자는 같지만 뜻이 다르니까 구분해서 써야겠지?

기본권 基(터 기) + 本(근본 본) + 權(권리 권)
뜻 헌법으로 보장되는 국민의 기본적인 권리.
예 국민의 기본권은 헌법으로 보장되지만 국가의 안전 보장, 공공의 이익, 사회 질서 유지 등을 위해 필요할 경우 제한될 수 있다.
*'기본'의 대표 뜻은 '터', '근본'의 대표 뜻은 자음추이야.

참정권 參(참여할 참) + 政(정사 정) + 權(권리 권)
뜻 국가의 정치 의사 형성 과정에 참여할 수 있는 권리.
예 기본권의 하나인 참정권에 따라 모든 국민은 선거를 할 수 있는 권리를 가진다.
참정권의 종류에 선거권이 있는데, 우리나라에서는 만 18세 이상의 국민에게 선거권이 보장돼.
Tip 그 밖에 참정권에는 국민이 직접 공직에 취임할 수 있는 공무 담임권이 있어서 선거에 후보로 출마하거나 공무원에 임명될 수 있어요.

청구권 請(청할 청) + 求(구할 구) + 權(권리 권)
뜻 기본권이 침해되었을 때 국가에 어떤 일을 해 달라고 요구할 수 있는 권리.
예 누구나 법률에 의한 재판을 받을 수 있고, 국가 기관에 문서로 청원할 수 있는 것은 국민에게 청구권이 있기 때문이다.

사회 교과서 어휘

수록 교과서 사회 5-1
2. 인권 존중과 정의로운 사회

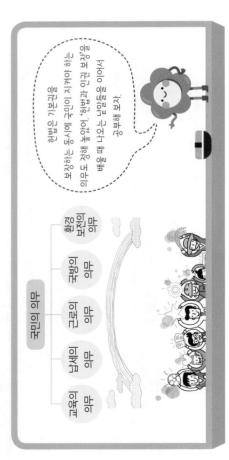

한법이 기본권을 보장하는 동시에 국민이 지켜야 하는 의무도 정해 놓았어. '행복과 인권 보장'을 배우면서 나왔으니 낱말들을 이어서 공부해 보자.

다음 중 낱말의 뜻을 잘 알고 있는 것에 ✓ 하세요.

□ 판결 □ 의무 □ 납세 □ 근로 □ 국방 □ 충돌

국민의 의무
- 교육의 의무
- 납세의 의무
- 근로의 의무
- 국방의 의무
- 환경 보전의 의무

✎ 낱말을 읽고, █부분에 알맞은 글을 그어면서 낱말 공부를 해 보세요.

판결
判 판단할 판 + 決 결단할 결
- 뜻 옳고 그름이나 나쁨을 판단하여 결정함.
- 예 헌법 재판소는 '인터넷 게임 셧다운제'가 청소년의 자유권과 부모의 자녀 교육권을 과도하게 제한하는 것이 아니므로 헌법에 어긋나지 않는다고 판결을 내렸다.

의무
義 옳을 의 + 務 힘쓸 무
- 뜻 반드시 해야 하는 일.
- 예 자신과 타인의 기본권을 보호하려면 그에 따른 책임과 의무를 지켜야 한다.
- 비슷한말 책무
- 이것만은 꼭! '책무'는 맡은 일에 따른 책임이나 의무를 뜻하는 말이야. 마땅히 해야 하는 일이라는 점에서 의무와 책무는 뜻이 비슷한 낱말이지.
- Tip 국민들이 자신의 의무를 다하지 않는다면 사회 구성원 전체에 피해가 갈 수 있어요.

납세
納 납부할 납 + 稅 세금 세
↳ '납(納)'의 대표 뜻은 '거두어들이다'이야.
- 뜻 세금을 냄.
- 예 국민이 나라의 살림이 잘 운영되도록 세금을 내는 것은 납세의 의무를 실천하는 것이다.
- 반대말 탈세
- '탈세'는 세금을 내지 않는 것을 말해. 탈세는 법으로 정한 납세의 의무를 위반한 것이므로 근로을 탈세한 사람들은 경찰의 수사를 받아.
- Tip 국민이 내는 세금은 나라를 발전시키고 국민의 삶의 질을 높이는 데 중요한 역할을 해요.

근로
勤 부지런할 근 + 勞 일할 로
- 뜻 부지런히 일함.
- 예 근로의 의무는 모든 국민이 개인과 나라의 발전을 위해 일을 해야 한다는 의무이다.
- 비슷한말 노동
- '노동'은 몸을 움직여 일함을 뜻하는 말이야. 또 사람이 필요한 음식이나 물자를 얻기 위해 육체적으로나 정신적으로 하는 일을 뜻하기도 해.

국방
國 나라 국 + 防 막을 방
- 뜻 다른 나라의 침입이나 위험으로부터 나라를 안전하게 지키는 일.
- 예 국방의 의무는 나와 가족, 우리 모두의 안전과 나라를 지키는 의무이다.

충돌
衝 부딪칠 충 + 突 부딪칠 돌
↳ '충돌(衝突)'의 대표 뜻은 '돌', '돌'의 대표 뜻은 '갑자기'야.
- 뜻 서로 맞부딪치거나 맞섬.
- 예 다양한 사람들이 함께 살아가는 사회에서 권리와 의무는 서로의 입장에 따라 충돌할 때가 있다.

권리와 의무가 충돌할 때는 서로의 입장을 공감하면서 이해하고 권리와 의무를 조화시킬 수 있는 합리적인 해결 방안을 찾아야 해.

국민이 납세을 일정 기간 동안 병역의 의무를 수행해, 쉽게 말해 군대에서 나라를 지키는 거야.

확인 문제

114~115쪽에서 공부한 낱말을 떠올리며 문제를 풀어 보세요.

1 뜻에 알맞은 낱말이 되도록 보기에서 글자를 찾아 쓰세요.

보기
| 투 | 본 | 별 | 기 | 민 | 국 | 권 | 헌 | 표 |

(1) 헌법으로 보장되는 국민의 기본적인 권리. →

(2) 우리나라 최고의 법으로 법 중에서 가장 기본이 되는 법. →

(3) 국가의 중요한 일을 국민의 최종적으로 투표해 결정하는 제도.

해설 | '기본권', '헌법', '국민 투표'의 뜻이 무엇인지 확인해 봅니다.

2 뜻에 알맞은 낱말을 골라 ○표 하세요.

(1) 국가의 정치 의사 형성 과정에 참여할 수 있는 권리.

(2) 기본권이 침해되었을 때 국가에 어떤 일을 해 달라고 요구할 수 있는 권리.

해설 | 국민의 기본권 중 (1)은 참정권, (2)는 청구권임니다.

3 밑줄 친 낱말의 뜻을 보기에서 찾아 기호를 쓰세요.

보기
㉠ 법정을 열어 재판을 시작하는 일.
㉡ 주로 문서의 내용 따위를 고쳐 바르게 함.

(1) 개정 시간이 가까워지자 재판을 보려는 사람들로 꽉 찼다. (㉠)

(2) 반대동물을 생물이 아니라 물건으로 여기던 법이 얼마 전에 개정되었다. (㉡)

해설 | (1) 재판을 보려는 사람들로 법정이 꽉 찼다는 내용이므로 '개정'이 ㉠의 뜻으로 쓰였습니다. (2) 반대동물을 물건으로 여기던 법을 고쳤다는 내용이므로 '개정'이 ㉡의 뜻으로 쓰였습니다.

4 밑줄 친 낱말을 알맞게 사용한 친구에게 ○표, 알맞게 사용하지 못한 친구에게 ×표 하세요.

(1) 수아: 제헌절은 헌법을 만들어서 국민에게 알린 날이다. ( )

(2) 민재: 부모님께서 대통령 선거 날에 투표를 하신 것은 청구권을 보장받은 거야. (×)

(3) 진주: 헌법에 있는 기본권에는 평등권, 자유권, 참정권, 청구권, 사회권이 있어. (○)

(4) 현선: 마을 공원을 공원으로 만들지, 주차장으로 활용할지를 국민 투표로 결정했어. (×)

해설 | (2) 부모님께서 대통령 선거 날에 투표를 하신 것은 참정권을 활용하신 것입니다. (4) 국민 투표는 국가의 중요한 일을 국민이 최종적으로 투표해 결정하는 제도입니다. 마을 공원을 어떻게 활용할지는 국민 투표로 결정할 일이 아닙니다.

116~117쪽에서 공부한 낱말을 떠올리며 문제를 풀어 보세요.

5 뜻에 알맞은 낱말을 글자 카드에서 찾아 쓰세요.

| 무 | 로 | 득 | 권 | 국 |
| 방 | 리 | 근 | 의 | 결 |

(1) 부지런히 일함. →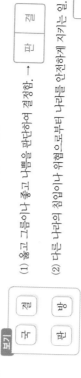

(2) 반드시 해야 하는 일.

해설 | (1) '부지런히 일함'은 '근로'의 뜻이고, (2) '반드시 해야 하는 일'은 '의무'의 뜻이며, (3) '서로 맞부딪치거나 맞섬'은 '충돌'의 뜻입니다.

(3) 서로 맞부딪치거나 맞섬.

6 뜻에 알맞은 낱말이 되도록 보기에서 글자를 찾아 쓰세요.

보기
| 국 | 결 |
| 판 | 방 |

(1) 옳고 그름이나 좋고 나쁨을 판단하여 결정함.

(2) 다른 나라의 침입이나 위험으로부터 나라를 안전하게 지키는 일.

해설 | (1) '옳고 그름이나 좋고 나쁨을 판단하여 결정함'은 '판결'의 뜻입니다. (2) '다른 나라의 침입이나 위험으로부터 나라를 안전하게 지키는 일'은 '국방'의 뜻입니다.

7 ( ) 안에서 알맞은 낱말을 골라 ○표 하세요.

그는 성실하게 (납세, 탈세) 한 시민으로 선정되어 공공기관에서 주는 상을 받았다.

해설 | 성실하게 세금을 낸 시민이 공공기관에서 주는 상을 받은 것이므로 '세금을 냄'을 뜻하는 '납세'가 알맞습니다. 탈세는 납세의 의무를 일부러 하면 성이 아니라 꾀를 부려 세금을 내지 않는 것을 뜻하므로 문맥상 어울리지 않습니다.

8 반칸에 알맞은 낱말을 넣어 문장을 완성하세요.

(1) 사춘오빠가 나의 의무를 다하기 위해 군대에 입대했다.

(2) 가게 주인은 가게에 일하러 온 사람에게 시간에 따라 월급이 달라진다고 말했다.

(3) 며칠 전에 본 기사에서 범인은 범죄를 숨기거나 의무를 피하는 등 나쁜 의도가 있으면 이름을 바꿀 수 있다고 했다.

해설 | (1) 군대에 입대한 것은 나라를 안전하게 지키는 '국방'의 의무를 다하는 것입니다. (2) 일한 시간에 따라 받는 월급이 달라진다는 의미이므로 '근로'가 알맞습니다. (3) 범인이 이름을 바꿀 수 있는 경우를 설명하여 결정한 내용이므로 '판결'이 알맞습니다.

제곱센티미터

뜻 넓이를 나타내는 단위. 한 변의 길이가 1센티미터인 정사각형의 넓이는 1제곱센티미터이고, 1cm²라고 씀.

예 1제곱센티미터를 일정한 단위로 사용하여 모양과 크기가 다른 색종이의 넓이를 비교해 보았다.

1cm / 1cm² / 1cm

제곱미터

뜻 넓이를 나타내는 단위. 한 변의 길이가 1미터인 정사각형의 넓이는 1제곱미터이고, 1m²라고 씀.

예 넓이가 1제곱미터인 정사각형 속에 넓이가 1제곱센티미터인 정사각형이 10000개 들어간다.

1m²에는 1cm²가 한 줄에 100개씩 100층 들어가! 1m²=10000cm²

100 cm / 1 m / 1 m² / 100 cm / 1 m

제곱킬로미터

뜻 넓이를 나타내는 단위. 한 변의 길이가 1킬로미터인 정사각형의 넓이는 1제곱킬로미터이고, 1km²라고 씀.

예 땅의 넓이를 나타낼 때는 제곱미터보다 더 큰 넓이의 단위인 제곱킬로미터를 사용하는 것이 편리하다.

1km²에는 1m²가 한 줄에 1000개씩 1000층 들어가! 1km²=1000000m²

Tip 단위넓이에 따라 측정한 값이 달라진다는 것을 알아 두어요.

차지

뜻 사물이나 공간, 지위 따위를 자기 몫으로 가짐.

예 땅따먹기 놀이에서 지훈이가 가장 넓은 땅을 차지했다.

헷갈리는 말 차지

내버려 두고 문제 삼지 아니함이라는 뜻인 '차치'라는 낱말이 있어. "그 문제는 차치하고 이것은 먼저 해결하자."처럼 쓰이지. '차지'와 '차치'를 구분하여 상황에 알맞게 써야 해.

4주차 3회

수학 교과서 어휘

수학 교과서 수학 5-1
6. 다각형의 둘레와 넓이

다음 중 낱말이 뜻을 잘 알고 있는 것에 ✓ 하세요.

□ 둘레 □ 넓이 □ 제곱센티미터 □ 제곱미터 □ 제곱킬로미터 □ 차지

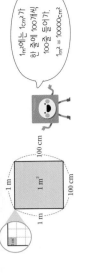

화려한 무늬의 타일이 참 예쁘다. 친구가 타일 벽면의 넓이를 구하려면 넓이가 무엇인지, 넓이를 나타내는 단위에는 무엇이 있는지 알아야겠지? '다각형의 둘레와 넓이' 단원에서 나오는 둘레를 공부해 보자.

타일 벽면의 넓이를 어떻게 구할 수 있을까?

낱말을 읽고, 부분에 밑줄을 그으면서 낱말 공부를 해 보세요.

둘레

뜻 사물이나 도형의 테두리. 또는 그 길이.

예 물건의 모든 변의 길이를 각각 줄자로 재어서 더하면 그 물건의 둘레를 잴 수 있다.

(정다각형의 둘레)=(한 변의 길이)×(변의 수)

Tip 직사각형과 평행사변형의 둘레는 두 변의 합에 2를 곱해요.

넓이

뜻 일정한 평면에 걸쳐 있는 공간이나 범위의 크기.

예 직사각형의 넓이를 구하려면 직사각형을 이루는 두 변의 길이를 곱하면 된다.

비슷한말 면적

이것만은 꼭!

'면적'은 일정한 평면의 넓이를 뜻해. "사무실 면적이 넓다.", "이 집은 면적이 넓어 살기에 편리하게 지었다."처럼 쓰여.

수학 교과서 어휘

수록 교과서 수학 5-1
6. 다각형의 둘레와 넓이

다음 중 낱말의 뜻을 잘 알고 있는 것에 ✓ 하세요.

☐ 평행사변형의 밑변　☐ 평행사변형의 높이
☐ 사다리꼴의 밑변　　☐ 삼각형의 밑변
☐ 사다리꼴의 높이　　☐ 삼각형의 높이

저 창문에서
사다리꼴과 직사각형,
삼각형 모양을 찾을
수 있어.

창문의 넓이를
구하려면 그 도형들의
넓이를 구하는 방법을
알아야겠어.

주변을 둘러보면 곳곳에서
도형의 모양을 찾을 수 있어.
각 도형의 넓이를 구하는 방법을
이해하기 위해 꼭 알아야 할
낱말들을 공부해 보자.

낱말을 읽고, □□ 부분에 밑줄을 그으면서 낱말 공부를 해 보세요.

평행사변형의 밑변

뜻 평행사변형에서 평행한 두 변.

예 평행사변형의 밑변은 밑에 있는 한 개의 변이 아니라, 서로 평행하는 두 변을 말한다.

平 평평할 平 + 行 다닐 행 +
四 넉 사 + 邊 가 변 +
形 모양 형 + 의 + 밑 + 邊 가 변

평행사변형의 높이

뜻 평행사변형에서 평행한 두 밑변 사이의 거리.

예 평행사변형의 밑변의 길이와 평행사변형의 높이가 같으면 평행사변형의 모양이 각각 달라도 넓이는 모두 같다.

어휘 -이

'높이'는 '높다'의 '높'에 '-이'가 붙어 만들어진 말이야. 이렇게 '-이'가 붙어서 사람의 이름을 나타내는 말이 되기도 해.

平 평평할 平 + 行 다닐 행 +
四 넉 사 + 邊 가 변 +
形 모양 형 + 의 + 높이

삼각형의 밑변

三 석 삼 + 角 뿔 각 +
形 모양 형 + 의 + 밑 + 邊 가 변

뜻 삼각형에서 어느 한 변.

예 삼각형의 밑변을 어느 변으로 정하느냐에 따라 높이가 달라진다.

삼각형에는 세 개의 변이
있기 때문에 밑변도
세 개라는 걸 기억해.

Tip '모든 '선과 선의 끝이
이 1인 변 굿'이라는 뜻
이에요.

삼각형의 높이

三 석 삼 + 角 뿔 각 +
形 모양 형 + 의 + 높이

이것만은 꼭!

뜻 삼각형의 밑변과 마주 보는 꼭짓점에서 밑변에 수직으로 그은 선분의 길이.

예 삼각형의 넓이는 삼각형의 밑변의 길이와 삼각형의 높이를 곱하여 2로 나누어 구한다.

▲ 삼각형의 밑변과 높이

사다리꼴의 밑변

사다리꼴의 밑 + 邊 가 변

뜻 사다리꼴에서 평행한 두 변. 한 밑변을 윗변, 다른 밑변을 아랫변 이라고 함.

예 사다리꼴에서 평행한 두 변은 한 쌍이기 때문에 사다리꼴의 밑변은 평행사변 형과 달리 고정되어 있다.

사다리꼴의 높이

뜻 사다리꼴에서 두 밑변 사이의 거리.

예 사다리꼴의 넓이를 구하는 방법은 윗변과 아랫 변을 더한 값에 사다리꼴의 높이를 곱한 뒤, 2로 나눈다.

▲ 사다리꼴의 밑변과 높이

왼쪽 면

120~121쪽에서 공부한 낱말을 떠올리며 문제를 풀어 보세요.

1 뜻에 알맞은 낱말을 글자판에서 찾아 묶으세요. (낱말은 가로(ㅡ), 세로(l), 대각선(\) 방향에 숨어 있어요.)

길	차	지
돌	레	항
선	높	미
단	넓 이	공
테	제	

❶ 사물이나 도형의 테두리. 또는 그 길이.
❷ 사물이나 공간, 지위 따위를 자기 몫으로 가짐.
❸ 일정한 평면에 걸쳐 있는 공간이나 범위의 크기.
❹ 넓이를 나타내는 단위. 한 변의 길이가 1미터인 정사각형의 넓이는 1제곱미터이고, 1m²라고 쓴.

해설 | '둘레'는 사물이나 도형의 테두리, 또는 그 길이예요. '차지'는 사물이나 공간, 지위 따위를 자기 몫으로 가지는 것을 뜻해요. '넓이'는 일정한 평면에 걸쳐 있는 공간이나 범위의 크기이고, '넓이'의 뜻은 '넓이'를 나타내는 단위로 한 변의 길이가 1미터인 정사각형의 넓이는 1제곱미터이고, 1m²라고 쓴 '제곱미터'에 대한 설명입니다.

2 ( )안에 알맞은 말을 골라 ○표 하세요.

'제곱센티미터'는 넓이를 나타내는 단위야. 한 변의 길이가 1센티미터인 정사각형의 넓이는 1(제곱센티미터, 제곱미터)이고, 1cm²라고 써.

해설 | 한 변의 길이가 1센티미터인 정사각형의 넓이는 1제곱센티미터이고, 1cm²라고 씁니다.

3 밑줄 친 낱말과 뜻이 비슷한 낱말은 무엇인가요? (④)

우리 학교 운동장의 넓이는 얼마나 될까?

① 무게 ② 양 ③ 길이 ④ 면적 ⑤ 두께

해설 | '넓이'와 뜻이 비슷한 낱말은 '면적'입니다. 무게는 무겁고 가벼움을, '양'은 많고 적음을, '길이'는 길고 짧음을, '두께'는 두껍고 얇음을 나타내는 말입니다.

4 ( )안에 알맞은 낱말을 보기에서 찾아 쓰세요.

보기: 둘레   차지   제곱킬로미터

(1) 대전광역시의 넓이는 539(제곱킬로미터)이다.
(2) 줄자로 복도에 있는 신발장의 (둘레)를 쟀더니 19미터였다.
(3) 하나밖에 없는 그네를 서로 (차지)하려고 다투지 말고, 순서를 정해서 번갈아 타자.

오른쪽 면

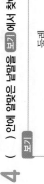

122~123쪽에서 공부한 낱말을 떠올리며 문제를 풀어 보세요.

5 뜻에 알맞은 낱말은 무엇인지 ( )안에서 알맞은 낱말을 골라 ○표 하세요.

(1) 삼각형에서 아는 한 변.
→ 삼각형의 (밑변, 높이)
(2) 평행사변형에서 평행한 두 밑변 사이의 거리.
→ 평행사변형의 (밑변, 높이)
(3) 사다리꼴에서 평행한 두 변, 한 밑변을 윗변, 다른 밑변을 아랫변이라고 함.
→ 사다리꼴의 (밑변, 높이)

해설 | (1) '삼각형에서 아는 한 변'은 '삼각형의 밑변'입니다. (2) '평행사변형에서 평행한 두 밑변 사이의 거리'는 '평행사변형의 높이'입니다. (3) '사다리꼴에서 평행한 두 변을 밑변이라고 함'은 '사다리꼴의 밑변'입니다.

6 밑줄 친 '이'의 성격이 다른 하나를 골라 ○표 하세요.

(1) 새의 먹이   (2) 두꺼운 종이   (3) 건물의 높이   (4) 운동장의 넓이

해설 | '먹이', '높이', 넓이'는 각각 '먹+이', '높+이', '넓+이'로 만들어진 낱말이에요. 그러나 '종이'의 '이'는 사물의 이름을 나타내는 말로 만드는 '-이'가 아닙니다. '종이'는 더 이상 쪼개지지 않는 단어입니다.

7 빈칸에 들어갈 말로 알맞은 것을 골라 ○표 하세요.

지혜: 평행사변형은 마주 보는 두 변이 평행하고 길이가 같아.
석찬: 그 두 변을 [ ](이)라고 해.

(1) 평행사변형의 각도 ( )   (2) 평행사변형의 밑변 (○)
(3) 평행사변형의 대각선 ( )   (4) 평행사변형의 넓이 ( )

해설 | 평행사변형에서 서로 마주 보는 평행한 두 변을 '평행사변형의 밑변'이라고 합니다.

8 왼쪽에 도형의 넓이를 구하는 방법을 식으로 나타냈습니다. 빈칸에 알맞은 낱말을 넣어 답을 완성하세요.

(1) 삼각형의 넓이 = 삼 각 형 의 밑 변 의 길이 × 삼각형의 높이 ÷ 2
(2) 사다리꼴의 넓이 = (윗변의 길이 + 아랫변의 길이) × 사 다 리 꼴 의 높 이 ÷ 2

해설 | 각 낱말을 다시 한번 떠올리고, 삼각형과 사다리꼴의 넓이를 구하는 방법을 식으로 정리해 봅니다.

과학 교과서 어휘

수록 교과서 과학 5-1
5. 다양한 생물과 우리 생활

다음 중 낱말의 뜻을 잘 알고 있는 것에 ✔하세요.

□ 균류 □ 번식 □ 양분 □ 축축하다 □ 배율 □ 표본

빵에 곰팡이가 피고 숲속 여기저기에 버섯이 자라난 걸, 곰팡이와 버섯을 균류라고 해. 이처럼 우리 주변엔 동물과 식물 이외에도 다양한 생물이 살고 있단다. 다양한 생물과 우리 생활 낱말들을 공부해 보자.

✏ 낱말을 읽고, ▨ 부분에 알맞은 낱말을 그 안에서 낱말 공부를 해 보세요.

균류
菌 버섯 균 + 類 무리 류

뜻 곰팡이와 버섯 같은 생물.
예 균류는 동물이나 식물은 아니지만 자라고 자손을 퍼뜨리기 때문에 생물의 한 종류이다.
Tip 균류는 엽록소가 없어서 광합성을 하지 못해요.

관련 어휘 **균사**
균사는 균류의 몸을 이루는 섬세한 실 모양의 세포야. 균류는 전체가 긴 모양의 균사로 이루어져 있어.

번식
繁 번성할 번 + 殖 불릴 식

뜻 생물이 붇고 늘어서 많이 퍼짐.
예 꽃이 피지 않는 균류는 공기 중에 떠서 멀리 이동할 수 있는 포자로 번식한다.

[말풍선] 꽃이 피지 않는 민꽃식물로, 씨 대신에 포자로 번식해. 고사리, 이끼 등이 여기에 해당하지. 그래서 민꽃식물을 포자식물이라고도 해.

양분
養 기를 양 + 分 나눌 분

이것만은 꼭!
뜻 영양이 되는 성분.
예 곰팡이와 버섯은 스스로 영양분을 만들지 못하고 주로 죽은 생물이나 다른 생물에서 양분을 얻는다.
Tip 버섯은 죽은 식물을 분해해서 얻은 영양분으로 살아가요.

▲ 죽은 나무에서 자란 버섯

축축하다

뜻 물기가 있어 젖어 있는 듯하다.
예 곰팡이와 버섯은 햇볕을 좋아하지 않고, 따뜻하며 축축한 환경에서 잘 자란다.

비슷한말 **촉촉하다**
'촉촉하다'는 '물기가 있어 조금 젖은 듯하다.'라는 뜻으로, '축축하다'보다 물기에 젖은 정도가 약한 듯한 느낌이 들어. '촉촉'의 모음 'ㅗ'는 '축축'의 모음 'ㅜ'보다 가볍고 작아서 약한 느낌을 주거든.

배율
倍 곱 배 + 率 비율 율

뜻 현미경으로 물체의 모습을 확대하는 정도.
예 현미경 렌즈의 배율을 높여 곰팡이를 40배로 확대하여 관찰했다.

[말풍선] 현미경은 눈으로 볼 수 없는 작은 물체나 물질을 확대해서 보는 기구야. 대물렌즈로 배율을 높여 관찰하지.

표본
標 표할 표 + 本 근본 본

뜻 생물의 몸 전체나 그 일부에 적당한 처리를 가하여 보존할 수 있게 한 것.
예 박람회 우리 위에 해캄을 올려놓고 얇게 유리를 담아 해캄 표본을 만든 뒤 현미경으로 관찰했다.

여러 가지 뜻을 가진 낱말 **표본**
'표본'에는 '본보기로 삼을 만한 것'이라는 뜻도 있어. "그는 성공한 청년 기업인의 표본이 되었어."와 같이 쓰여.

정답과 해설 ▶ 59쪽

과학 교과서 어휘

수록 교과서 과학 5-1
5. 다양한 생물과 우리 생활

다음 중 낱말의 뜻을 잘 알고 있는 것에 ✓하세요.
□ 원생생물 □ 세균 □ 상하다 □ 유용 □ 생명 과학 □ 미생물

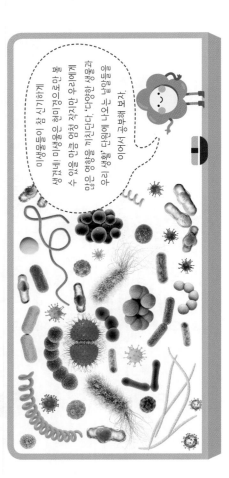

미생물들이 참 신기하게 생겼네! 생김새도 미생물은 현미경으로만 볼 수 있을 만큼 아주 작지만 우리에게 많은 영향을 끼친단다. '다양한 생물과 우리 생활' 단원에 나오는 낱말들을 이어서 공부해 보자.

낱말을 읽고, 부분에 알맞은 밑줄을 그어면서 낱말 공부를 해 보세요.

원생생물
原 근원 원 + 生 날 생 + 生 날 생 + 物 물건 물
⚷ '원(原)'의 대표 뜻은 '언덕', 물(物)'의 대표 뜻은 '물건'이야.

뜻 동물, 식물, 균류에 속하지 않고 생김새가 단순한 생물.
예 짚신벌레, 해캄, 아메바 등과 같은 원생생물은 물이 고인 곳이나 물살이 느린 하천 등에 산다.

'원생'은 아직 진화하지 못하고 방생한 상태를 그대로 뜻해.

세균
細 가늘 세 + 菌 세균 균
⚷ '세(細)'의 대표 뜻은 '가늘다', 균(菌)의 대표 뜻은 '버섯'이야.

뜻 하나의 세포로 이루어진, 크기가 매우 작고 생김새가 단순한 생물.
예 세균은 균류나 원생생물보다 크기가 더 작고, 생김새에 따라 공 모양, 막대 모양, 나선 모양 등으로 구분한다.

이것만은 꼭!
Tip 세균은 맨눈으로 볼 수 없지만 우리 주변 다양한 곳에서 실고, 조건이 맞으면 짧은 시간 안에 많은 수로 늘어나요.

상하다
傷 상할 상 + 하다
⚷ '상(傷)'의 대표 뜻은 '다치다'야.

뜻 물건이 깨어지거나 헐다. 또는 음식이 변하거나 썩다.
예 균류와 세균은 음식이나 물건을 상하게 하고 질병을 일으키는 등 우리 생활에 해로운 영향을 주기도 한다.

여러 가지 뜻을 가진 낱말 **상하다**
'상하다'에는 '기분이 안 좋아지거나 마음이 불편해지다.'라는 뜻도 있어. "친구가 기분 상하지 않게 부탁해 보자."와 같이 쓰여.

유용
有 있을 유 + 用 쓸 용

뜻 쓸모가 있음.
예 최신의 과학 기술이나 연구 결과를 활용하여 균류, 원생생물, 세균 등을 우리 생활에 여러 가지로 유용하게 이용하고 있다.

반대말 **무용**
'무용'은 쓸모가 없다는 뜻이야. "아는 하자는 형함이라는 학문이 무용을 주장했다." 와 같이 쓰여. 또한 쓸모없는 사람이나 물건은 '무용지물'이라고 하지.

생명 과학
生 살 생 + 命 목숨 명 + 科 과목 과 + 學 학문 학
⚷ '학(學)'의 대표 뜻은 '배우다'야.

뜻 생명에 관계되는 현상을 종합적으로 연구하는 과학.
예 생명 과학은 생물의 특성이나 생명 현상을 연구하거나 이를 통해 알게 된 사실을 원생생물에 활용하는 모든 것을 말한다.
Tip 다양한 생물을 과학적으로 이용하여 우리 생활에 도움을 주는 것을 첨단 생명 과학이라고 해요.

미생물
微 작을 미 + 生 날 생 + 物 물건 물

뜻 맨눈으로 관찰하기 어려운 작은 크기의 생물.
예 세균과 같은 미생물은 우리 주변뿐 아니라 극지방, 화산 지대, 깊은 바다, 우주 등 다른 생물이 살기 어려운 환경에서도 산다.

미생물의 존재는 헌미경이 발달하면서 알려지게 됐어. 요즘에는 요구르트, 치즈와 같은 발효 식품을 만드는 데 미생물을 이용하고 있어.

확인 문제

126~127쪽에서 공부한 낱말을 떠올리며 문제를 풀어 보세요.

1 낱말의 뜻은 무엇인지 빈칸에 알맞은 낱말을 완성하세요.

(1) **양분** · [영][양]이 되는 생물.

(2) **축축하다** · [물][기]가 있어 [젖][은] 듯하다.

(3) **배율** · [현][미][경]으로 물체의 모습을 [확][대]하는 정도.

해설 | (1) '양분'은 '영양이 되는 생물'을 뜻한다. (2) '축축하다'는 '물기가 있어 젖은 듯하다.'를 뜻하지 못하며, (3) '배율'은 '현미경으로 물체의 모습을 확대하는 정도'를 뜻합니다.

2 ( )안에서 알맞은 낱말을 골라 ○표 하세요.

곰팡이와 버섯 같은 생물인 (균류, **균사**)는 거미줄처럼 가늘고 긴 모양의 (**균류**, 균사)로 이루어져 있다.

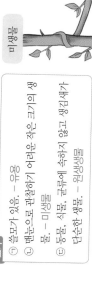

해설 | (1) 곰팡이, 버섯 같은 생물을 자라게 하는 것은 '양분'입니다. (2) 나비 박물관에는 나비의 몸을 보존한 실 모양이 있습니다. (3) 세끼 호랑이가 태어났으므로 호랑이의 '번식'에 성공한 것입니다. (4) 이주 작은 세균을 '배율' 높은 현미경으로 관찰해야 합니다.

3 빈칸에 알맞은 글자 카드에서 찾아 쓰세요.

(1) 이 흙은 [ ]이/가 풍부하여 최소가 잘 자란다.

[영][양]

(2) 나비 박물관에는 다양한 종류의 나비 [ ]이/가 전시되어 있다.

[표][본]

(3) 동물원에서 호랑이의 [ ]에 성공하여 세끼 세 마리의 새끼 호랑이가 태어났다.

[번][식]

(4) 맨눈으로 볼 수 없는 세균은 [ ]이/가 높은 현미경을 사용해야 한다.

[배][율]

128~129쪽에서 공부한 낱말을 떠올리며 문제를 풀어 보세요.

4 낱말의 뜻을 보기에서 찾아 사다리를 타고 내려간 곳에 기호를 쓰세요.

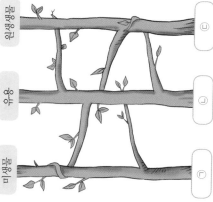

미생물 (㉡) 유용 (㉠) 원생생물 (㉢)

보기
㉠ 쓸모가 있음. - 유용
㉡ 맨눈으로 관찰하기 어려운 작은 크기의 생물. - 미생물
㉢ 동물, 식물, 균류에 속하지 않고 생김새가 단순한 생물. - 원생생물

해설 | 미생물은 '맨눈으로 관찰하기 어려운 작은 크기의 생물', '유용'은 '쓸모가 있음.', 원생생물은 '동물, 식물, 균류에 속하지 않고 생김새가 단순한 생물'을 뜻합니다.

5 빈칸에 공통으로 들어갈 낱말을 골라 ○표 하세요.

• 음식을 먹고 배탈이 났다.
• 참아내지 못해서 낳고 고쳐 쓰신다.
• 마음이 태도는 불쾌도 대답을 하지 않고고 가 버렸다.

(찾은, **상한**, 불편한)

해설 | 첫 번째 문장에는 '음식이 변하거나 썩다.'를, 두 번째 문장에는 '몸건이 상하거나 깨어지거나 헐다.'를, 세 번째 문장에는 '기분이 안 좋아지거나 마음이 불편해지다.'를 뜻하는 '상한'이 들어가야 합니다.

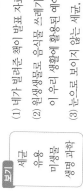

6 ( )안에 알맞은 낱말을 보기에서 찾아 쓰세요.

보기
세균
유용
미생물
생명 과학

(1) 내가 발견한 혜성 이름이 발표 자료를 만들 정함 (유용)했어.

(2) 원생생물로 음식물 쓰레기를 분해하여 처리하는 것은 첨단 (생명 과학)이 우리 생활에 활용된 예이다.

(3) 눈으로 보이지 않는 세균, 곰팡이와 같은 (미생물)은 죽은 생물을 분해하여 지구의 환경을 유지하는 데 도움을 준다.

(4) 플레밍은 푸른곰팡이에서 나오는 물질이 병을 일으키는 (세균)을 자라지 못하게 한다는 것을 처음으로 발견했다.

해설 | (1) 발견준 혜성 쓸모가 있다는 의미이므로 '유용'이 알맞습니다. (2) 원생생물을 이용하여 음식물 쓰레기를 분해하는 것은 '생명 과학'을 활용한 예입니다. (3) 눈으로 보이지 않을 작은 생물과 곰팡이는 '미생물'이 알맞습니다. (4) 병을 일으키고 자라지 못하게 하는 것은 '세균'이므로 '세균'이 알맞습니다.

利 (리(이))가 들어간 낱말

🖊 利(리(이))가 들어간 낱말을 읽고, 부분에 밑줄을 그으면서 낱말 공부를 해 보세요.

利 이로울 리(이)

리(利)는 벼와 칼을 함께 그려 벼를 베는 모습을 표현한 글자야. 벼를 베어 수확하는 것은 농부들에게 이익을 가져다 주므로 '이롭다'라는 뜻을 갖게 되었어. 낱말에서 '리(利)는 '이롭다', '이익', '날카롭다' 등의 뜻을 나타내.

감언이설 · 이용 · 이득 · 예리하다

이롭다 利

감언이설
甘 달 감 + 言 말씀 언 + 利 이로울 리 + 說 말씀 설
Tip 리(利)는 낱말의 맨 앞에 오거나 'ㄴ' 뒤에선 '이'로 소리나.
뜻 귀가 솔깃하도록 남의 비위를 맞추거나 이로운 조건을 내세워 꾀는 말.
예 큰돈을 벌게 해 주겠다는 사기꾼의 감언이설에 넘어가 가지고 있던 돈을 모두 그에게 주었다.

이용
利 이로울 리 + 用 쓸 용
뜻 대상을 필요에 따라 이롭게 씀.
예 우리 집 지붕에는 태양열을 이용해 전기 에너지를 만들 수 있는 시설이 있다.
여러 가지 뜻을 가진 낱말 이용
'이용'을 '이용을 당하다.'처럼 다른 사람이나 대상을 자신의 이익을 채우기 위한 수단으로 씀이라는 뜻도 있어.

이익·남기다 利

이득
利 이로울 리 + 得 얻을 득
뜻 이익을 얻음.
반대말 손실
예 내가 너를 도와주면 나한텐 어떤 이득이 있는데?
'손실'은 잃어버리거나 죽거나서 손해를 봄을 뜻해. "홍수로 큰 손실을 입었다."와 같이 써.

예리하다
銳 날카로울 예 + 利 이로울 리 + 하다
뜻 끝이 뾰족하거나 날이 서 있다.
예 예리한 칼날에 손이 베이지 않도록 조심함.
여러 가지 뜻을 가진 낱말 예리하다
'예리하다'에는 관찰이나 판단이 정확하고 날카롭다는 뜻도 있어. "형사의 예리한 질문"과 같이 쓰여.

終 (종)이 들어간 낱말

🖊 終(종)이 들어간 낱말을 읽고, 부분에 밑줄을 그으면서 낱말 공부를 해 보세요.

終 마칠 종

'종(終)'은 실과, 새끼줄 양 끝에 매듭을 묶은 모습을 더해 표현한 글자야. 매듭을 묶어 줄이 풀리지 않게 일을 마무리했다는 것에서 '마치다'라는 뜻을 갖게 되었어. 낱말에서 '종(終)'은 '마치다', '끝' 등의 뜻을 나타내.

종결 · 종례 · 자초지종 · 종말

마치다 終

종결
終 마칠 종 + 結 맺을 결
뜻 일이나 사건, 사태 따위를 매듭지어 끝냄.
예 범인을 잡아 모든 조사를 마친 경찰은 사건의 수사 종결을 발표했다.

종례
終 마칠 종 + 禮 예도 례
뜻 학교에서, 하루 일과를 마친 뒤에 담임 교사와 학생이 한자리에 모여 나누는 인사.
예 종례 시간에 선생님께서 내일 가져와야 할 준비물을 다시 한번 말씀해 주셨다.
반대말 조례
'조례'는 학교에서 담임 교사와 학생이 일과를 시작하기 전에 하는 아침 모임이야.

끝 終

자초지종
自 ~부터 자 + 初 처음 초 + 至 이를 지 + 終 마칠 종
ᄀᆞ자(自)의 대표 뜻은 '스스로'야.
뜻 처음부터 끝까지의 과정.
예 흥분하지 말고 어떻게 된 일인지 자초지종을 차근차근 말해 봐.

종말
終 마칠 종 + 末 끝 말
뜻 계속되어 온 일이나 현상의 마지막. 또는 맨 끝.
예 이 영화는 인류의 종말을 막기 위해 싸우는 영웅들의 삶의 마지막 이야기이다.
비슷한말 최후
'최후'는 맨 마지막을 뜻하는 낱말이야. "선수들은 최후까지 포기하지 않고 경기에 임했다."와 같이 써.

확인 문제

132쪽에서 공부한 낱말을 떠올리며 문제를 풀어 보세요.

1 뜻에 알맞은 낱말을 빈칸에 쓰세요.

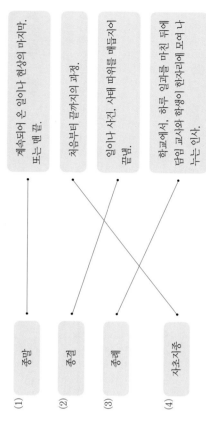

해설 | '이익을 얻음'은 '이득'의 뜻이고, '대상을 필요에 따라 이롭게 씀'은 '이용'이 뜻입니다. 그리고 '귀가 솔깃하도록 남의 비위를 맞추거나 이로운 조건을 내세워 꾀는 말'은 '감언이설'이 뜻입니다.

2 친구가 한 말에서 밑줄 친 낱말의 뜻을 보기에서 찾아 기호를 쓰세요.

보기
ㄱ 끝이 뾰족하거나 날이 서 있다.
ㄴ 관찰이나 판단이 정확하고 날카롭다.

(1)
(2)

해설 |

3 ( ) 안에서 알맞은 낱말을 골라 ○표 하세요.

(1) 욕심쟁이 김 노인은 자신에게 (이득, 순심)이 되는 일만 하려면 뛰든지 했다.
(2) 송곳으로 종이에 구멍을 뚫다가 송곳의 (유리한, 예리한) 끝부분에 손가락이 찔렸다.
(3) 지혜로운 왕은 (선견지명, 감언이설)을 일삼는 신하를 멀리하고, 진심 어린 충고를 하는 신하를 가까이 했다.
(4) '개똥도 약에 쓰려면 없다'는 속담은 평소 흔하던 것도

해설 |

133쪽에서 공부한 낱말을 떠올리며 문제를 풀어 보세요.

4 낱말과 그 뜻을 알맞게 선으로 이으세요.

(1) 종말 — 계속되어 온 일이나 현상의 마지막. 또는 맨 끝.
(2) 종결 — 처음부터 끝까지의 과정.
(3) 종례 — 일이나 사건, 사태 따위를 매듭지어 끝냄.
(4) 자초지종 — 학교에서, 하루 일과를 마친 뒤에 담임 교사와 학생이 한자리에 모여 나누는 인사.

해설 | (1) '종말'은 '계속되어 온 일이나 현상의 마지막. 또는 맨 끝.'을 뜻합니다. (2) '종결'은 '일이나 사건, 사태 따위를 매듭지어 끝냄.'을 뜻합니다. (3) '종례'는 '학교에서, 하루 일과를 마친 뒤에 담임 교사와 학생이 한자리에 모여 나누는 인사.'를 뜻하고, (4) '자초지종'은 '처음부터 끝까지의 과정.'을 뜻합니다.

5 밑줄 친 낱말과 뜻이 비슷한 낱말은 무엇인가요? (④)

기문: 이 바위가 삼천 궁녀가 가으로 몸을 던졌다는 전설이 전해 내려오는 낙화암인가요?
아버지: 그렇단다. 백제의 종말을 상징하는 곳이지.

① 주말 ② 시작 ③ 발전 ④ 최후 ⑤ 최초

해설 | '계속되어 온 일이나 현상의 마지막. 또는 맨 끝.'을 뜻하는 '종말'과 뜻이 비슷한 낱말은 '맨 마지막. 일을 못하는 최후'입니다.

6 ( ) 안에 알맞은 낱말을 보기에서 찾아 쓰세요.

보기 종결 종례 자초지종

(1) (종례)을/를 마치자 청소 당번만 남고 학생들이 교실에서 우르르 나왔다.
(2) 회의를 흐지부지 끝내지 말고 의견을 하나로 모아서 확실히 (종결) 을/를 합시다.
(3) 연락도 없이 약속 시간에 한 시간이나 늦은 비주를 친구에게 (자초지종) 을/를 설명하고 사과했다.

해설 | (1) '학교가 끝난 상황이므로 '종례'를 마친 것이 알맞습니다. (2) 회의를 확실히 끝낸다는 의미이므로 '종결'이 알맞습니다. (3) 왜 늦었는지를 설명해야 하는 상황이므로 '자초지종'이 알맞습니다.

4주차 어휘력 테스트

4주차 1~5회에서 공부한 낱말을 떠올리며 문제를 풀어 보세요.

낱말 뜻

1 낱말과 그 뜻이 바르게 짝 지어진 것을 모두 고르세요. (③ , ④ , ⑤)

① 양분 – 생물이 붇고 늘어서 많이 퍼짐.
② 삼각형의 높이 – 삼각형에서 어느 한 변.
③ 개정 – 주로 문서의 내용 따위를 고쳐 바르게 함.
④ 배율 – 현미경으로 물체의 모습을 확대하는 정도.
⑤ 차지 – 사물이나 공간, 지위 따위를 자기 몫으로 가짐.

해설 | ① '양분'의 뜻은 '영양이 되는 성분.'입니다. '생물이 붇고 늘어서 많이 퍼짐.'은 '번식'의 뜻입니다. ② '삼각형의 높이'의 뜻은 '삼각형의 밑변과 마주 보는 꼭짓점에서 밑변에 수직으로 그은 선분의 길이.'입니다. '삼각형에서 어느 한 변.'은 '삼각형의 밑변'의 뜻입니다.

낱말 뜻

2 ( ) 안에서 알맞은 낱말을 골라 ○표 하세요.

(1) (유용 , (의무))은/는 반드시 해야 하는 일이다.
(2) ((종결), 판결)은 일이나 사건, 사태 따위를 매듭지어 끝내는 것이다.
(3) (자초지종 , (감언이설))은 귀가 솔깃하도록 남의 비위를 맞추거나 이로운 조건을 내세워 꾀는 말이다.

해설 | (1) '유용'은 '쓸모가 있음.'을 뜻합니다. (2) '판결'은 '옳고 그름이나 좋고 나쁨을 판단하여 결정함.'을 뜻합니다. (3) '자초지종'은 '처음부터 끝까지의 과정.'을 뜻합니다.

반대말

3 밑줄 친 낱말의 반대말은 무엇인가요? (⑤)

장사꾼은 농부에게 싼값에 과일을 사서 양반들에게 비싼 값에 팔아 큰 이득을 보았다.

① 결실 ② 이익 ③ 손상
④ 소득 ⑤ 손실

해설 | '이익을 봄.'을 뜻하는 '이득'의 반대말은 '잃어버리거나 축나서 손해를 봄.'을 뜻하는 '손실'입니다.

해설 | 동물 실험에 반대한다는 주장이 나타난 글은 '읽는 이를 설득하기 위해 어떤 주제에 대한 자신의 생각이나 의견을 내세운 글.'인 '주장하는 글'입니다. 또한 '논설문'은 '어떤 주제에 대하여 자기의 생각이나 주장을 체계적으로 밝혀 쓴 글.'입니다.

비슷한말

4 빈칸에 들어갈 글의 종류로 알맞은 것을 두 가지 고르세요. (② , ⑤)

정윤이는 동물 실험에 반대한다는 주장이 나타난 ☐을 읽었다.

① 전기문 ② 논설문 ③ 기행문
④ 설명하는 글 ⑤ 주장하는 글

여러 가지 뜻을 가진 낱말

5 밑줄 친 낱말의 뜻이 다른 하나를 골라 ○표 하세요.

과학 시간에 잠신벌레 영구 표본을 현미경으로 관찰했는데 참 신기했어.
내가 한 과제물을 선생님께서 과제 표본으로 삼아야겠다고 칭찬해 주셔서 기뻤어.
과학실에 있는 개구리가 가짜가 아니라 진짜 개구리로 만든 표본이라고 해서 놀랐어.

(1) ( ) (2) (○) (3) ( )

해설 | (1)과 (3)에서 '표본'은 '생물의 몸 전체나 그 일부에 적당한 처리를 가하여 보존할 수 있게 한 것.'이라는 뜻으로 쓰였고, (2)에서는 '본보기로 삼을 만한 것.'이라는 뜻으로 쓰였습니다.

뜻을 더해 주는 말

6 빈칸에 공통으로 들어갈 알맞은 말은 무엇인가요? (③)

단일☐ 복합☐ 한국☐ 한자☐

① 품 ② 꾼 ③ 어 ④ 력 ⑤ 기

해설 | 빈칸에는 '말' 또는 '단어'의 뜻을 더해 주는 말인 '-어'가 들어가야 합니다.

낱말 활용

7 ~ 10 ( ) 안에 알맞은 낱말을 보기에서 찾아 쓰세요.

보기: 멸종 갈등 근로 둘레

7 체육 시간에 운동장 (둘레)을/를 한 바퀴 뛰었다.

해설 | '사물이나 도형의 테두리. 또는 그 길이.'를 뜻하는 '둘레'가 알맞습니다.

8 환경 파괴와 기후 변화로 (멸종) 위기에 처한 동식물이 늘어나고 있다.

해설 | 환경 파괴와 기후 변화는 동식물의 생존에 위협이 되므로 '생물의 한 종류가 지구상에서 완전히 없어짐.'을 뜻하는 '멸종'이 알맞습니다.

9 네가 쓴 이야기의 뒷부분에 인물들 사이의 (갈등)이/가 어떻게 해결되는지 나타나면 좋겠어.

해설 | 이야기의 흐름에서 꼭대기에 이른 등장인물의 갈등이 마지막 부분에서 해결되고 마무리되어야 하므로 '소설이나 희곡에서 등장인물 사이에 일어나는 대립과 충돌.'을 뜻하는 '갈등'이 알맞습니다.

10 열심히 일한 개미가 따뜻한 겨울을 보낸다는 내용의 「개미와 베짱이」는 (근로)의 중요성을 나타낸 이야기이다.

해설 | 열심히 일한 개미는 추운 겨울을 따뜻하게 보내고, 놀기만 했던 베짱이는 겨울을 힘겹게 보낸다는 내용에서 「개미와 베짱이」가 '부지런히 일함.'을 뜻하는 '근로'의 중요성을 나타낸 이야기라고 볼 수 있습니다.